ANHALTISCHE SCHLÖSSER
in Geschichte und Kunst

ANHALTISCHE SCHLÖSSER

IN GESCHICHTE UND KUNST

FALKEN

HERAUSGEBER:
Landeshauptarchiv Sachsen-Anhalt
Staatliche Schlösser und Gärten Wörlitz · Oranienbaum · Luisium

ERARBEITUNG:
Staatliche Schlösser und Gärten Wörlitz · Oranienbaum · Luisium
Landeshauptarchiv Sachsen-Anhalt mit
Außenstelle Oranienbaum

BILDAUSWAHL, ZUSAMMENSTELLUNG, TEXTE:
Erdmute Alex, Rudolph Engelhardt, Doris Hempel,
Hartmut Ross, Marlies Ross

REDAKTIONELLE MITARBEIT:
Dieter Bohm

FOTOGRAFEN:
Hans-Dieter Kluge, Joachim Petri †

Die Herausgeber und Autoren sind allen Institutionen und Privatpersonen
zu Dank verpflichtet, die diese Publikation auf entgegenkommende
Weise unterstützt haben

Schutzumschlag: Christian August Günther: Ansicht des Schlosses Wörlitz,
kolorierte Radierung, um 1749
Frontispiz: Gartenansicht des von 1752 bis 1757 errichteten
Schlosses Mosigkau

CIP-Titelaufnahme der Deutschen Bibliothek

Anhaltische Schlösser in Geschichte und Kunst /
[Erarb: Staatliche Schlösser und Gärten Wörlitz, Oranienbaum, Luisium; Landeshauptarchiv Sachsen-Anhalt mit Außenstelle Oranienbaum. Hrsg.: Landeshauptarchiv Sachsen-Anhalt; Staatliche Schlösser und Gärten Wörlitz, Oranienbaum, Luisium.
Bildausw., Zsstellung, Texte: Erdmute Alex ... Fotogr.: Hans-Dieter Kluge; Joachim Petri]. – Niedernhausen/Ts.: FALKEN, 1991 (FALKEN Sachbuch)
ISBN 3-8068-4638-3
NE: Alex, Erdmute [Hrsg.]; Kluge, Hans-Dieter; Staatliche Schlösser und Gärten Wörlitz, Oranienbaum, Luisium

ISBN 3 8068 4638 3

Titelbild: Kluge
Fotos: Kluge, Petri
Zeichnungen: Klaus Thieme
Grafische Gestaltung: Horst Adler
Satz: Interdruck Leipzig GmbH
Lithographie: Franken-Repro GmbH, Nürnberg
Druck und Binden: Verlag und Druckerei Fortschritt Erfurt GmbH

817 2635 4453 6271

INHALTSVERZEICHNIS

Darstellung des »Herzoge von Anhalte« aus der berühmten Manessischen Handschrift, einer um 1320 entstandenen Sammlung von Liedern der Minnesänger

ANHALT

Land und Schlösser in fünf Jahrhunderten

Wie alle deutschen Territorialstaaten, z. B. Preußen, Mecklenburg, Sachsen oder Bayern, war Anhalt Teil des Heiligen Römischen Reiches Deutscher Nation; es existierte jahrhundertelang als mehr oder weniger selbständiges Staatsgebilde. Einige seiner Fürsten haben durch bedeutende Leistungen die deutsche Nationalgeschichte bereichert, andere wieder haben sich durch Fehlentscheidungen, Verantwortungslosigkeit oder kriegerische Gelüste als Hemmschuhe der Entwicklung erwiesen – und sie haben Schlösser gebaut. Trotz traurigster Verluste im zweiten Weltkrieg ist der größere Teil von ihnen auf uns gekommen, bereitet Besuchern aus aller Welt Genuß und Freude und verlangt auch Beschäftigung mit ihrer Vergangenheit.

Anhalt ist älter als seine Schlösser. In den Jahrhunderten des Mittelalters waren feste Burgen die Stätten, von denen aus der höhere und niedere Adel herrschte. Auch in ihnen konnten Kunst und Kultur schon zu Hause sein, aber erst seit der Renaissance wurden die Schlösser als Gesamtkunstwerke in der Einheit von architektonischer Gestaltung, innerer Ausstattung und umgebendem Park von vornherein entworfen. Seit dieser Zeit auch wurden überkommene Burgen um- und ausgebaut, um sie den neuen Anforderungen anzupassen. Anhalts historische Entwicklung in Mittelalter und Neuzeit war typisch für die deutschen Verhältnisse.

Die adlige Teilungspolitik machte es bei seiner Entstehung und in der weiteren Geschichte zu einem Beispiel für Glanz und Elend eines deutschen Kleinstaates.

Anhalts Herkunft und Formung sind engstens mit dem hochadligen Geschlecht der Askanier verbunden, dessen Anfänge nicht genau zu bestimmen sind. Seit dem 11. Jahrhundert sind die askanischen Markgrafen der Ostmark gut nachweisbar, ihr bekanntester und mächtigster Vertreter wird Albrecht der Bär im 12. Jahrhundert. Als nach seinem Tode 1170 und erneut 1212 sein großer Machtbereich geteilt wird, beherrschen die Askanier riesige Gebiete: Teile von Thüringen, Sachsen-Wittenberg und Sachsen-Lauenburg, Brandenburg und eben Anhalt. So wie bei kaum einem anderen Geschlecht entgleitet dieser Besitz, der gut und gerne zum Kristallisationsgebiet eines zentralisierten deutschen Staates hätte werden können, den Händen der Askanier: Brandenburg erringen die Hohenzollern und verstehen es zur Keimzelle Preußens zu machen; Sachsen-Wittenberg übernehmen die aufsteigenden Wettiner, und am Ende des 17. Jahrhunderts geht auch Sachsen-Lauenburg verloren – nur das kleine Anhalt bleibt askanisch. Es ist also kein ausschließlich ruhmreicher Weg vom »Herzoge von Anhalte«, wie ihn uns die Manessische Handschrift aus dem 14. Jahrhundert zeigt, zum viergeteilten Anhalt mit zahlreichen Nebenlinien im 18. Jahrhundert.

Trotzdem lohnt eine Beschäftigung mit anhaltischer Geschichte und anhaltischen Schlössern. Hier findet man vieles, was gerade außerhalb der größeren Territorialstaaten charakteristisch war; hier kann man Strömungen aus Ost und West, aus Süd und Nord aufspüren und häufig beobachten, wie auch das kleine Land Anhalt Einfluß nimmt auf allgemeine Entwicklungen. Oft spielt Anhalt weit über seine Größe, seine Macht und seine politische Bedeutung hinaus eine nicht unwichtige, gelegentlich eigenwillige und in einigen Fällen auch führende Rolle in der deutschen Kulturgeschichte. Und vom 16. Jahrhundert bis tief in das 19. Jahrhundert hinein sind Politik, Kultur und Kunst direkt oder indirekt mit dem Bau von Schlössern und dem Leben in ihnen verbunden. Namen wie Luther und Melanchthon, Bach und Fasch, Knobelsdorff und – als Gipfel gewissermaßen – Erdmannsdorff, Ratichius und Basedow, Matthisson und Wilhelm Müller zeigen diese enge Verbindung; Institutionen wie die Fruchtbringende Gesellschaft oder das Philanthropinum seien genannt. Das fürstliche Schloß aber diente nicht nur Wohnzwecken. Glanz und Repräsentation des Hofes zogen den mittleren und niederen Adel des Landes an, der dadurch leichter kontrolliert werden konnte, besonders wenn er durch Übernahme von Hofämtern eine engere Bindung zum Landesherrn einging. Mit Hilfe adliger und bürgerlicher Beamter wurde das Land vom Fürstenschloß aus regiert und verwaltet. Ausländische Gesandte zeigten sich bei Hofe, und die Schlösser konnten so zu Zentren der Außenpolitik werden.

Mit dem Vordringen bürgerlicher Verhältnisse im 19. Jahrhundert wurden die Herrschaft der Fürsten zurückgedrängt und die Konzentration politischer Funktionen im Schloß immer weiter eingeschränkt. 1918 in der Novemberrevolution fand dieser Abschnitt der Schloßgeschichte seinen Abschluß.

In den Jahrhunderten davor gingen die außenpolitisch-diplomatischen Verbindungen weit über die Macht Anhalts und ab 1603 über die der vier Teilfürstentümer hinaus: Anhalt spielte keine geringe Rolle in den Kämpfen der Reformation, es griff in die Kriege König Heinrichs IV. von Frankreich ein, Fürst Christian I. von Anhalt-Bernburg schuf die protestantische Union und wurde damit einer der wichtigsten Vorbereiter des Dreißigjährigen Krieges; enge Beziehungen zu den Niederlanden und zu Preußen bahnten sich in der zweiten Hälfte des 17. Jahrhunderts an. Fürst Leopold von Anhalt-Dessau wurde Geburtshelfer des preußischen Militärstaates und machte sein Ländchen zu einer Art Experimentierfeld des Absolutismus; den Glanzpunkt der anhaltischen Geschichte – und charakteristischerweise auch des Schloßbaus – finden wir im Dessau-Wörlitzer Reformwerk der zweiten Hälfte des 18. Jahrhunderts unter Fürst Franz. Noch einen Höhepunkt in der politischen Geschichte gab es – und der hatte nur noch bedingt mit den Schlössern zu tun: die konsequent demokratischen Bestrebungen in der Revolution von 1848/49, für die besonders Köthen weit über die anhaltischen Grenzen hinaus bekannt wurde. Die seit der Renaissance entstandenen anhaltischen Schlösser begleiteten diese Entwicklung des Landes. Nach dem Bauernkrieg nahm der Schloßbau ein enormes Tempo an. Schloß Dessau wurde einer der frühesten deutschen Renaissancepaläste, war aber schon bald von weiterentwickelten Bauten überholt. Bernburg beherrschte das Saaletal mit seinen »Leuchten«, Schloß Plötzkau dominierte als vorbildliches Beispiel der deutschen Renaissance die Saaleaue, und Köthen erhielt große, wunderschöne Gärten im italienischen Stil.

Die nach den zahlreichen Teilungen des Mittelalters endlich erfolgte erste Wiedervereinigung Anhalts im Jahre 1570 unterstützte diese positiven Tendenzen. Entgegen der Praxis anderer Dynastien konnten sich die anhaltischen Askanier jedoch nicht entschließen, das ohnehin nicht große Staatsgebilde zwischen Harz und Fläming in seiner Geschlossenheit zu bewahren. 1603 entstanden – staatsrechtlich noch lose zusammengehalten – vier Teilfürstentümer mit eigener Politik und eigenen Hofhaltungen. Zunächst schien dieser Umstand das Schicksal der anhaltischen Schlösser eher positiv zu beeinflussen. Bald nach der Teilung jedoch begann der Große Krieg.

Der Dreißigjährige Krieg unterbricht eine glanzvolle Entwicklung. Nach seinem Ende wird Schloß Coswig in Renaissanceformen wieder errichtet, während man andernorts bereits im Barockstil baut.

Anstoß zu Neuem kommt aus den Niederlanden: Erste Impulse erhalten Zerbst, Oranienbaum und Dessau; Friederikenberg, Dornburg und Zerbst zeigen hohen Barock, Mosigkau und wieder Zerbst feinstes Rokoko. Der Höhepunkt des anhaltischen Schloßbaues aber – erst- und einmalig in einer eigenen und eigenständigen Architektur- und Kunstschule – steht im Zusammenhang mit dem Namen Erdmannsdorff in Wörlitz und Dessau. Untrennbar verbindet sich hier edelster Frühklassizismus mit einem von der Aufklärung bestimmten umfassenden Reformversuch. Später gibt es noch klassizistische Nachklänge in Dessau und besonders Köthen, in geringem Umfang in Ballenstedt und Bernburg. Schloßbau und fürstliche Politik erreichen seit dem 19. Jahrhundert keine Höhepunkte mehr.

Großes Wappen der Herzöge von Anhalt. Die 12 Felder und die 7 Helme symbolisieren ausgeübte und beanspruchte Herrschaftsrechte, z. B. das Herzogtum und die Pfalz zu Sachsen, die Herrschaften Ballenstedt und Bernburg, die Grafschaften Waldersee, Warmsdorf und Mühlingen. Der halbe rote Adler und das schwarz-gold geteilte Feld mit grünem Rautenkranz im Herzschild deuten auf Brandenburg und Sachsen

Daran kann auch die Einheit Anhalts seit 1863 nichts ändern. 1793 bereits ist die Linie Zerbst ausgestorben; das Teilfürstentum wird unter die drei übrigen Linien aufgeteilt. Als 1847 die Köthener Linie endet, wird für dieses Ländchen eine Personal- und bald Realunion mit Anhalt-Dessau hergestellt. Die Dessauer Linie vereinigt dann auch ganz Anhalt 1863 nach dem Aussterben des Bernburger Hauses. Anregungen für Schloßbau und Schloßkultur gehen von der Wiederherstellung staatlicher Einheit kaum noch aus. Kennzeichnend für die Zeit vor 1900 sind die den Ansichten Erdmannsdorffs von edler Einfachheit widersprechenden Anbauten am Schloß Georgium und der Bau eines fürstlichen Mausoleums in Dessau. Als in den 20er Jahren unseres Jahrhunderts vom Bauhaus noch einmal weltweite Anregungen ausstrahlen, sind die anhaltischen Schlösser zu Museen geworden.

Im zweiten Weltkrieg dann gehen Schloß Zerbst und Schloß Dessau verloren. Sind sie auch unersetzlich, so ist doch von Harzgerode bis Wörlitz der größte Teil der Schlösser im anhaltischen Gebiet erhalten.

16. Jahrhundert

RENAISSANCE UND REFORMATION

Von anhaltischen Schlössern kann man seit dem 14. Jahrhundert sprechen. Doch erst das 16. Jahrhundert bringt in Anhalt Bauwerke, die sich vom Burgencharakter weitgehend gelöst haben. Und auch von einer höfischen, in den Schlössern lebenden und von ihnen ausstrahlenden Kultur kann erst seit dieser Zeit die Rede sein. Viele kulturelle Aufgaben, die die mittelalterliche Kirche wahrgenommen hatte, gingen nun auf Fürst und Hof über. Die Geldsorgen des anhaltischen Fürstenhauses brachten es allerdings mit sich, daß man sich zunächst noch mit der Rolle des Betrachters begnügen mußte, als in der Nachbarschaft – durch den Erzbischof von Magdeburg in seiner Residenz Halle und in Wittenberg durch den kurfürstlich-sächsischen Hof – Renaissancekultur aufblühte und verfeinerte Sitten zur Nachahmung reizten.

Doch dann wurden auch in Anhalt bis zum Dreißigjährigen Krieg Schlösser neu-, um- oder wiederaufgebaut.

Aber nicht die Renaissance allein oder gar nur der neue Baustil waren das Neue im Anhalt des 16. Jahrhunderts. Wittenberg war ganz nahe – wie sollte Martin Luther auf die benachbarten anhaltischen Fürsten nicht Eindruck machen? 1517 hatte er seine Thesen gegen falsch verstandene Buße und Ablaß an die Wittenberger Schloßkirche geheftet; schon 1522 predigte er erstmalig in Zerbst. Gerade in einem der Fürsten und Bauherren anhaltischer Schlösser erwuchs dem Dr. Luther ein wichtiger Bundesgenosse: Wolfgang von Anhalt hatte 1510 in Rom ähnliche Eindrücke vom Papsttum bekommen wie Luther selbst.

Sie prägten seine künftige Haltung zur neuen Lehre und ließen ihn zu einem konsequenten Verfechter der Reformation werden. Wolfgang war auf dem berühmten Reichstag zu Worms 1521 anwesend; er unterzeichnete später alle protestantischen Bündnisse und Erklärungen und ist deshalb geächtet worden.

Wie überall, fand die Lehre Luthers auch in den Fürstenschlössern Anhalts nicht nur Zustimmung. Fürstin Margarete (von Münsterberg) in Dessau hatte zwar dem gelehrten Augustinermönch Sympathien entgegengebracht, dem Reformator jedoch war sie zeitlebens eine unversöhnliche Gegnerin, war doch Dessau 1525 Tagungsort der Katholischen Allianz. Erst als sie 1530 starb, war der Weg für die Einführung der Reformation im gesamten Anhalt frei.

Margaretes Sohn, Fürst Georg der Gottselige, näherte sich dem evangelischen Glauben durch seine wissenschaftlichen Studien. Er war mehr Theologe als Politiker; seine Sammlung reformationsgeschichtlicher Schriften begründete die bis heute bestehende wertvolle Georgs-Bibliothek in Dessau. Hatte Luthers Reformation den anhaltischen Fürsten die Entscheidung für oder gegen den neuen Glauben offengelassen, so stand ihre Haltung zum Bauernkrieg von vornherein außer Zweifel. Unruhe und Angst breiteten sich in den fürstlichen Schlössern aus, als im Westen des Landes die Klöster Ballenstedt, Hecklingen, Kölbigk und Mehringen von den aufgebrachten Bauern gestürmt wurden und sich in Dessau und Zerbst das Bündnis von Stadtgemeinde und Rat bildete. Fürst Wolfgang gehörte zu den gegen Thomas Müntzers Scharen ausziehenden Feudalherren, mußte aber wegen der Unruhen im eigenen Lande bald das Adelsheer verlassen. Er einigte sich mit den Aufständischen von Nienburg, so daß dieses Kloster verschont blieb. Im Dessauer Gebiet standen die starken Gegensätze kurz vor dem Ausbruch, da aber traf die Nachricht von der Niederlage des Bauernheeres bei Frankenhausen ein.

Nach dem Strafgericht über die revolutionären Bauern und dem Sieg der lutherischen Reformation in Anhalt konnten die Fürsten an den weiteren Ausbau ihrer Landeshoheit gehen. Die ihnen durch Luthers Lehre zufallende Rolle als oberste Bischöfe ihres Landes und der Vermögenszuwachs durch die Aufhebung von Klöstern und anderen geistlichen Institutionen förderten den schon seit dem 15. Jahrhundert erkennbaren Prozeß der Machtballung. Dennoch reichten trotz erheblicher Besitzvermehrung die fürstlichen Finanzmittel nie aus. Damit behielt der Adel des Landes eine wichtige Möglichkeit in der Hand, um durch Bewilligung oder Nichtbewilligung von Geldern die landesfürstliche Herrschaft so lange wie möglich im Zaum zu halten. In Anhalt kam es 1546 in diesen Zusammenhängen zur ersten gemeinschaftlichen Versammlung der Landstände. Von nun ab rang für 150 Jahre der heraufkommende territoriale Absolutismus mit dem Mitbestimmungsrecht der meist adligen Landstände. Schloßbau und Schlösser der Landesherren erlangten in diesem Kampf Symbolcharakter. Und obwohl die Renaissanceschlösser einen wenig wehrhaften Charakter hatten, obwohl Türme, Zinnen und Kanonen in ihnen keinen Platz mehr fanden, wurde die in ihren Mauern ausgeübte Macht immer stärker.

Nach endgültiger Niederschlagung der aufständischen Bauernheere begann der Neubau des Dessauer Schlosses noch vor 1530. Durch Ludwig Binder fanden die in Halle ausgebildeten Bauformen in Dessau Eingang und beeinflußten dann von hier aus den Bau von Schloß Hartenfels in Torgau. Ebenfalls aus Halle kam Andreas Günther, der in Bernburg das Bild des Saaletales durch die beiden »Leuchten« des über dem Fluß sich erhebenden Schlosses prägte. Das Tempo des Schloßbaus steigerte sich seit den vierziger Jahren: Libehna, Harzgerode, Warmsdorf, Zerbst, Plötzkau, Coswig und Köthen und noch einmal Bernburg, Dessau und Harzgerode gehörten zu den Vorhaben der fürstlichen Bauherren.

Der Kreis der von jenseits der Grenzen kommenden Baumeister erweiterte sich im Laufe dieser Jahrzehnte stark, obwohl zunächst Ludwig Binder die bestimmende Künstlerpersönlichkeit blieb. Von einem so bedeutenden Bau wie Schloß Plötzkau (1556) ist der Architekt nicht bekannt. In Bernburg hören wir von Nickel Hofmann und Peter Echternach. Und für Dessau werden Künstler aus Schlesien herangezogen: Kaspar Khune und Peter, Bernhard und Francesco Niuron. Aus Stuttgart kommt Jacob Salzmann. Die bestimmende Figur wird der Italiener Rochus von Lynar, der sich wie die Niurons ganz die Formen der deutschen Renaissance zu eigen macht. Das gilt auch für den Wiederaufbau von Schloß Köthen um 1600, dessen prächtige Gartenanlagen jedoch im italienischen Stil angelegt werden.

Aber nicht nur der Glanz der Repräsentation strahlte heller in den Schlössern der anhaltischen Fürsten, auch auf der Bühne der Politik erstarkte ihre Stimme. Nach den kaum überschaubaren mittelalterlichen Teilungen konnte Anhalt von dem Glücksumstand seiner Wiedervereinigung im Jahre 1570 profitieren; bis zur erneuten Teilung 1603 war es ein einheitliches Staatsgebilde. Fürst Joachim Ernst nutzte diese Chance; er baute die Verwaltungsorganisation aus, erließ 1572 eine Landesordnung, die bis in das 19. Jahrhundert Grundlage für das »Herrschen und Regieren« in Anhalt war und gründete 1582 das Gymnasium illustre in Zerbst; damit war der Grundstock für eine eigene anhaltische Landesuniversität geschaffen, die sich allerdings nie voll entfalten konnte. Nicht ganz ohne Unruhe jedoch verliefen Wandlungen im christlichen Bekenntnis: Joachim Ernst und seine Söhne wandten sich mehr und mehr vom strengen Luthertum ab und dem Kalvinismus zu. Dadurch entstanden Spannungen zu einem Teil der Geistlichkeit und der Untertanen.

Von Ansätzen einer eigenen Außenpolitik kann man für Anhalt nun am Ausgang des 16. Jahrhunderts sprechen. Fürst Joachim Ernst unterhielt enge Beziehungen zum französischen König Heinrich IV., der sogar Gemälde zum Schmuck der Schlösser nach Anhalt sandte. Christian I., einer seiner Söhne, kommandierte das 1591 Heinrich IV. zu Hilfe gesandte deutsche Heer.

Eine Atmosphäre der Weltoffenheit entstand in den anhaltischen Schlössern, die so auch zu Stätten der europäischen Politik wurden.

Als die Renaissancekultur in Italien schon welthistorische Leistungen aufzuweisen hatte, zeigten sich um 1500 auch in den deutschen Territorien das Streben nach Glanz und Repräsentation sowie wachsende Ansprüche an die Wohnkultur. Auf der Grundlage der gefestigten landesherrlichen Macht ließen sie sich durchaus befriedigen – aber sie gerieten in Gegensatz zu den Möglichkeiten der noch nicht genügend umgestalteten älteren Feudalburgen. So schritten auch die Fürsten von Anhalt im ersten Drittel des 16. Jahrhunderts zum Umbau ihrer Kastelle zu Renaissanceschlössern. Zwar begannen sie wegen ihrer Geldsorgen später damit als ihre reicheren Nachbarn, aber sie konnten bedeutende Architekten für ihre Vorhaben in Bernburg und Dessau gewinnen. Ludwig Binder begann seine Arbeit am Dessauer Schloß in den zwanziger Jahren

Auf einer Darstellung der Taufe Christi aus dem Jahre 1556 zeigt Lucas Cranach d. J. die im Jahr 1534 vollzogene Eheschließung zwischen Fürst Johann von Anhalt mit Margarethe von Brandenburg. Neben dem Brautführer, dem Markgrafen Johann von Küstrin, sind weitere Mitglieder des anhaltischen Fürstenhauses und Reformatoren vertreten. Die Hochzeit galt später als Anfangsdatum der Reformation in Anhalt. Außerdem bietet Cranachs Gemälde die älteste bekannte Ansicht des Dessauer Schlosses. Deutlich ist der noch burgartige wehrhafte Ostflügel zu erkennen, dessen Ecken turmartig betont werden. Der schon im Stil der Renaissance erbaute Westflügel, der Johannbau, ist mit seinem Treppenturm nur links am Ostflügel zu sehen

Die Einführung der Reformation in Anhalt und ihre Verteidigung im Reich sind eng mit dem Namen des Fürsten Wolfgang von Anhalt verbunden. Er war auf dem berühmten Reichstag zu Worms 1521 anwesend und erlebte Martin Luthers Bekenntnis. Viele Beschlüsse und Bündnisse der evangelischen Stände kamen unter seiner führenden Mitwirkung zustande. Seine Unterschrift findet sich unter der »Augsburger Konfession«. Er stand an Luthers Sterbebett und begleitete dessen Trauerzug nach Wittenberg. Unter Fürst Wolfgang begann der Umbau des Bernburger Schlosses

Bildnis des Fürsten Wolfgang. Eine nach Cranach d. J. gefertigte Kopie des Hofmalers Beck

Andreas Günther prägte neben Binder und Krebs das Baugeschehen in Mitteldeutschland im ersten Drittel des 16. Jahrhunderts. 1538 begann er den Ausbau der alten Bernburger Fürstenburg zu einem Renaissanceschloß. – Das abgebildete Sandsteinrelief von 1538/39 zeigt sein Selbstbildnis von Allegorien umgeben

Die von Günther beim Umbau des Bernburger Schlosses 1538/39 als Ecktürme ausgeführten Runderker wurden als »Leuchten« berühmt

Sehr früh wandte sich das starke und selbstbewußte Zerbster Bürgertum der lutherischen Reformation zu; dafür waren die dem Einfluß der bedeutendsten anhaltischen Stadt entzogenen geistlichen Immunitäten ein Hauptgrund. Matheus Meeseberg an der Nikolaikirche in Zerbst war der erste von einer weltlichen Gemeinde bestellte protestantische Geistliche in Anhalt. – Die anhaltischen Fürsten führten nicht nur einen regen Briefwechsel mit Martin Luther, sondern sammelten auch andere Luther-Handschriften, wie z. B. einen großen Teil der Übersetzung des Alten Testaments

Bisher unveröffentlichtes Bildnis Martin Luthers aus dem Gotischen Haus in Wörlitz; Cranach-Schule 1529

Kampf zwischen Martin Luther und dem Papst; ironisierende Darstellung von einem unbekannten deutschen Maler des 16. Jahrhunderts

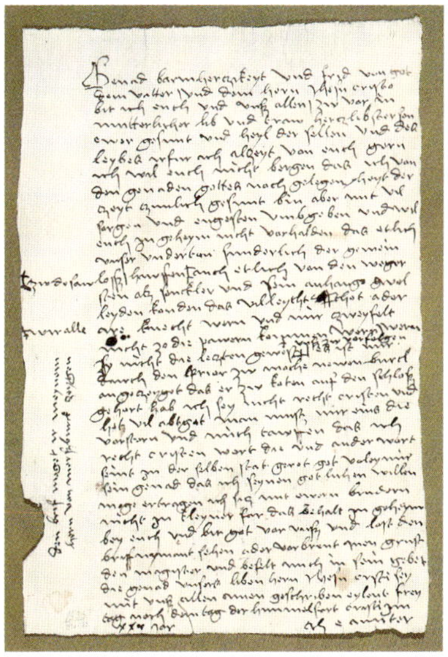

Margarete von Münsterberg, Fürstin von Anhalt, teilt ihrem Sohn Georg 1525 ihre Ängste über die Folgen mit, die eine Vereinigung der aufständischen Bauern mit den »loßen hawfen« in Dessau gehabt hätte (s. S. 202)

Klosterkirche Nienburg. Das Kloster wurde 1525 von den Bauern gestürmt

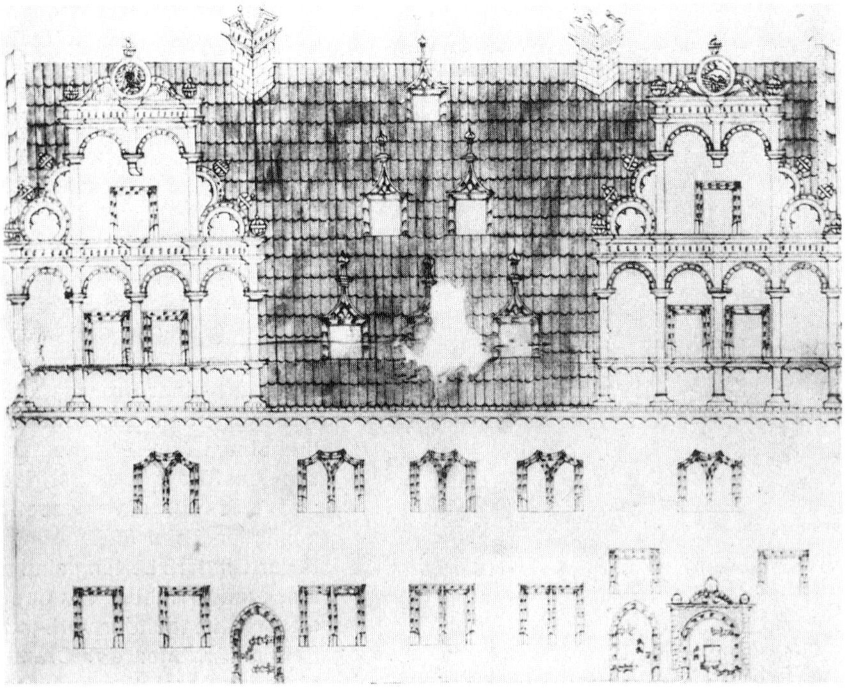

Entwurfszeichnung Ludwig Binders für den Aufbau des Westflügels des Dessauer Schlosses

Zweigeschossiger Nordgiebel am Westflügel, nach oben durch Kreissegmente geschlossen und mit Kugeln geschmückt. Die gliedernden Pilaster besitzen Reliefschmuck. In den Giebel ist das Wappen Kaiser Karls V. eingefügt

Der Westflügel des Dessauer Schlosses, der Johannbau, wurde um 1530 von Ludwig Binder als zweigeschossiger Backsteinputzbau errichtet. Ein östlich vorgesetzter Treppenturm, der als ein gutes Beispiel für den Übergangsstil von der Gotik zur Renaissance gilt, erhielt 1812 bei Umbauten eine neugotische Spitze

19

Das Obergeschoß im Westflügel des Dessauer Schlosses wird vom Rittersaal beherrscht. Durch ein von Ludwig Binder 1532 geschaffenes Prunkportal gelangt man in den Treppenturm

Bildnis Margaretes von Münsterberg, Fürstin zu Anhalt. Kopie nach einer Arbeit der Cranach-Werkstatt von Georg Friedrich Weitsch. Nach dem frühen Tod des Fürsten Ernst übernahm sie die Regentschaft für ihre Söhne Johann, Georg und Joachim. Mit größtem Geschick und unermüdlicher Tatkraft baute sie unter schwierigen Bedingungen die Landesherrschaft aus und erwarb Wörlitz zurück. Der Reformation stand sie bis zu ihrem Tode feindlich gegenüber

Das Beutelbuch der Margarete von Münsterberg war ein Wiegendruck, der bei Marcus Brandis in Leipzig erschien. Am Anfang und am Ende sind ihm einige handschriftliche Gebete vorangestellt. Der Name Beutelbuch entstand aus der Art des Einbandes des Buches, das Metallecken und einen metallenen Mittelbuckel besitzt und in weiches Wildleder so eingebunden ist, daß das Leder am oberen Rand den Deckel und den Rücken als breiter Streifen überragt und zu einem knopfartigen Knoten zusammengefaßt wird. Beim Erfassen dieses Knotens entstand ein Beutel, den man leicht zwischen den Fingern halten oder am Gewand befestigen konnte. Die Abbildung zeigt außerdem noch zwei Bücher aus der Dessauer Georgsbibliothek. Fürst Georg legte mit seiner Sammlung wissenschaftlicher Werke den Grundstock für diese Bibliothek, die noch heute als eine der bedeutendsten Reformationsbibliotheken gilt

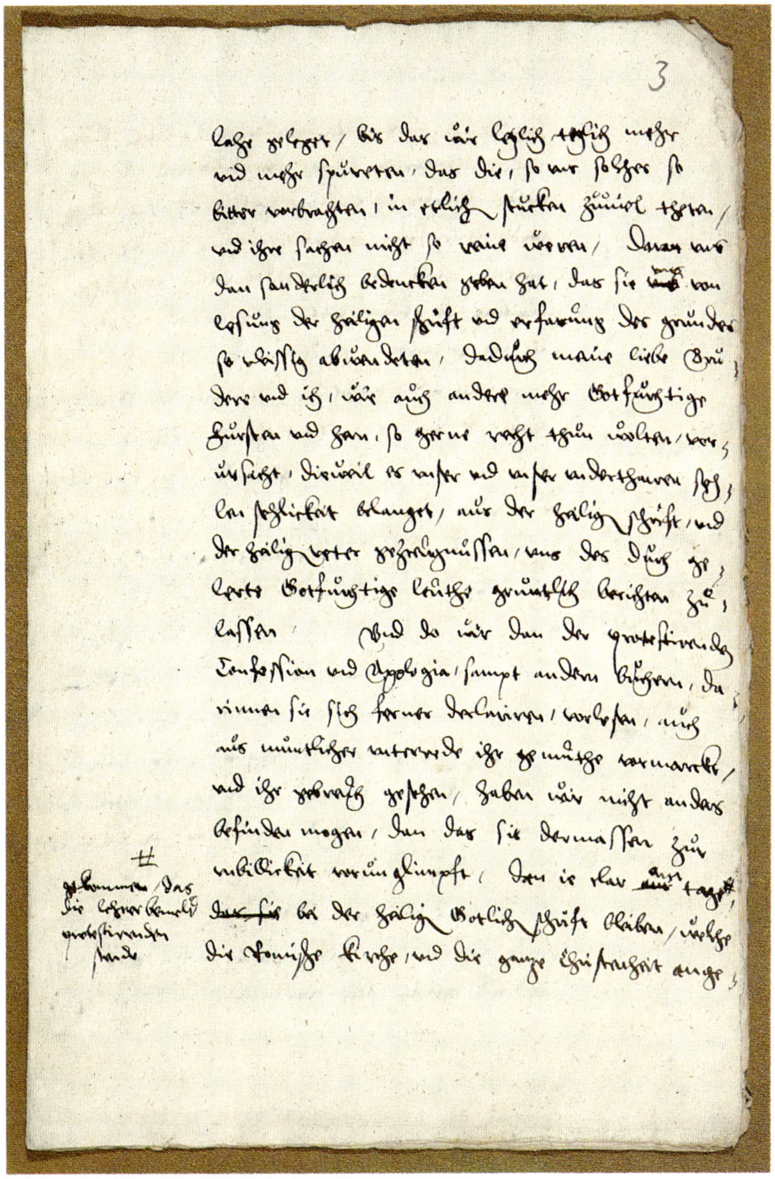

Georg von Anhalt stellte sich 1541 in einem Brief an den Kaiser hinter die evangelischen Stände. Als der Theologe in der anhaltischen Fürstenfamilie hatte er an der Leipziger Disputation zwischen Luther und Eck teilgenommen und wurde später von Luther zum protestantischen Bischof von Merseburg ordiniert. Seinen Lebensabend verbrachte er in dem von ihm erneuerten Schloß Warmsdorf (s. S. 202)

Fürst Georg III. (der Gottselige) von Anhalt. Nach einem farbigen Holzschnitt in der Georgsbibliothek in Dessau

Nikolaus Hausmann war nach Martin Luthers Meinung »ein traw hertz und sittiger man …, der gottes wort fein still und züchtig leset und lieb hat« und wurde deshalb von ihm den anhaltischen Fürsten empfohlen. Im Jahre 1532 beriefen sie den engen Vertrauten Luthers zum Hofprediger nach Dessau. Was 1522 in Zerbst begonnen und 5 Jahre später in Köthen fortgeführt worden war, fand am Donnerstag vor Ostern 1534 in Dessau mit der ersten Messe nach neuem Ritus seinen Abschluß: Anhalt war der Reformation gewonnen (s. S. 202)

Philipp Melanchthon quittiert 1545 den Fürsten Johann, Georg und Joachim den Erhalt von 45 Goldgulden (s. S. 202)

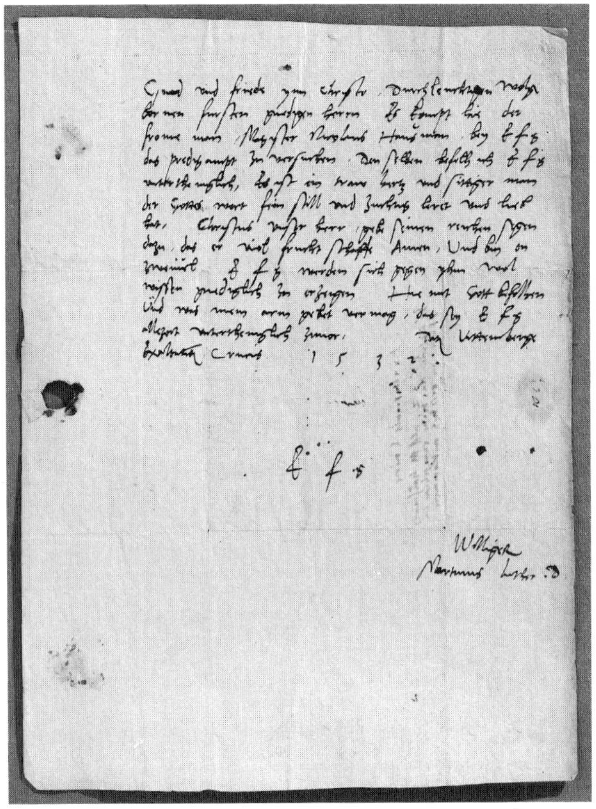

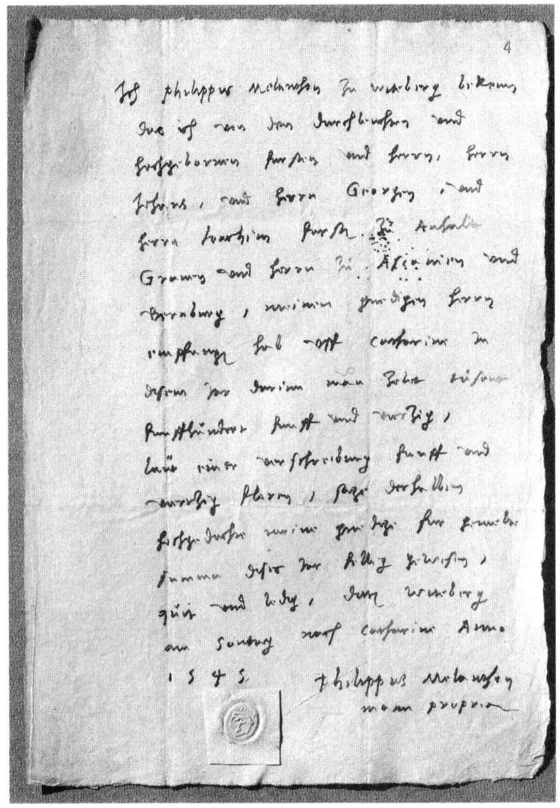

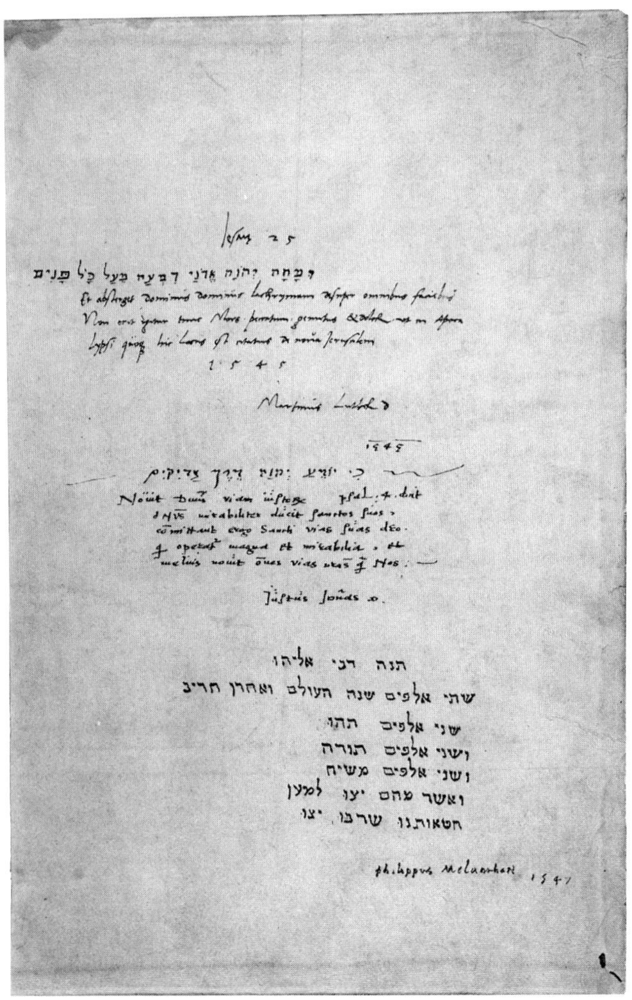

Eintragungen Martin Luthers, Justus Jonas' und Philipp Melanchthons in eine hebräische Bibel des Fürsten Georg III. von Anhalt. Sie zeigen das enge und freundschaftliche Verhältnis der Reformatoren zu den anhaltischen Fürsten

Die Abendmahlsgesellschaft, ein Epitaph für den Fürsten Joachim von Lucas Cranach d. J. von 1565, stellt ein Kapitel Reformationsgeschichte Anhalts dar. Das Bild zeigt von links nach rechts führende Vertreter der neuen Lehre: Kaspar Cruciger, Johann Bugenhagen, Justus Jonas, Martin Luther, Georg III., Fürst zu Anhalt; rechts von Christus Philipp Melanchthon, Berthold Bernhardi, Johann Pfeffinger, Johann Forster, Georg Major und Johann, Kurfürst von Sachsen. Als Mundschenk hat sich Cranach selbst abgebildet. Im Bildhintergrund steht die jüngere Generation anhaltischer Fürsten. Vorn links kniet Fürst Joachim

23

Im Jahre 1531 schlossen sich die evangelischen Reichsstände unter maßgeblicher Beteiligung des Fürsten Wolfgang von Anhalt zur Wahrung ihres Glaubens zum Schmalkaldischen Bund zusammen. 1536 wurde das Bündnis erneuert. Auch die Dessauer Fürsten traten jetzt bei

Urkunde von 1536, mit der man den Schmalkaldischen Bund erneuerte und auf weitere zehn Jahre abschloß. Die anhängenden Siegel bekräftigen die Unterschriften der Bündnispartner

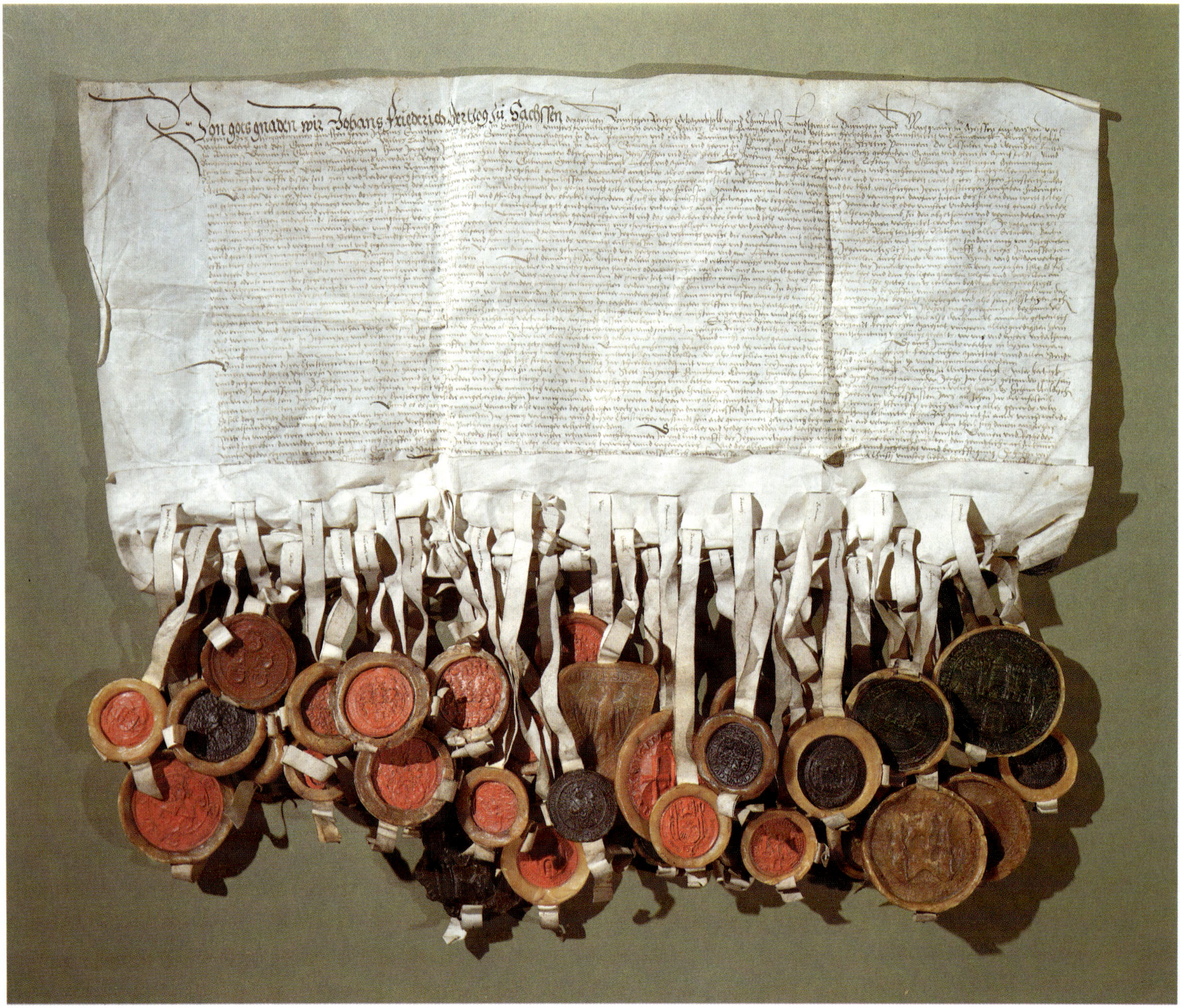

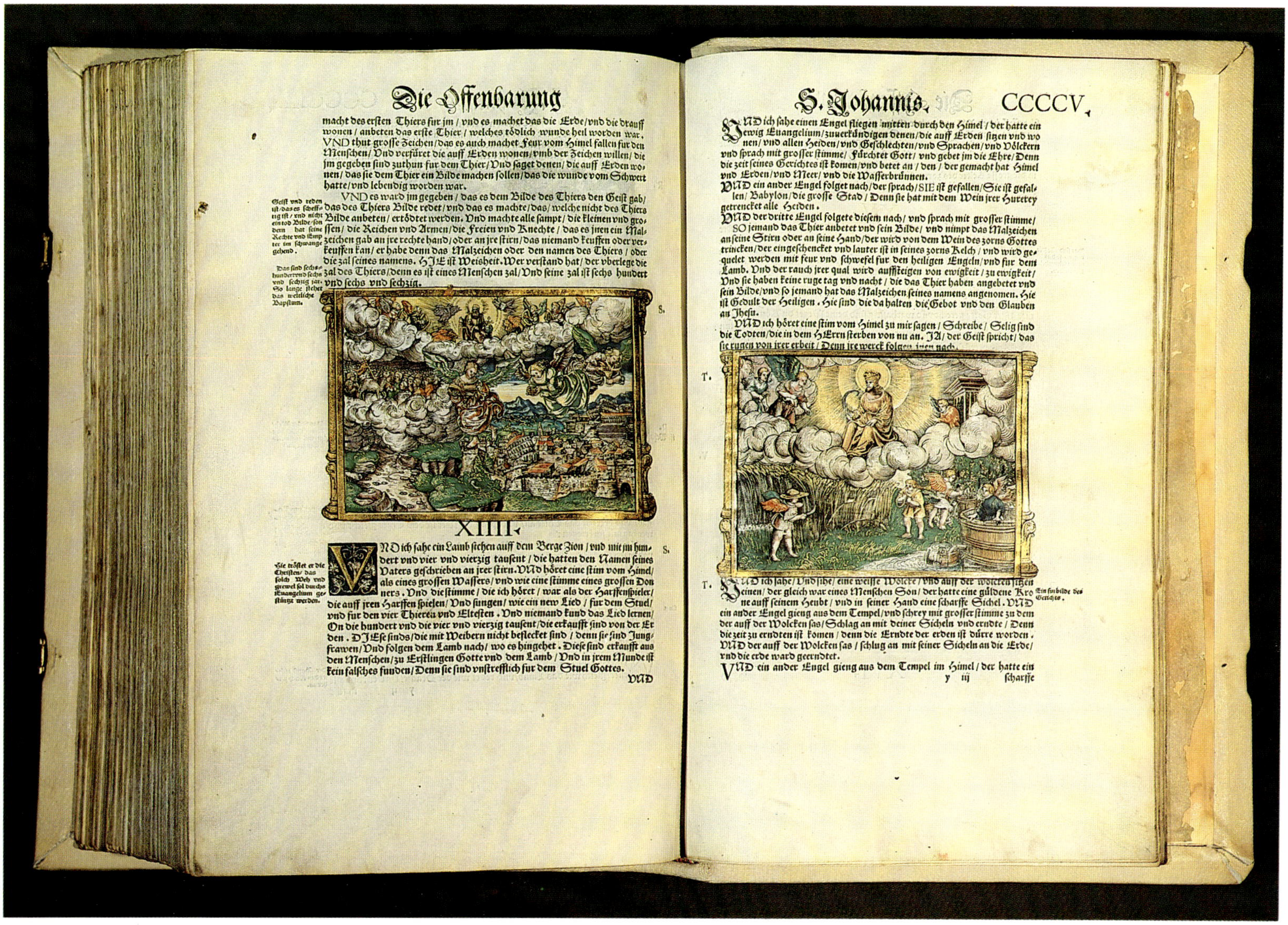

Von der 1541 bei Hans Lufft in Wittenberg gedruckten Bibel ließen sich auch die anhaltischen Fürsten kostbar illuminierte Exemplare auf Pergament anfertigen. Die davon überlieferte Zerbster Prunkbibel besteht aus drei Teilbänden, die mit prächtiger Buchmalerei ausgestattet sind. Sie wird Lucas Cranach d. Ä. zugeschrieben. Die Fürstenexemplare der Wittenberger Ausgabe gestaltete außerdem der jüngere Cranach mit Wappentitelblättern aus. Eine Besonderheit der Zerbster Bibel sind die drei vergoldeten, mit silbernen Leisten eingerahmten Kupferplatten, die die Bildnisse Luthers, Johann Friedrichs von Sachsen und Karls V. tragen. Sie sind eine Arbeit des hallischen Goldschmiedes Jobst Kämmerer

Darstellung der Erschaffung der Welt aus der Zerbster Prunkbibel

Schloß Plötzkau wurde 1556 im Auftrage des Fürsten Bernhard III. errichtet und diente ihm bis zu seinem Tode als Wohnsitz. (Als dieser Bruder Joachim Ernsts starb, war Anhalt nach vielen Teilungen wieder in einer Hand vereinigt.) Das Plötzkauer Schloß ist eines der besten Beispiele deutscher Renaissance vor der Übernahme italienischen Formengutes

Kamin im Rittersaal des Plötzkauer Schlosses

Wappen des Fürsten Joachim Ernst. Der in neun Felder unterteilte Schild widerspiegelt die an »Land und Leuten« erworbenen Rechte

Besoldungsliste der Beamten und Bediensteten am Hofe des Fürsten Joachim Ernst aus dem Jahr 1584 mit Angaben für die Baumeister und Architekten Rochus von Lynar und Peter Niuron

Einer der fähigsten und deshalb auch gefragtesten Architekten der zweiten Hälfte des 16. Jahrhunderts, der Krebs-Schüler Nickel Hofmann, erweiterte zwischen 1562 und 1570 den von Günther begonnenen Bau des Bernburger Schlosses. Das so entstandene Langhaus vermittelt mit seiner Gestrecktheit den Wandel der Kunstauffassung hin zur Renaissance

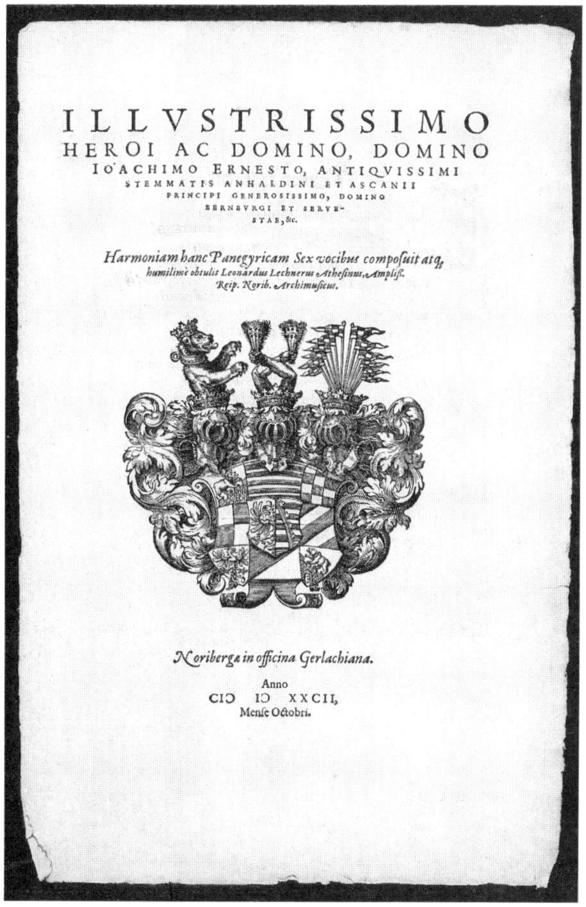

ILLVSTRISSIMO
HEROI AC DOMINO, DOMINO
IOACHIMO ERNESTO, ANTIQVISSIMI
STEMMATIS ANHALDINI ET ASCANII
PRINCIPI GENEROSISSIMO, DOMINO
BERNBVRGI ET SERVESTAE, &c.

Harmoniam hanc Panegyricam Sex vocibus composuit atq; humillimè obtulit Leonardus Lechnerus Athesinus, Amplis. Reip. Norib. Archimusicus.

Noribergæ in officina Gerlachiana.

Anno
CIƆ IƆ XXCII,
Mense Octobri.

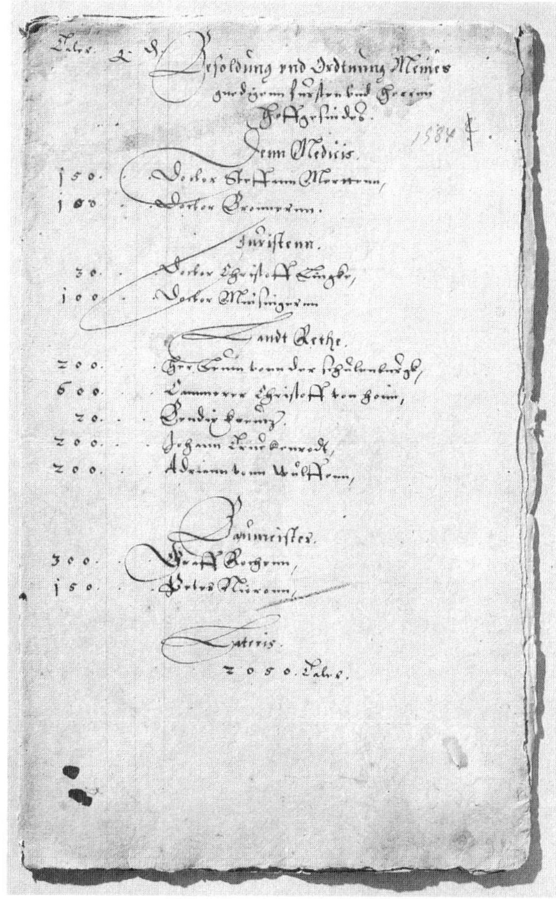

Taler. 2 [illegible] Besoldung vnd Ordtnung Meines gnedigen Fursten vnd Herrn Hoffgesindes. 1584

Item Medicis.
150. Doctor [illegible]
100. Doctor [illegible]

Juristenn.
30. Doctor Christoff [illegible]
100. Doctor [illegible]

Landt Rethe.
200. [illegible]
600. [illegible] Christoff von [illegible]
20. [illegible]
200. Johann [illegible]
200. Adrian von [illegible]

Baumeister.
300. [illegible] Rochum,
150. Peter Niuronn,

[illegible]
2050. Taler.

Porträt des Fürsten Joachim Ernst von Lucas Cranach d.J. aus dem Jahr 1572

Unter Fürst Joachim Ernst wurde Anhalt 1570 wieder vereint, allerdings nur für dreieinhalb Jahrzehnte. Durch seine 14 Kinder wurde Joachim Ernst Stammvater fast aller regierenden Häuser in Europa. Besondere Aufmerksamkeit widmete er der Rechtspflege: Durch die 1572 eingeführte Landesordnung wurde in Anhalt das römische Recht endgültig eingeführt, das dann in den ersten fest formierten Gerichten angewandt wurde. Auch die Herausbildung der Landeskirche machte erhebliche Fortschritte; ein Konsistorium wurde gebildet, und Joachim Ernst übte als erster anhaltischer Fürst das Amt des obersten Kirchenaufsehers = Bischofs aus. Die außenpolitischen Verbindungen zu bedeutenden Staaten und Herrschern Europas entstanden. Der bei dieser Stärkung der Bedeutung Anhalts in Politik und Geistesleben zu erwartende Aufschwung in der Bautätigkeit trat ein

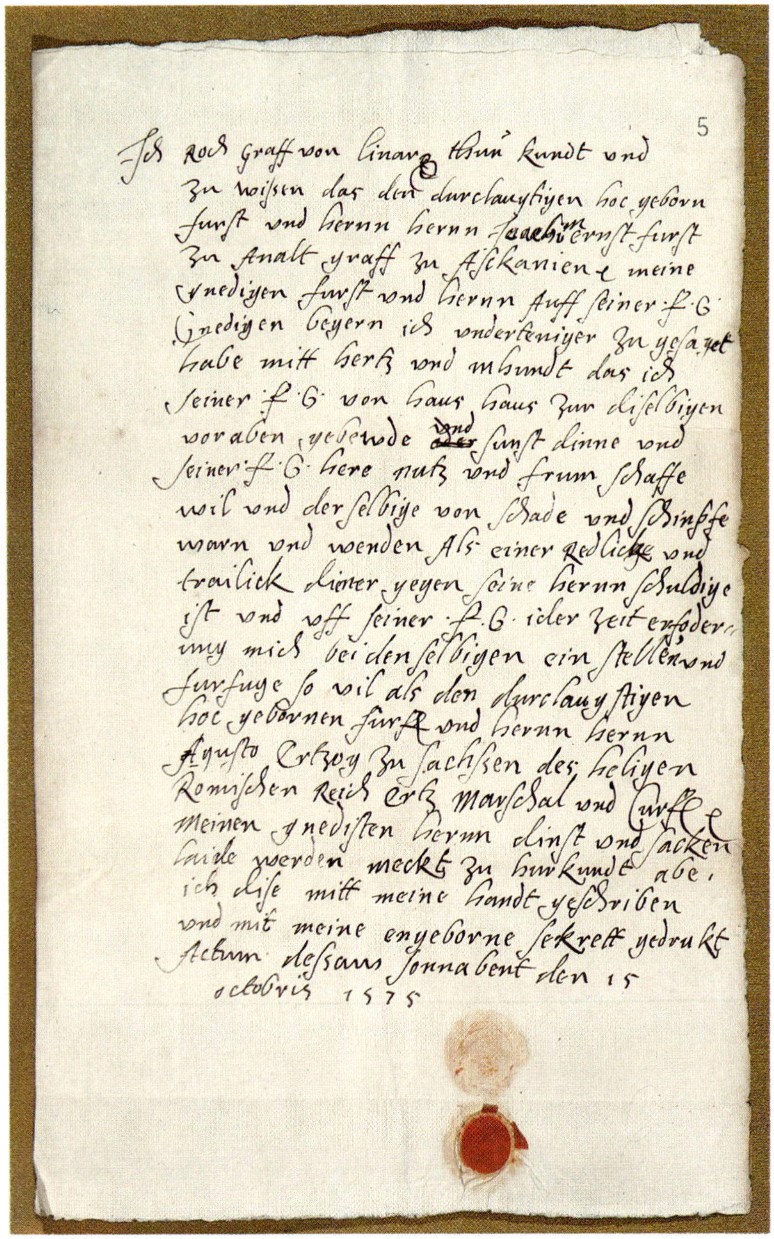

5

Ich Roch graff von Linar thun kundt und
zu wissen das den durchlauchtigen hoc geborn
furst und hern hern Joachim ernst furst
zu Anhalt graff zu Ascanien meine
gnedigen furst und hern auff seiner f. G.
gnedigen begern ich undertenigen zu gesagt
habe mitt hertz und mhundt das ich
seiner f. G. von haus haus zur disselbigen
voraben gesewde und sunst dinne und
seiner f. G. here nutz und frum schaffe
wil und derselbige von schade und schinpffe
warn und wenden Als einer redliche und
trailick diener gegen seine hernn schuldige
ist und uff seiner f. G. ider zeit erforder
ung mich bei denselbigen ein stellen und
furfuge so vil als den durchlauchtigen
hoc gebornen furst und hern hern
Augusto Ertzog zu Sachssen des heligen
Romischen Reich Ertz Marschal und Curfurst
meinen gnedisten hern dinst und sacken
laide werden meckt zu urkunde abe
ich dise mitt meine handt geschriben
und mit meine engeborne sekrett gedrukt
Actum dessaus Sonnabent den 15
octobris 1575

Graf Rochus von Lynar bestätigte 1575 seine Zusage, für den Fürsten Joachim Ernst zu bauen. Er verpflichtete sich, rechtzeitig seine Tätigkeit aufzunehmen. Lynar stammte aus Italien und wirkte in vielen Ländern Europas (s. S. 202)

Vom Dessauer Schloßbau des Fürsten Joachim Ernst der Jahre 1572 bis 1580 hatte nur das abgebildete Gipszimmer seinen reichen Schmuck bewahrt

Wörlitz bewahrt einen kleinen Teil der Spätrenaissance-Ausstattung des 1945 zerstörten Dessauer Schlosses. Schon 1750 für Knobelsdorffs Umbauten entfernt, wurde sie von Fürst Franz im Gotischen Haus verwendet. Im Zimmer neben dem Eingang finden sich eine schwere Holzdecke mit Darstellungen von Sibyllen, Rollwerkkartuschen mit Reliefs von personifizierten Tugenden und schmale Bilder aus der Cranach-Werkstatt. Das Gemälde des Heiligen Hieronymus stammt von einem unbekannten deutschen Maler um 1600

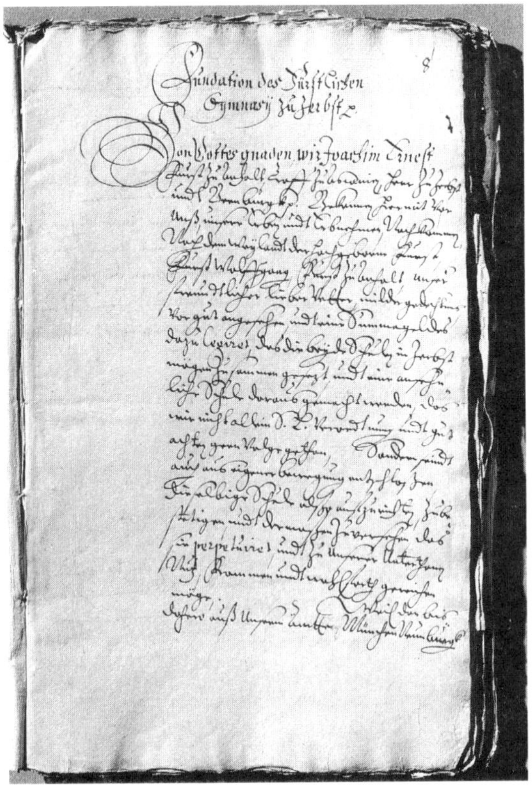
Fundation des Fürstlichen Gymnasij zu Zerbst

Von Gottes gnaden wir Joachim Ernst ...

Einem Vermächtnis des Fürsten Wolfgang folgend, begründete Fürst Joachim Ernst im Jahre 1582 das Gymnasium illustre in Zerbst. Die in diese Gründung gesetzten Hoffnungen auf die Entwicklung einer eigenen Landesuniversität erfüllten sich nie vollkommen (s. S. 202)

Bildnis des ersten Rektors des Gymnasiums illustre, Gregor Bersmann, eines bekannten Altphilologen und Professors der Dichtkunst

Dienstwohnung des Rektors und Vorlesungsräume im Gymnasium illustre

Nach dem Brand des Köthener Schlosses 1547 begann hier die Bautätigkeit später als in den anderen Residenzen des Landes. Schloß Coswig zum Beispiel – im gleichen Jahr im Schmalkaldischen Krieg durch die Spanier niedergebrannt – wurde schon 1560 wieder aufgebaut. In Köthen wurde die Erneuerung des Schlosses erst kurz vor dem Ende des Jahrhunderts in Angriff genommen. Zwischen 1597 und 1599 errichtete Franz Niuron die südliche Hälfte des Westflügels, den Johann-Georg-Bau, im Stil der deutschen Renaissance

Ein Sitznischenportal am Köthener Schloß, vermutlich vom Bernburger Bildhauer Hans Michael, um 1600

Porträt Heinrichs IV. Gemälde eines unbekannten Malers aus der zweiten Hälfte des 18. Jahrhunderts, nach altem Vorbild

König Heinrich IV. von Frankreich dankt 1591 Fürst Christian I. von Anhalt für die Wiedereingliederung von Kriegsvolk in seine Armee

Königin Elizabeth von England teilt Christian von Anhalt die Ankunft seines Bruders mit, bedankt sich für die überbrachte Botschaft und bittet ihn, auch künftig die bestehenden Möglichkeiten für die Zusendung von Nachrichten zu nutzen

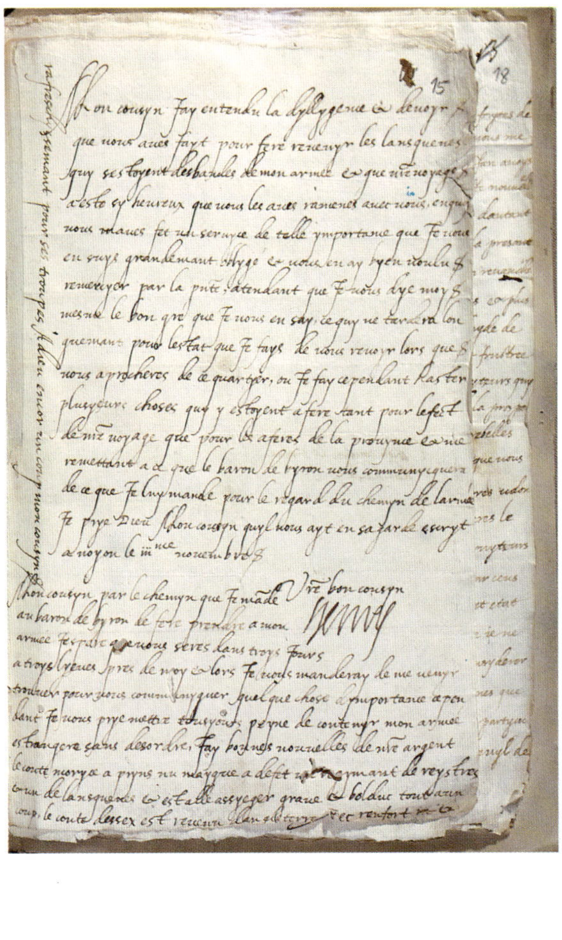

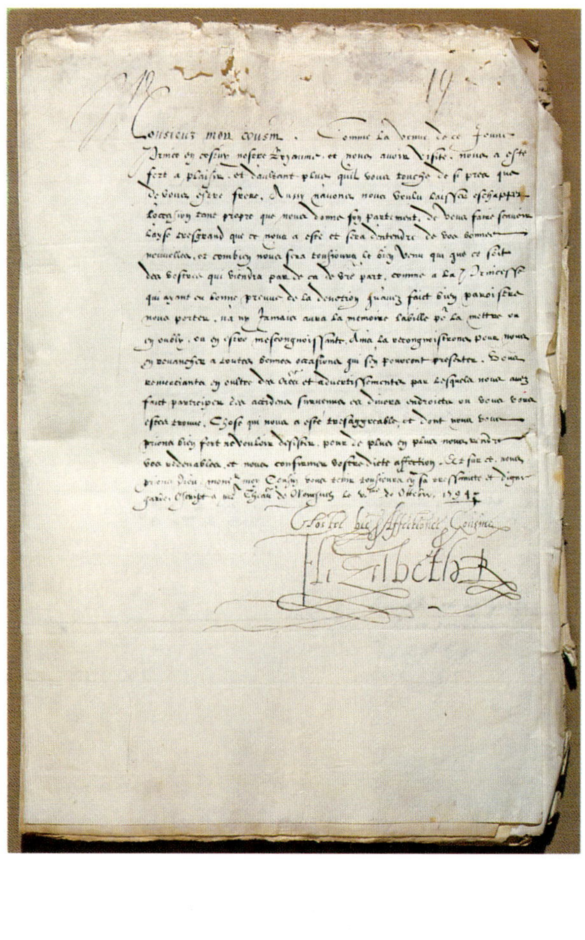

Der Christian- oder auch Johann-Georg-Bau ist der westliche Teil des Bernburger Schlosses. Er entstand 1586 und wird besonders durch seine stolzen Giebel gekennzeichnet

Das große Ansehen Anhalts, in den Stürmen der Reformation durch Persönlichkeiten wie die Fürsten Georg und Wolfgang begründet, wirkte in der zweiten Hälfte des 16. Jahrhunderts über den Rahmen des Reiches hinaus. Die Hinwendung des Fürstenhauses unter Joachim Ernst zum reformiert-kalvinistischen Glauben und die Heiraten seiner Söhne leiteten enge freundschaftliche Beziehungen zum Frankreich Heinrichs IV. ein. Gesandtschaften wurden ausgetauscht, Kunstgegenstände wechselseitig als Geschenk überbracht. Christian I., später der führende Kopf der evangelischen Stände im beginnenden 30jährigen Krieg, machte erstmals als Führer deutscher Hilfstruppen an der Seite König Heinrichs IV. von sich reden. England suchte ebenso die Partnerschaft des Fürstentums wie Dänemark. In der Diplomatie spielte Anhalt eine gewichtige Rolle, so daß in Dessau manche Entscheidung internationalen Ranges vorbereitet werden konnte

17. Jahrhundert

AUFSCHWUNG, GROSSER KRIEG UND WIEDERAUFBAU

Kurz nach Beginn des neuen Jahrhunderts verliert Anhalt seine erst 1570 erlangte Einheit wieder: Die Söhne Joachim Ernsts einigen sich im Dessauer Schloß auf die wiederholt erwogene Teilung des Landes. Von nun an geben die Teilfürstentümer Anhalt-Bernburg, Anhalt-Köthen, Anhalt-Dessau und Anhalt-Zerbst den Rahmen für alles Geschehen – also auch für das Schicksal der Schlösser – ab. Wenn auch die Verwaltung der gemeinschaftlichen Interessen und Aufgaben durch die »Gesamtung« und die Vertretung Anhalts durch den jeweils ältestregierenden Fürsten als Senior Klammern der Einheit bleiben: Anhalt ist seit 1603 ein viergeteiltes Land; die Teilfürstentümer und ihre Herrscher spielen sehr differenzierte Rollen auf der historischen Bühne.

Der Ausbau der Hauptstädte der vier Landesteile zu Residenzen mit dem Schloß als repräsentativem Mittelpunkt fördert spezielle Berufe, wie die der Goldschmiede, der Seidensticker und Zinngießer. In Zerbst erfährt das Gymnasium illustre eine materielle Besserstellung. Mit dem neuen Aufschwung im Schloßbau vollzieht sich in Anhalt der Übergang von den Renaissanceformen zum Barock. Die Gebrüder Niuron beenden nach 1604 den noch im vorangegangenen Jahrhundert begonnenen Wiederaufbau von Schloß Köthen. Peter Niuron wird Generaloberbaumeister; sein Vetter Francesco und sein Bruder Bernhard haben einen Flügel an Schloß Harzgerode angebaut. Nach 1603 erhält Schloß Bernburg die Gebäude über dem Abhang zur Saale. Aber das 17. Jahrhundert kann im Schloßbau den Vergleich weder mit dem vorangegangenen noch mit dem nachfolgenden Jahrhundert bestehen. Anders sieht es bei den Schloßgärten aus: Schloß Dessau erhält eine Parkanlage; berühmt werden die von Heinrich Kitschius vollendeten Köthener Gärten, die die anhaltische Parktradition begründen, heute aber schon lange nicht mehr existieren.

Von den fürstlichen Brüdern ist zunächst Christian I. von Anhalt-Bernburg die dominierende Figur von europäischem Maßstab. Hochgebildet durch häufige Reisen, die ihn bis nach Konstantinopel führen, durch erfolgreiche diplomatische Missionen ausgewiesen als kluger Unterhändler, wird er in den sich abzeichnenden religiösen Auseinandersetzungen im Reich an der Seite des Kurfürsten Friedrich von der Pfalz zum eigentlichen Führer der Protestanten. Er schafft mit ihrer Union das Gegengewicht zu den katholischen Ständen, der späteren Liga. Dem Politiker Christian von Anhalt-Bernburg tritt der Wissenschaftler Ludwig von Anhalt-Köthen an die Seite. Er holt im Mai 1618 den Schulreformer Wolfgang Ratke in sein Land und schafft ihm alle Voraussetzungen zur Umsetzung seiner Ideen. Eine Musterschule und eine Druckerei für die Verbreitung der neuen Pädagogik sollen eingerichtet werden. Ratkes mangelnde Anpassungsfähigkeit läßt unüberwindliche Gegensätze zur reformierten Geistlichkeit und schließlich zum Fürsten selbst entstehen. Noch ehe die Projekte reifen, muß er das Land verlassen. – Bedeutsamer sind die Bemühungen des Köthener Schloßherren um die Reinigung und Pflege der deutschen Sprache. Nachdem Ludwig in Florenz Mitglied der Accademia della crusca geworden war, zählte er zu den Gründern der »Fruchtbringenden Gesellschaft«, ab 1627 war er ihr Oberhaupt. So wurde Schloß Köthen als Sitz dieser Akademie trotz der Wirren des Dreißigjährigen Krieges zu einem Mittelpunkt geistigen Lebens im Reich: 1650 zählte sie 527 Mitglieder unter den geistig regsamsten Deutschen, die sich der deutschen Sprache und Kultur besonders verpflichtet wußten.

Der Dreißigjährige Krieg unterbrach hoffnungsvolle Ansätze in Kunst und Wissenschaft. Seit 1618 führten die Widersprüche zwischen der Katholischen Liga und der Protestantischen Union zu kriegerischen Auseinandersetzungen. Die Rolle Christians von Anhalt-Bernburg im Lager der Protestanten – sein Rat war ausschlaggebend für die Annahme der böhmischen Krone durch Friedrich von der Pfalz – ließ für Anhalt große Gefahren heraufziehen. Die strategische Mittellage des Landes mit dem Elbübergang bei Dessau als Drehscheibe zwischen Süd und Nord erhöhte die Wahrscheinlichkeit, daß das Land mit seinen Schlössern zum Schauplatz des Krieges werden würde. 1620 beschlossen die Fürsten deshalb im Bernburger Schloß Schutzmaßnahmen. Den Krieg vom Lande fernzuhalten überstieg jedoch ihre Mittel. Seit 1625 mußten die Fürsten von Anhalt ohnmächtig zusehen, wie Ernst von Mansfeld, Christian von Braunschweig, wie Wallenstein und Tilly, wie Gustav Adolf von Schweden mit ihren Heeren die eigentlichen Herren in Anhalt waren. Die Schlösser als Zufluchtsstätten der Bevölkerung und besonders als Zentren kostbarer Sammlungen weckten immer wieder die Gelüste der Truppen. Am schlimmsten traf es Schloß Bernburg, wo nach Plünderungen nur noch leere Räume vorgefunden wurden.

Das Ende des Dreißigjährigen Krieges sah ein Land Anhalt, das aus tiefen Wunden blutete, die Kontributionen, Raub und Brandschatzung geschlagen hatten. Viele Städte hatten mehr als die Hälfte ihrer Bewohner verloren, Dörfer waren wüst, ehemals fruchtbares Ackerland war mit Gestrüpp bedeckt, Pest und Typhus wüteten. Auch die in den Schlössern angesiedelte späte Feudalkultur hatte einen Niedergang ohnegleichen erlebt.

Als dann in den fünfziger und sechziger Jahren des Jahrhunderts der Wiederaufbau voranging, besserten sich durch die harte, entsagungsvolle Arbeit des Volkes in Städten und Dörfern auch die Voraussetzungen für das Wiederentstehen eines kulturvollen Lebensstiles der Schloßherren. Für kirchliche und weltliche Bauten wurden wieder mehr Gelder ausgegeben. Charakteristisch war der erste Neubau in Anhalt nach dem Krieg – Schloß Coswig: Während in Frankreich der Barockstil bereits Triumphe feierte, wurde dieses Gebäude in den überholten Formen der Renaissance errichtet.

Bedeutsame Auswirkungen hatte der Krieg auch auf die Kräftekonstellation in Anhalts Nachbarschaft. Sachsen büßte seine vorherrschende Position ein. Unter dem Kurfürsten Friedrich Wilhelm gelangte das aufsteigende Brandenburg immer stärker in das Blickfeld der anhaltischen Fürsten. Johann Georg II. von Anhalt-Dessau trat 1658 in die Dienste des Hohenzollern. Über den militärischen Rahmen hinaus waren die Verbindungen auch für die Entfaltung von Kunst und Kultur in Anhalt von Gewicht. Die Vermählung des Askaniers Johann Georg mit der Oranierin Henriette Catharina im Jahr 1659 ebnete den Weg für niederländische Einflüsse: auch das Wirken des Baumeisters Cornelis Ryckwaert ab 1681 war damit vorbereitet.

In den 60er Jahren des 17. Jahrhunderts treten in Anhalt erste absolutistische Tendenzen hervor. Die Einberufung der Landstände – 1652 hatten sie den Landesherren noch die Tilgung der Kriegsschulden abgenommen – wird von der Regel zur Ausnahme. Die Stände verlieren ihren Einfluß auf die fürstlichen Entscheidungen, die Landesordnung von 1666 ist ein wichtiges Indiz für die Zentralisierung der Verwaltung. Zwar war die Teilung von 1603 nicht rückgängig zu machen, der Sukzessionsvertrag von 1665 enthielt aber die Möglichkeit der Wiederherstellung des einheitlichen Fürstentums. Um 1670 beginnen auch die ersten Aufkäufe adliger Güter und Schlösser durch die Fürsten und kleinere Territorialerwerbungen, die Erbnachfolge im askanischen Sachsen-Lauenburg gelingt jedoch nicht. Der konfessionelle Gegensatz zwischen den Bekenntnissen der Lutheraner und der kalvinistisch Reformierten ist Zündstoff für inneranhaltische Streitigkeiten.

Durch den 30jährigen Krieg gewissermaßen auf sich selbst zurückgeworfen – die Fruchtbringende Gesellschaft bildet die große Ausnahme – kann sich Anhalt zu Beginn des letzten Viertels des 17. Jahrhunderts erneut an europäischer Kulturentwicklung beteiligen.

NOVA ANHALTINI PRINCIPATUS TABULA
Autore IOH. TOBIA SCHUCHART Architect. ANHALT.
PET. SCHENCK Sculp. Reg. Pol. exc. Amst. C. P.
MDCCX.
SEPTENTRIO
MERIDIES
OCCIDENS
Gemeine Teutsche Meilen.
MEILEN ZEIGER DER STÄDTE FLECKEN UND AEMTER DES FÜRSTEN-THUMBS ANHALT NEBEST ETLICHEN AN GRÄNTZZENDEN ÖRTERN.
MAGDEBURG
HALBERSTADT
QUEDLINBURG
ASCHERSLEBEN
MANSFELDT
EISLEBEN
HALLE
KALBE
BARBY
SCHÖNBECK
AKEN
CÖTHEN
ALSLEBEN
SANDERSLEBEN
DUCATUS MAGDEBURGENSIS
PRINCIPAT: HALBERSTADTENSIS
FURSTENTHUM
COMIT MANSFELDT
GRAFFSCHAFFT BARBY
Dessauisch Ambt
Cöthnisch Ambt Warmsdorf
Dessauische Ambter
Ambt Plötzkau
Nienburg
Bernburg
Petersberg
Wettin
Rotenburg
Gross Salza
Staßfort
Egeln
Hartzgerode
Gunterberge
Blanckenburg
Regenstein
Gruningen
L. Wandsleben
G. Wandsleben
Giebichenstein
Zerbstisch Ambt
Radegast

Karte des Fürstentums Anhalt nach der Teilung 1603, von Johann Tobias Schuchard 1710. Nur die Ämter wurden farblich gegeneinander abgesetzt, die Grenzen der vier Teilfürstentümer lassen sich auf den ersten Blick nicht erkennen. Außerdem sind in geschickter Weise Herrschaftsansprüche der anhaltischen Askanier aufgenommen; die Grafschaften Aschersleben und Barby und die Stadt Quedlinburg z. B. waren nicht anhaltisch, wurden jedoch beansprucht

Schloß Dessau aus der Vogelperspektive. Zeichnung aus dem 17. Jahrhundert mit dem Anfang des 18. Jahrhunderts abgebrochenen Nordflügel im Vordergrund und kleinen, noch renaissancehaften Gärten

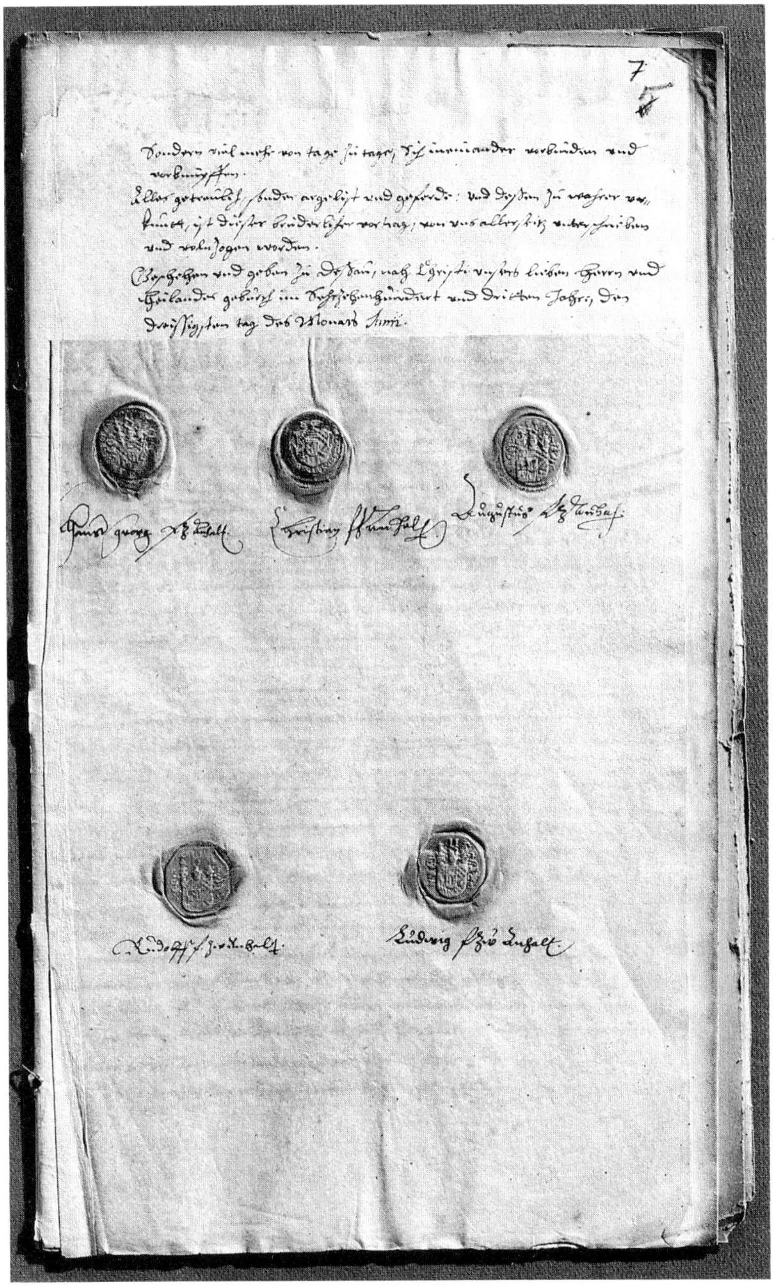

Letzte Seite des Teilungsrezesses der fünf Brüder: Johann Georg (Dessau), Christian (Bernburg), August (Plötzkau), Rudolf (Zerbst) und Ludwig (Köthen) vom 30. Juni 1603 mit ihren persönlichen Siegeln und eigenhändigen Unterschriften

Ansicht der Stadt Dessau aus der zweiten Hälfte des 17. Jahrhunderts

Im Dessauer Schloß wurde 1603 der Vertrag über die 1606 in Kraft tretende Landesteilung zwischen den fünf Söhnen Joachim Ernsts abgeschlossen. Durch Verzicht eines Bruders (der später Schloß und Amt Plötzkau erhielt) wurden nur vier Teilfürstentümer gebildet. Die seit dem Ende des 16. Jahrhunderts eingetretene Hinwendung zur Lehre des Genfer Reformators Jean Calvin sollte in der Einheit von kirchlicher Lehre und Zeremonie für alle vier Teilstaaten bewahrt bleiben. Auch auf dem Reichstag hatte Anhalt weiterhin nur eine Stimme, doch wurde die anhaltische Innen- und Außenpolitik nun von vier Schlössern aus bestimmt

39 Kurz vor seinem Tode bittet Johann Georg I. von Anhalt-Dessau seinen Bruder Christian I. von Anhalt-Bernburg um Stundung einer noch von der Teilung ausstehenden Schuld von 3000 Dukaten unter Hinweis auf einen Brand im Dessauer Schloß im Jahre 1618: »... den 14 itzigen Monats Martii haben wir Eiine schreckliche feuer brunst alhir auf dem Schlos gehabt, waren mir Baldt meiine lieben kleiinen Kinder trauf gegangen ...« Feuerholz hatte zu dicht am Ofen gelegen und sich nachts entzündet (s. S. 202)

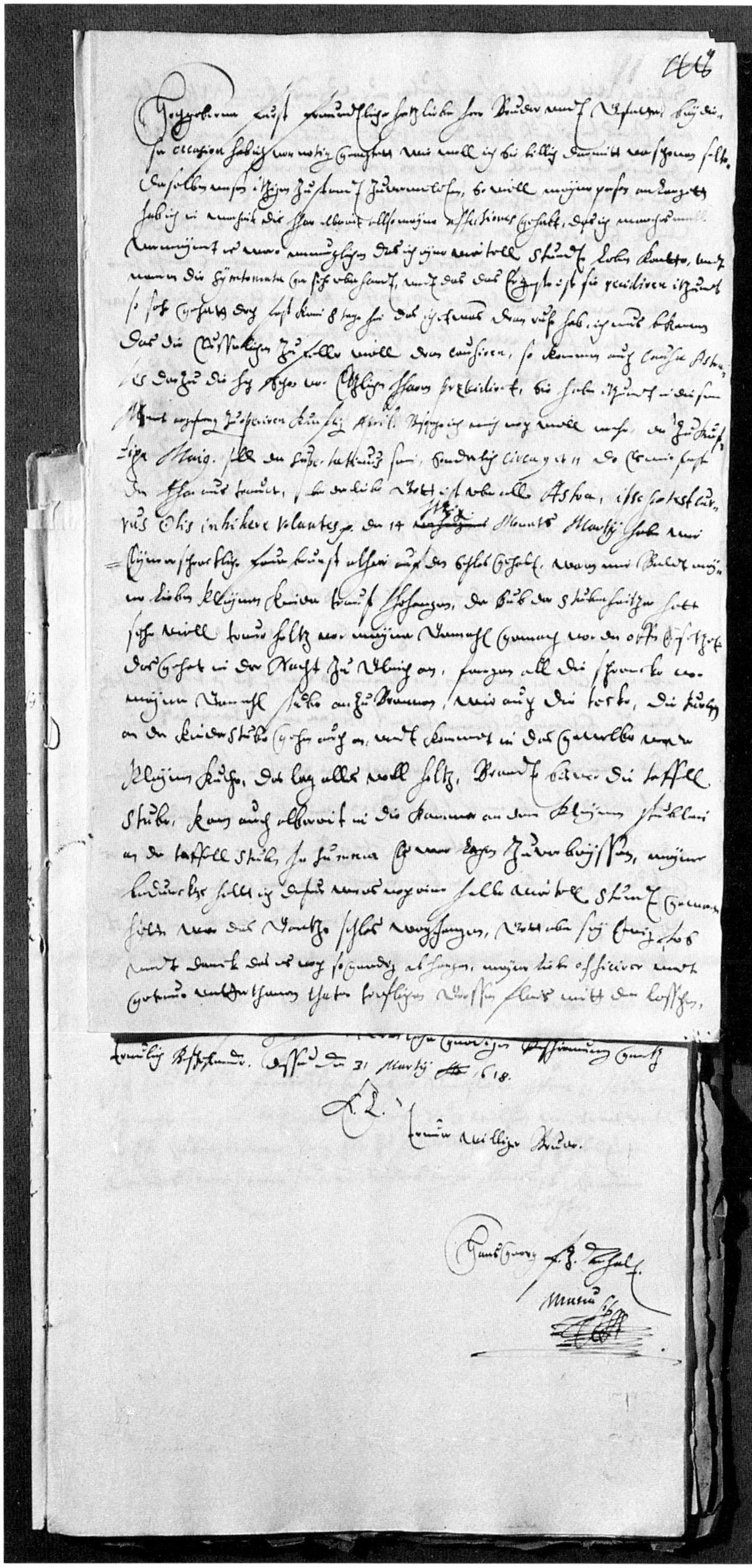

Porträt Christians I. von Anhalt-Bernburg, unbekannter Maler, um 1600

Christian I. von Anhalt-Bernburg war im ersten Viertel des 17. Jahrhunderts einer der führenden Politiker Europas. Dabei verstand er durchaus die Kunst, sich im Hintergrund zu halten, so daß seine Rolle oft unauffällig blieb. Nicht so sehr von Bernburg aus, sondern in Amberg als Statthalter der Oberpfalz knüpfte er seine Fäden – nach Frankreich, Italien, Österreich, Böhmen, Ostpreußen. So wurde er zum Baumeister der protestantischen Union und übte einen nicht immer klugen Einfluß auf Friedrich V. von der Pfalz, den böhmischen Winterkönig aus. Sein Stammland mit Stadt und Schloß Bernburg brachte er dadurch in größte Gefahr

Schreiben des Peter Wok Ursinus von Rosenberg, eines der Führer der antihabsburgischen Partei in Böhmen, an Fürst Christian I. vom 9. April 1609. – Der im Brief erwähnte Georg Erasmus Tschernembl war der kalvinistische Führer der ständischen Partei in Österreich. Ein weiterer wichtiger Korrespondenzpartner Christians war der Theologe der Republik Venedig, Paolo Sarpi

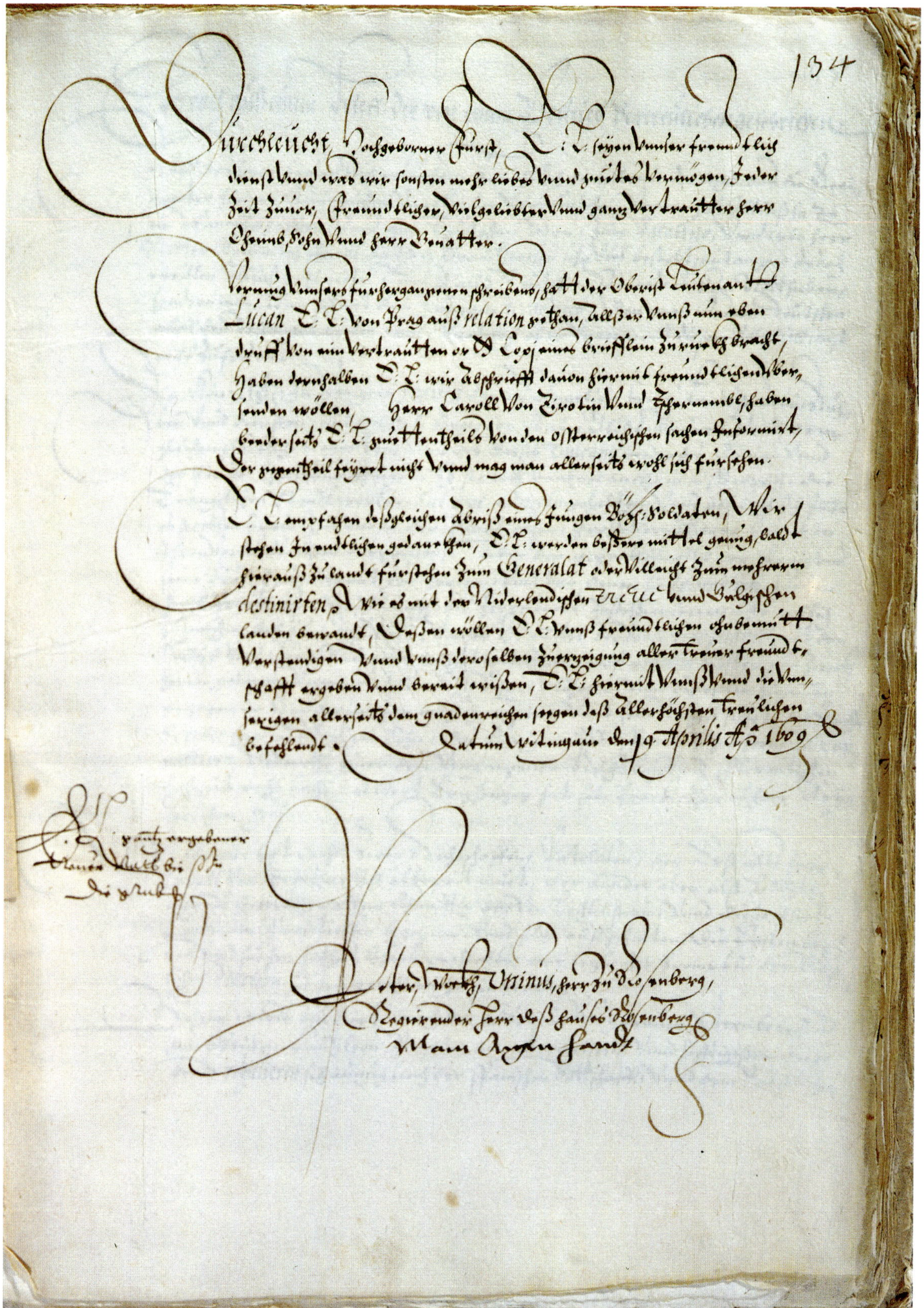

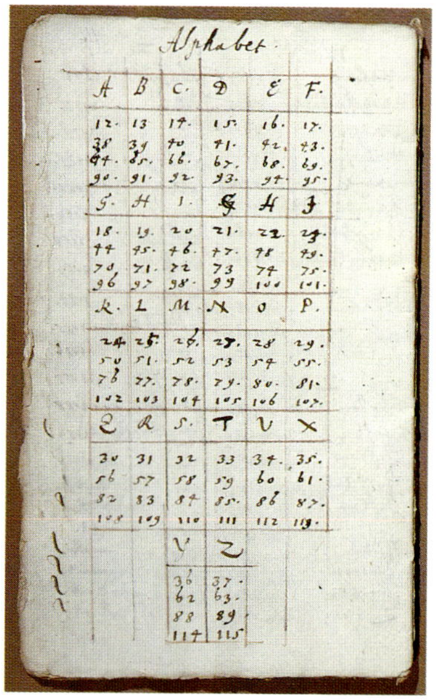

Chiffrier-Code für die Geheimkorrespondenz Christians mit Agenten und Gesinnungsgenossen in vielen Teilen Europas, 1618

Silberne Medaille mit den Porträts des Königs Friedrich von Böhmen und Christians von Anhalt, 1620

Siegel und Unterschriften der Bestallung Christians I. zum General des Königreiches Böhmen am 5. November 1619 durch den böhmischen Generallandtag, drei Monate nach der Wahl des Kurfürsten von der Pfalz zum böhmischen König. Der Beginn des 30jährigen Krieges hob Christian I. von Anhalt-Bernburg in Höhen und stürzte ihn in Tiefen: Er wurde böhmischer General, war in die Niederlage des böhmischen Ständeheeres in der Schlacht am Weißen Berg 1620 bei Prag verwickelt, verfiel der Reichsacht, emigrierte nach Schweden und Dänemark und konnte erst 1624 nach Aufhebung der Acht in sein Bernburger Schloß zurückkehren

Porträt der Fürstin Anna von Anhalt-Bernburg, geb. von Bentheim, Gemahlin Christians I., Gemälde des Michiel van Miereveld, 1617

Nach der vernichtenden Niederlage der böhmisch-protestantischen Sache mußte Christian I. fliehen. Aus Hielce teilte er seiner Frau mit, daß er sich in das schwedische Sunderburg (Sundburg) begeben würde. Die Bitte um Zusendung seiner »Bücher aus der Gallerie« beweist, daß er mit längerer Abwesenheit von seiner Heimat rechnete

Am 28. April 1623 hatte Christian II. eine Audienz beim Kaiser Ferdinand in Prag und setzte sich für seinen Vater Christian I. ein; noch im selben Jahr wurde dessen Ächtung aufgehoben. Auszug aus dem Tagebuch Christians II. von Anhalt-Bernburg (s. S. 202)

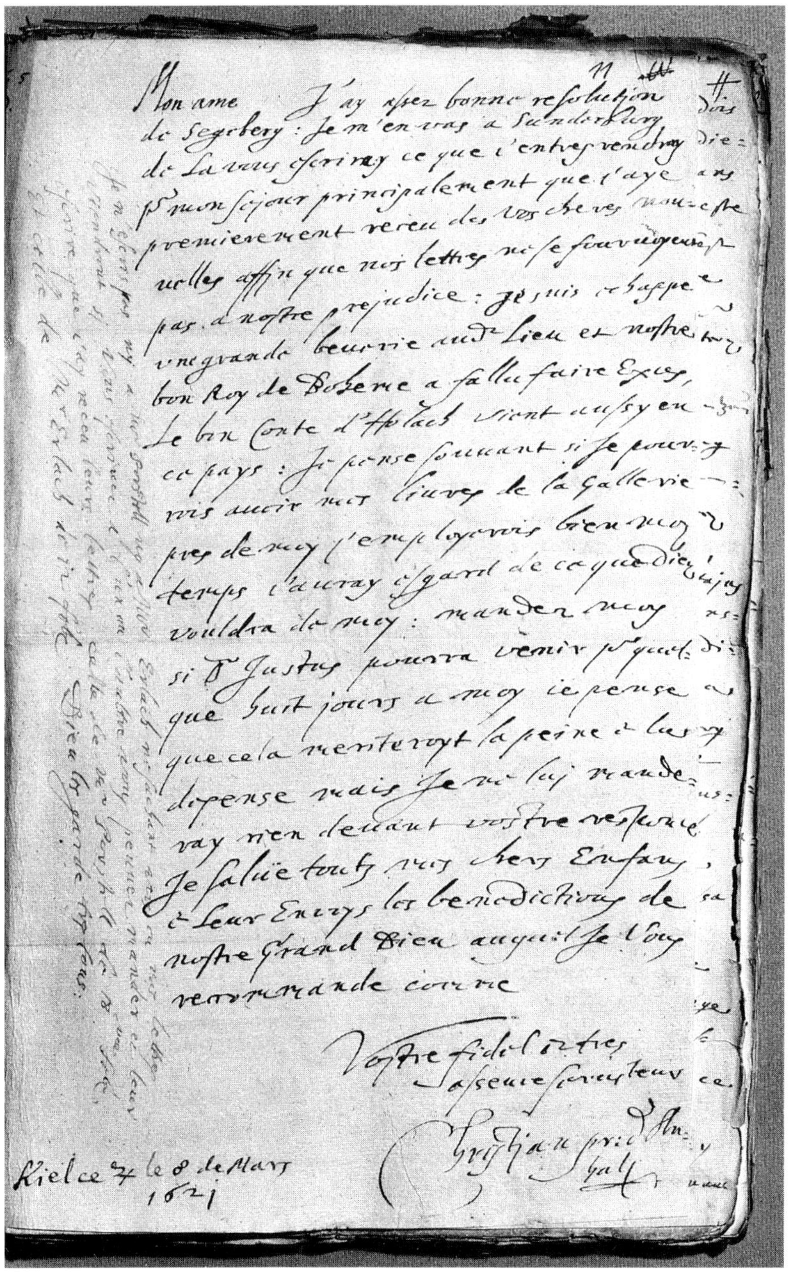

Mon ame J'ay assez bonne resolution
de Segeberg: Je m'en vas a Sunderburg
de la vous escriray ce que i'entreprendray
pour mon sejour principalement que i'aye
premierement receu des vos cheres nou-
velles affin que nos lettres ne se trouvent
pas a nostre prejudice: je suis eschappe
une grande beuvrie audit lieu et nostre
bon Roy de Boheme a fallu faire Excès,
Le bon Conte d'Holach vient aussy en
ce pays: Je pense souvent si je pour-
rois avoir mes livres de la Gallerie
pres de moy j'employerois bien mon
temps j'auray esgard de ce qu'elle dit
voudra de moy: mander moy
si Dr Justus pourra venir pour quel-
que huit jours a moy je pense
que cela meriteroyt la peine et les
depense mais je ne luy mande-
ray rien devant vostre response
Je salue touts nos chers Enfans
et leur envoys les benedictions de
nostre Grand Dieu auquel je vous
recommande comme
Vostre fidel tres
asseure serviteur
Christian prince d'Anhalt
Kielce le 8 de Mars
1621

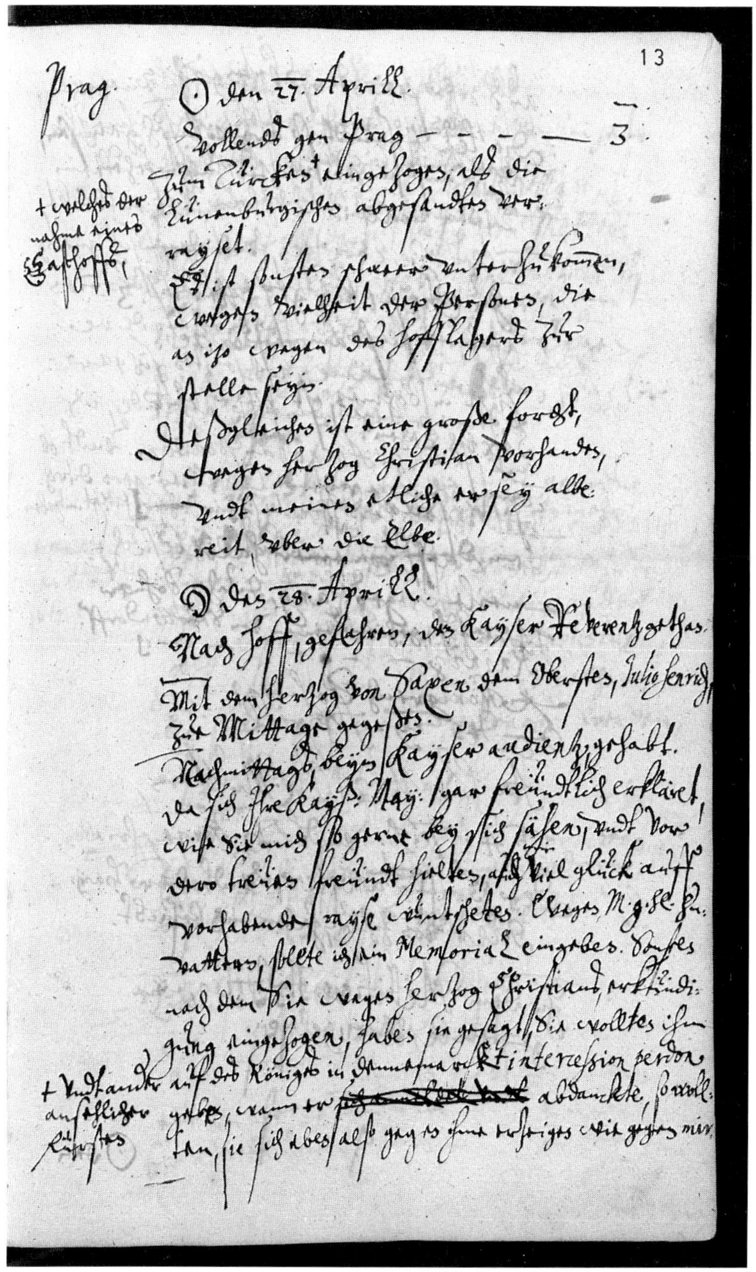

Prag. ☉ den 27. Aprill
vollendt gen Prag — 3
...
☽ den 28. Aprill

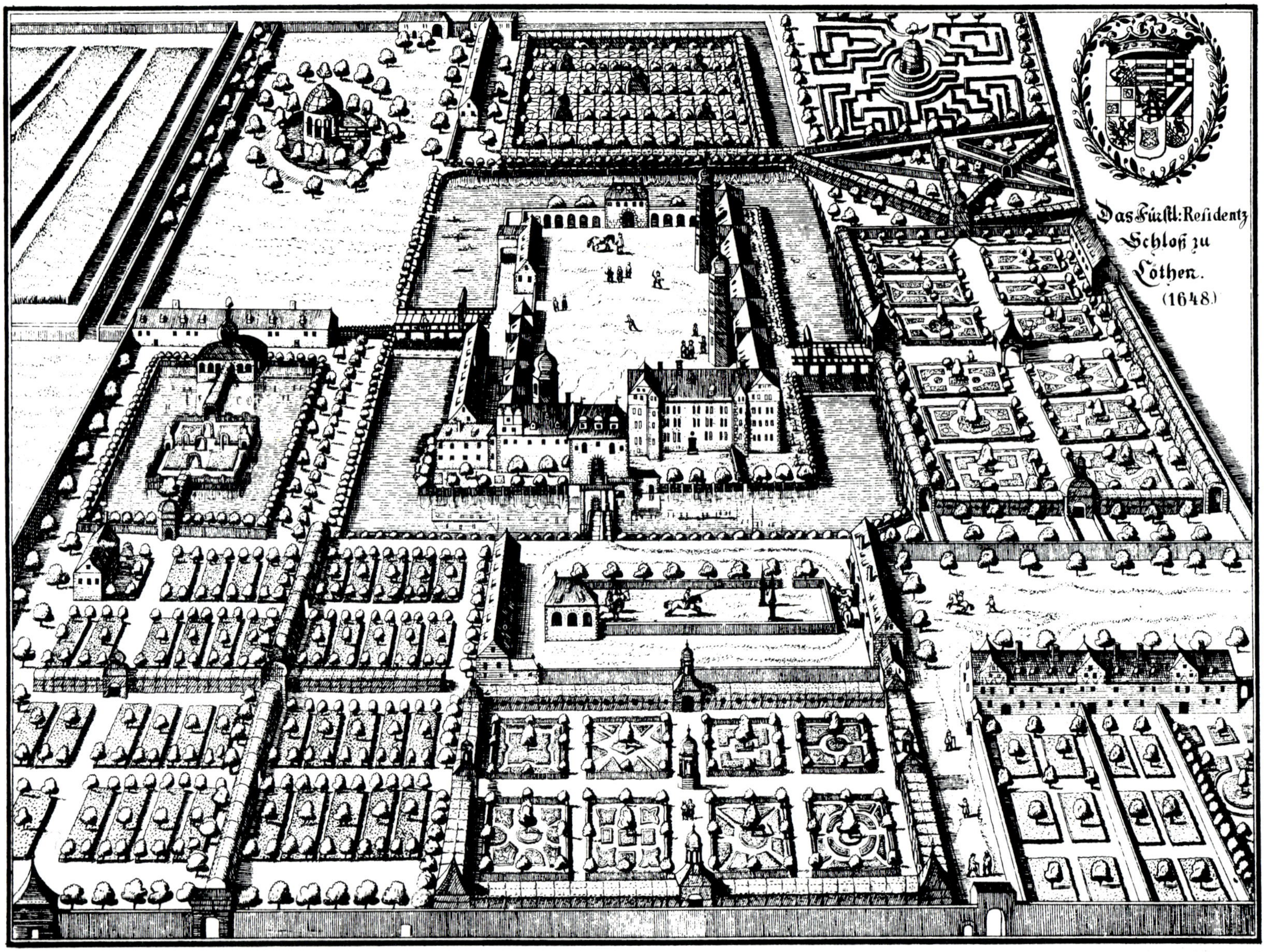

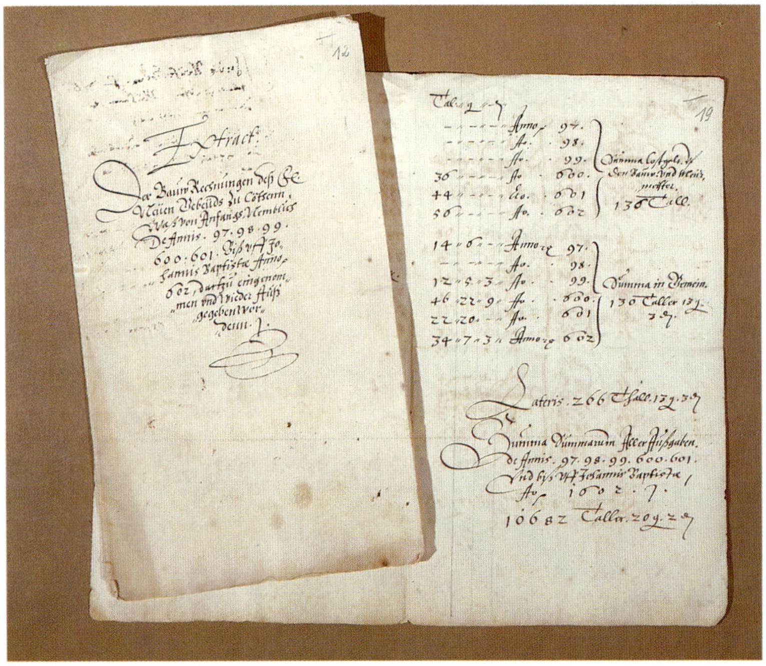

1604 beendete Peter Niuron den 1587 begonnenen Bau des Schlosses Köthen. Im Auftrage Fürst Ludwigs wirkte Dr. Heinrich Kitschius bei der Gestaltung der Gärten im italienischen Stil mit. »Es befindet sich bei dem Fürstlichen Schlosse ein sonderbahrer zierlicher Fürstlicher Garten, welcher weit berühmt, auch mit vielen frembden Gewächsen, Blumen und Kräutern versehen ist«, schreibt Beckmann in seiner berühmten Historie des Fürstentums Anhalt. Stich von Zeiler, 1650

Zusammenstellung der Baukosten der Jahre 1597 bis 1602 für das Schloß Köthen

Fürst Ludwig I. von Anhalt-Köthen, unbekannter Maler, 1625. Geistig bedeutender und politisch zurückhaltender als sein Bruder Christian I., gelang es Ludwig, Köthen zu einer Oase der Kultur im Deutschland des Dreißigjährigen Krieges zu machen

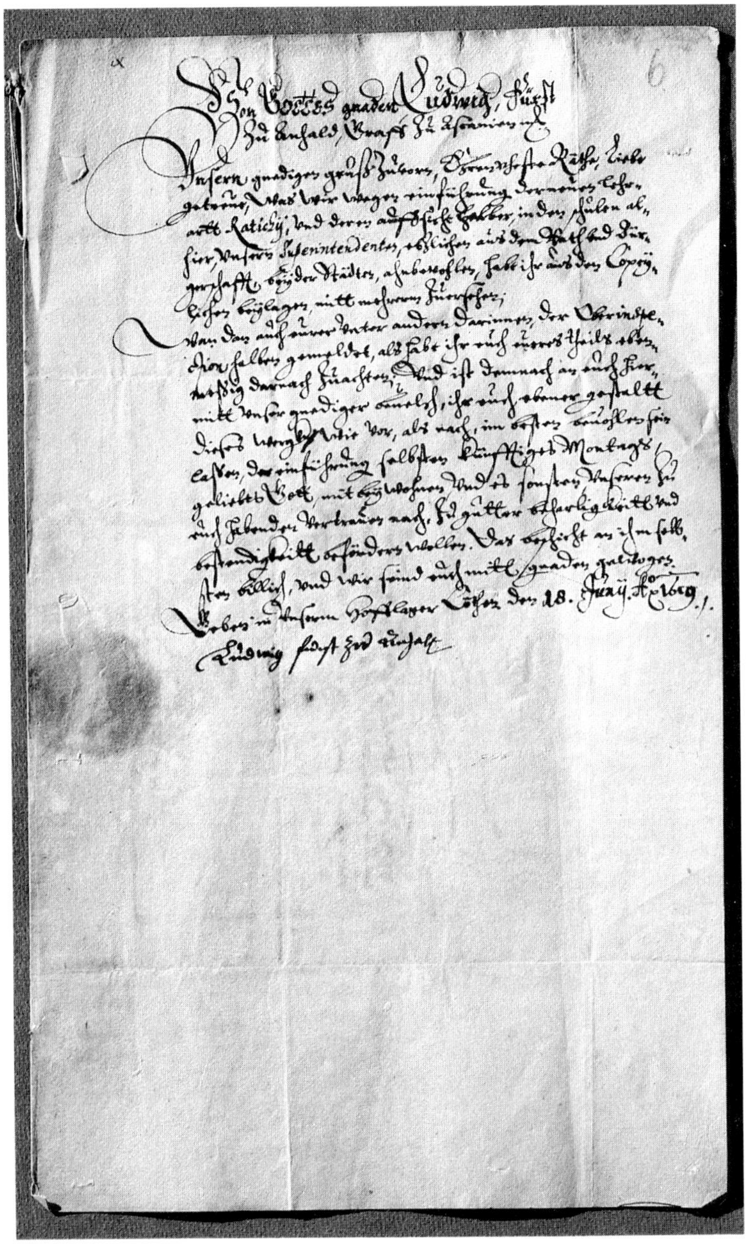

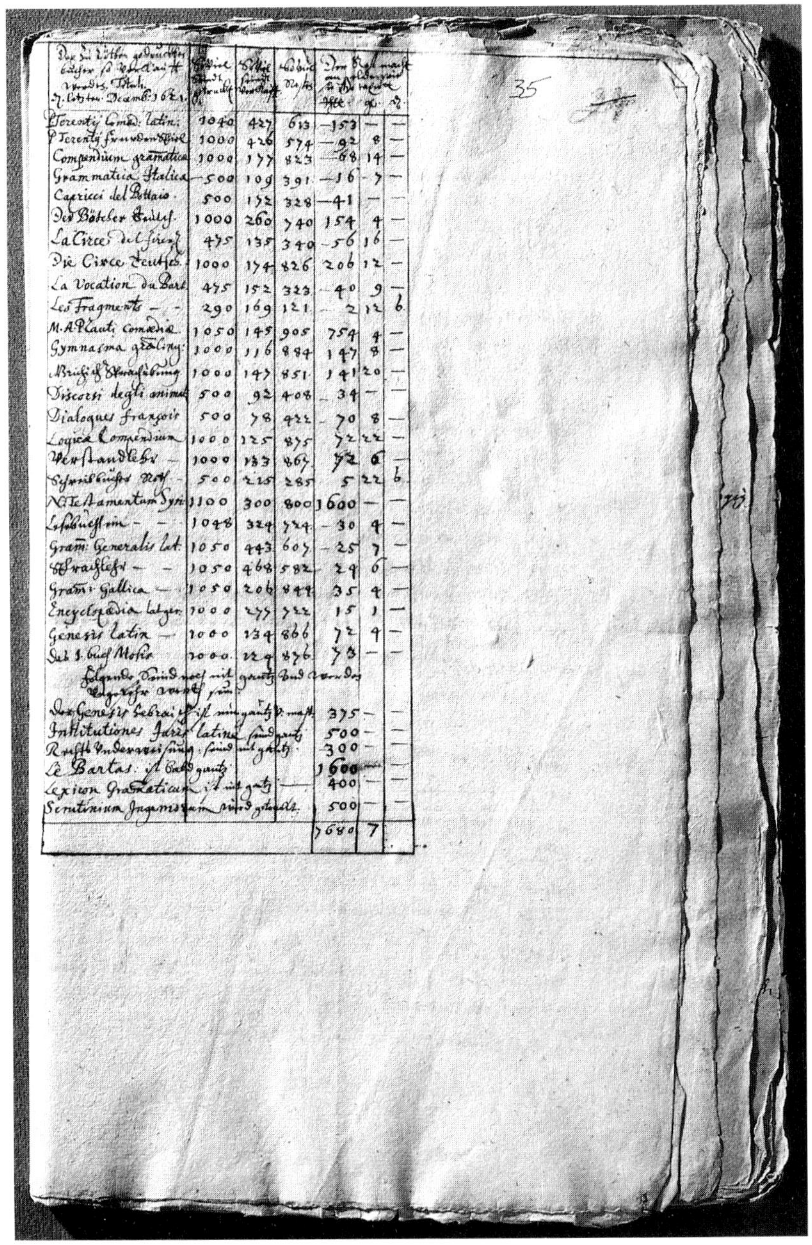

In Schloß Köthen ließ Fürst Ludwig Vorlesungen in der neuen Lehrart Wolfgang Ratkes (= Ratichius) halten. Der in großem Umfang geplante Versuch zur Reform des Schulwesens und des Unterrichts in Köthen scheiterte 1619 nach wenigen Monaten; der eigenwillige und selbstbewußte Ratke wurde sogar auf Schloß Warmsdorf gefangen gesetzt und verließ 1620 Anhalt. – Dauerhaftere Erfolge waren der in sechs Sprachen publizierenden neuen Buchdruckerei beschieden. Drucktypen wurden aus den Niederlanden beschafft

Fürst Ludwig weist am 18. Juni 1619 seine Räte an, Wolfgang Ratkes Bemühungen um die Schulreform zu unterstützen (s. S. 202)

Liste einiger von der Köthener Druckerei herausgegebenen Bücher. Fremdsprachige Grammatiken und Teile der Bibel stehen neben juristischen Schriften und Werken antiker Schriftsteller. Auch Werke schöngeistigen Inhalts von Mitgliedern der Fruchtbringenden Gesellschaft wurden gedruckt

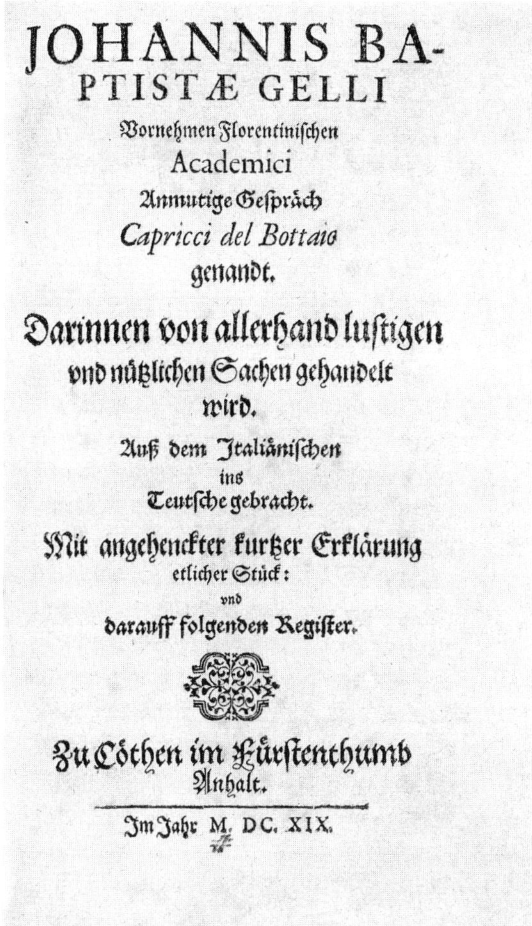

JOHANNIS BAPTISTÆ GELLI
Vornehmen Florentinischen
Academici
Anmutige Gespräch
Capricci del Bottaio
genandt.
Darinnen von allerhand lustigen vnd nützlichen Sachen gehandelt wird.
Auß dem Italiänischen ins Teutsche gebracht.
Mit angehenckter kurtzer Erklärung etlicher Stück: vnd darauff folgenden Register.
Zu Cöthen im Fürstenthumb Anhalt.
Im Jahr M. DC. XIX.

Titelblatt eines in der Köthener Druckerei hergestellten Werkes

Der »fürnehme Gottselige Mann«, der eine Stelle aus dem Alten Testament zur Musik Samuel Scheidts in Reime bringt, ist Dietrich von dem Werder. Er stammte aus einem alten anhaltischen Adelsgeschlecht, hatte in Marburg Rechtswissenschaft und Theologie studiert und danach Frankreich und Italien bereist. Die Übersetzung des Epos »Das befreite Jerusalem« von Torquato Tasso brachte Werder literarischen Ruhm ein, doch bewährte er sich ebenfalls als Regimentskommandeur und Direktor der anhaltischen Landstände. Häufig unternahm er Reisen in diplomatischem Auftrag. Seit 1622 lebte Werder, der auch Förderer und Mitglied der Fruchtbringenden Gesellschaft war, im Schloß Reinsdorf bei Köthen und beeinflußte die Politik Anhalts nachhaltig

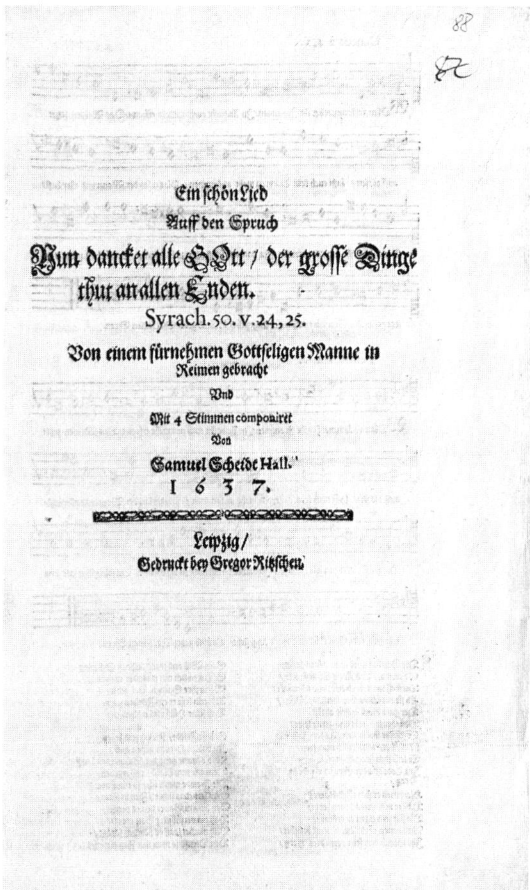

Ein schön Lied
Auff den Spruch
Nun dancket alle GOtt / der grosse Dinge thut an allen Enden.
Syrach. 50. v. 24, 25.
Von einem fürnehmen Gottseligen Manne in Reimen gebracht
Vnd
Mit 4 Stimmen componiret
Von
Samuel Scheidt Hall.
1 6 3 7.
Leipzig /
Gedruckt bey Gregor Ritzschen.

Tischrunde von Mitgliedern der Fruchtbringenden Gesellschaft unter Vorsitz Ludwigs (Der Nährende): Herzog Wilhelm von Sachsen-Weimar (Der Schmackhafte), Dietrich von dem Werder (Der Vielgekörnte) u. a.

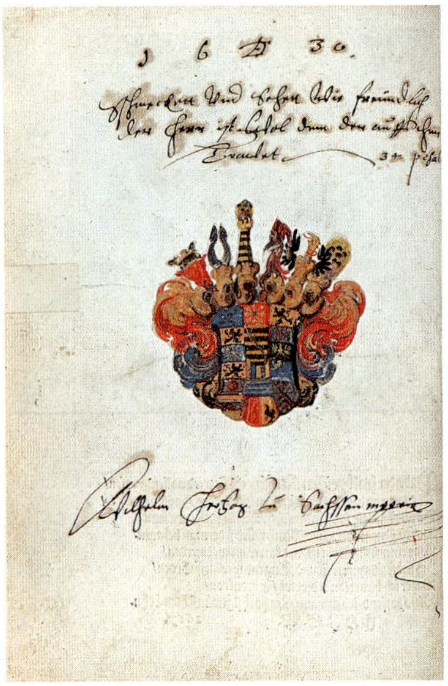

Wappen des Fürsten Ludwig von Anhalt und des Herzogs Wilhelm von Sachsen-Weimar aus dem Erzschrein der Fruchtbringenden Gesellschaft

In den zwanziger Jahren wurde Schloß Köthen zum Sitz einer der bedeutendsten Kultureinrichtungen Deutschlands, der »Fruchtbringenden Gesellschaft«. Unter dem Motto »Alles zu Nutzen« hat dieser erste deutsche Sprachverein unter der Leitung des Fürsten Ludwig, der selbst mehrere Fremdsprachen beherrschte, sich größte Verdienste um die völlig verwilderte und überfremdete deutsche Sprache erworben. Zu den über 500 Mitgliedern gehörten fast alle im deutschen Geistesleben der Zeit wichtigen Männer, vor allem Dichter und Übersetzer. Stellvertretend seien Philipp von Zesen, Dietrich von dem Werder, Georg Philipp Harsdörffer, Martin Opitz, Friedrich von Logau genannt. Bis zum Tode Ludwigs 1650 waren Schloß und Stadt Köthen eines der wenigen Zentren deutscher Kultur

Nahmen der jenigen Gesellschaffter die in der Fruchtbringenden seindt

Erste Seite der Namensliste von Mitgliedern. Sie beginnt mit Caspar von Teutleben, weimarischem Hofmeister und erstem Vorsitzenden

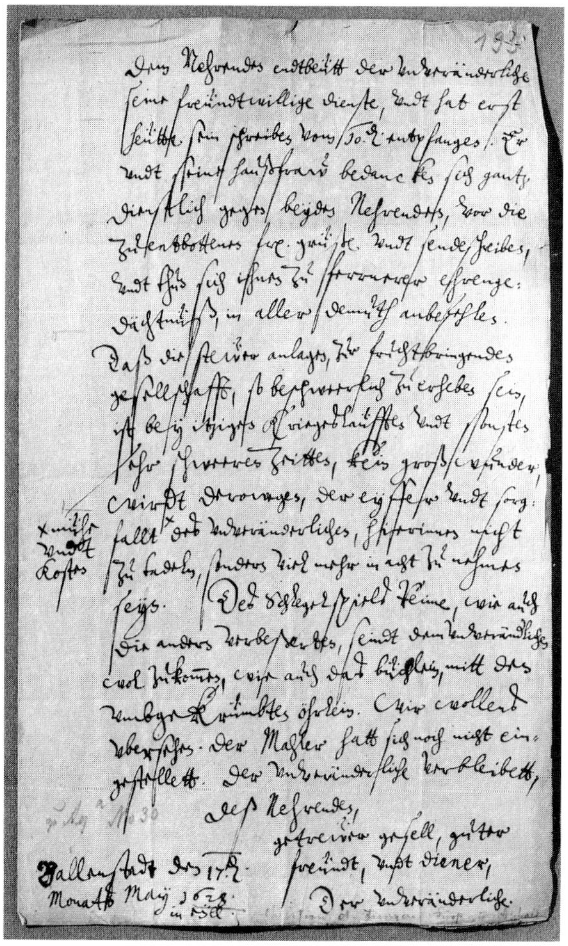

Brief des Unveränderlichen (Fürst Christian II. von Anhalt-Bernburg) an den Nährenden (Fürst Ludwig) mit Hinweis auf die schlechte Finanzlage der Gesellschaft. Fremdworte und überflüssige Floskeln werden sorgfältig vermieden. 17. Mai 1628 (s. S. 203)

Nauff der Cypressenbaum sich in die Höhe dringet/
Vnd/ Vnveränderlich/ vor- grüne Zweiglein bringet/
Drumb Vnveränderlich ich mir den Namen nam/
Weil gleich auff eine Weiß auffwächset dieser Stamm:
Recht Vnveränderlich ein freyer Muht soll bleiben/
Vnd was veränderlich von jhm weg ferne treiben/
Daß er viel nutzen schaff in Tugendt vnd in Ehr/
Vnd Vnveränderlich zunehm je mehr vnd mehr.
C.D.J.F.Z.A. 1622.
N iij

Jedes Mitglied erhielt bei Aufnahme einen auf sein Wirken bezüglichen Gesellschaftsnamen, ein Symbol, einen Sinnspruch und ein kleines Gedicht

Kulturelle Bestrebungen blieben Ausnahmen im Zeitalter des Großen Krieges. Leiden, Not und Greuel beherrschten das Leben. Der unerträgliche Druck führte zu Aufständen. Wegen seiner zentralen Lage konnte Anhalt nicht aus dem Kriegsgeschehen herausgehalten werden. Die Bevölkerung floh in Burgen – z.B. auf die Burg Lindau bei Zerbst – und in feste Schlösser. Besonders der Elbübergang bei Dessau/Roßlau war als strategisch wichtiger Punkt Anlaß für Durchzüge und Kämpfe. Nach der Eroberung Magdeburgs durch Tilly benötigten die Kaiserlichen Schanze und Elbbrücke bei Dessau nicht mehr und brannten sie nieder. Erst 1682 konnte anstelle der Brücke eine Gierfähre eingerichtet werden; 1736 folgte wieder eine stehende Brücke

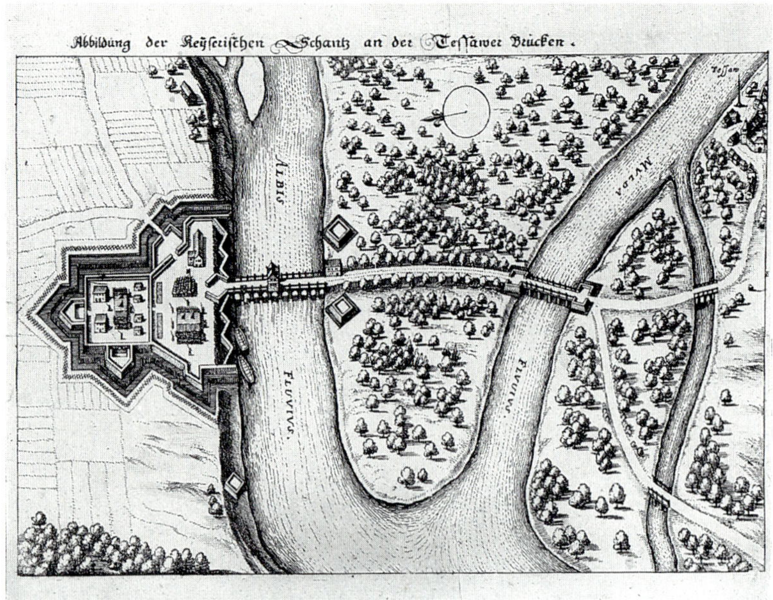

Darstellung der kaiserlichen Schanze in der Schlacht an der Dessauer Elbbrücke am 25. April 1626. Die Protestanten unter Ernst von Mansfeld unterlagen den Kaiserlichen unter Wallenstein. Roßlau wurde bis auf die Burg niedergebrannt

Das reizvolle Gemälde »Halt vor dem Marketenderzelt« des Philip Wouverman täuscht eine Idylle des Kriegslebens vor; um 1650

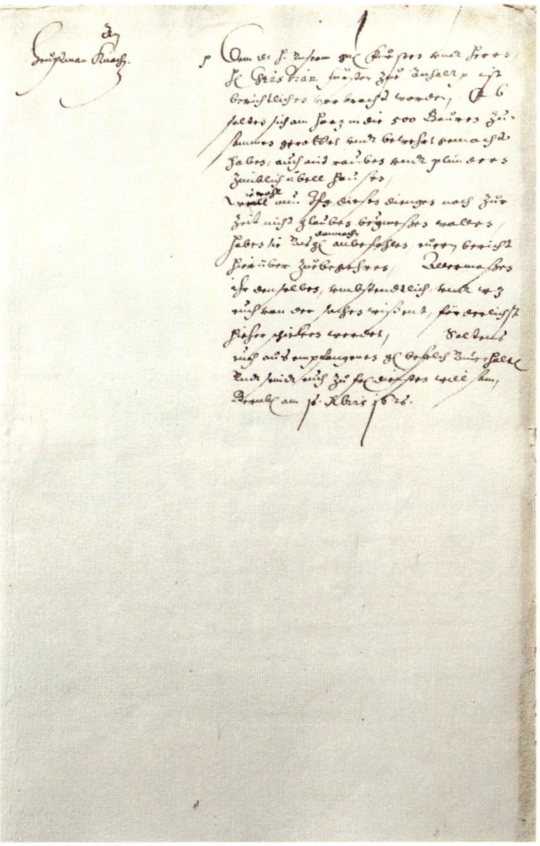

Ende 1626 sammeln sich im Harz 500 Bauern, bewaffnen sich und ziehen durchs Land. Diese »Harzschützen« lehnen sich gegen Unterdrükkung und Kriegsgreuel auf und leisten den regulären Truppen bedeutenden Widerstand. Sie besetzen Schloß Güntersberge und plündern Ballenstedt. Da ihnen eine zielbewußte Führung fehlt, gelingt es Fürst Christian II., »insgesamt sie zu verfolgen und zu vertilgen«. Prozesse und Verfolgungen der Aufständischen beschäftigen die fürstlichen Behörden bis September 1627 (s. S. 203)

Porträt Tillys, des Oberfeldherrn der katholischen Liga. Gemälde eines unbekannten deutschen Malers, um 1630

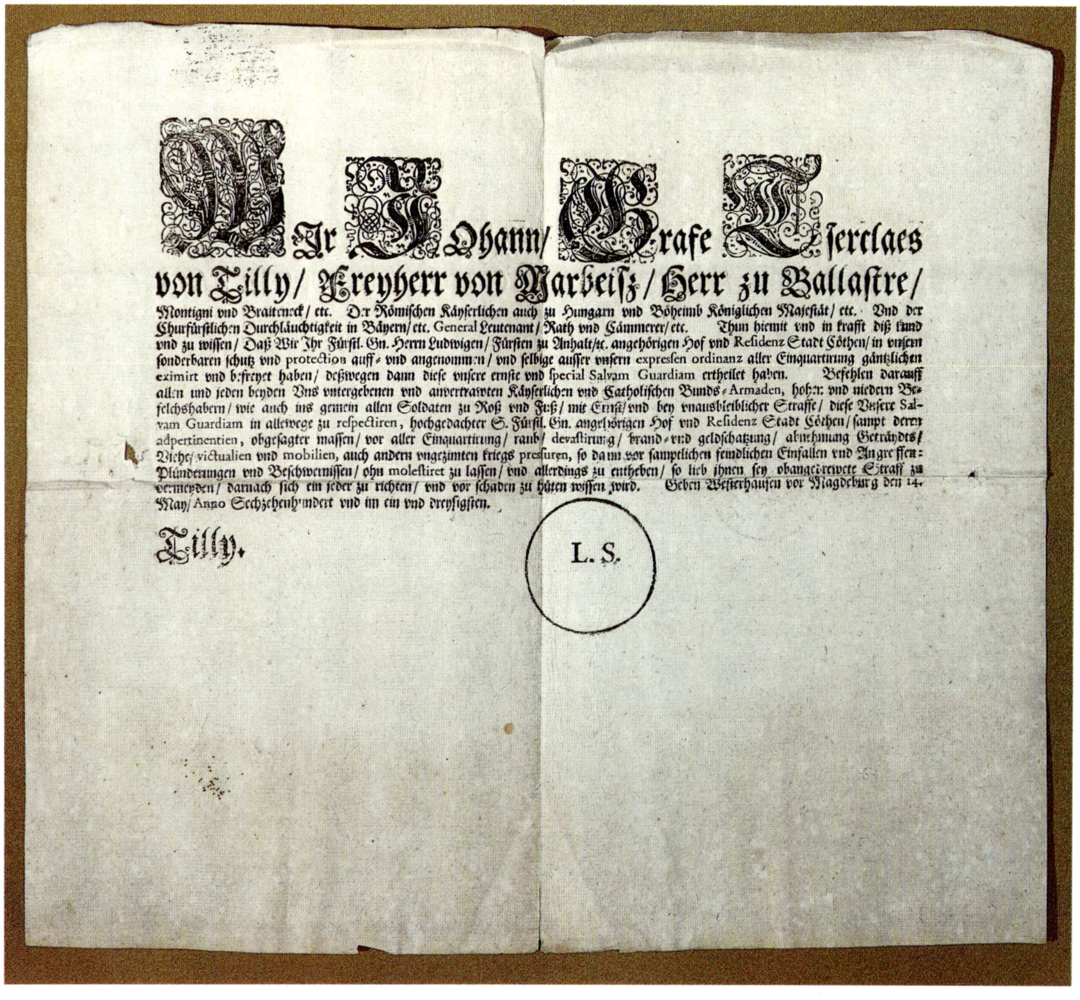

Wir Johann/ Grafe Tserclaes von Tilly/ Freyherr von Marbeisz/ Herr zu Ballastre/ Montigni und Braiteneck/ etc. Der Römischen Käyserlichen auch zu Hungarn und Böheimb Königlichen Majestät/ etc. Und der Churfürstlichen Durchläuchtigkeit in Bäyern/ etc. General Leutenant/ Rath und Cämmerer/ etc. Thun hiemit und in krafft diß kund und zu wissen/ Daß Wir Ihr Fürstl. Gn. Herrn Ludwigen/ Fürsten zu Anhalt/ꝛc. angehörigen Hof und Residenz Stadt Cöthen/ in unsern sonderbaren schutz und protection auff- und angenommen/ und selbige ausser unsern expressen ordinanz aller Einquartirung gäntzlichen eximirt und befreyet haben/ deßwegen dann diese unsere ernste und special Salvam Guardiam ertheilet haben. Befehlen darauff allen und jeden beyden Uns untergebenen und anvertrawten Käyserlichen und Catholischen Bunds-Armaden, hohen und niedern Befelchshabern/ wie auch ins gemein allen Soldaten zu Roß und Fuß/ mit Ernst/ und bey unausbleiblicher Straffe/ diese Unsere Salvam Guardiam in allewege zu respectiren, hochgedachter S. Fürstl. Gn. angehörigen Hof und Residenz Stadt Cöthen/ sampt deren adpertinentien, obgesagter massen/ vor aller Einquartirung/ raub/ devastirung/ brand- und geldschatzung/ abnehmung Geträndts/ Viehe/ victualien und mobilien, auch andern ungezimten kriegs presuren, so dann vor samptlichen feindlichen Einfallen und Angreiffen: Plünderungen und Beschwernissen/ ohn molestiret zu lassen/ und allerdings zu entheben/ so lieb ihnen sey obangedrewete Straff zu vermeyden/ darnach sich ein jeder zu richten/ und vor schaden zu hüten wissen wird. Geben Westerhausen vor Magdeburg den 14. May/ Anno Sechzehenhundert und im ein und dreyssigsten.

Tilly.

L. S.

Schutzbrief des kaiserlichen Generalleutnants Tilly für die Stadt Köthen vom 14. Mai 1631. Derartige Befehle wurden als besondere Gnade und oft gegen hohe Gebühr zum Schutz vor den sonst normalen Plünderungen, Einquartierungen und Geldforderungen gegeben, halfen aber nur für kurze Zeit

Schloß und Stadt Harzgerode

Der 1630 zum Senior des anhaltischen Fürstenhauses aufgerückte Fürst August von Anhalt-Plötzkau klagte dem Kaiser, er lebe auf Plötzkau in der »Einöde und von allen Menschen hilflos ... sintemal alle meine Vorwerke, adelige Häuser, Dürfe und Kirchen bis auf den Grund niedergerissen, auch dieser mein Residenzort abgetragen und Untertanen ganz ausgezogen und verjagd worden«. Trotz derartiger Klagen wollten und konnten auch die anhaltischen Fürsten nicht auf die Lust an Militär und gelegentlich auch Gewinn einbringendem Krieg verzichten

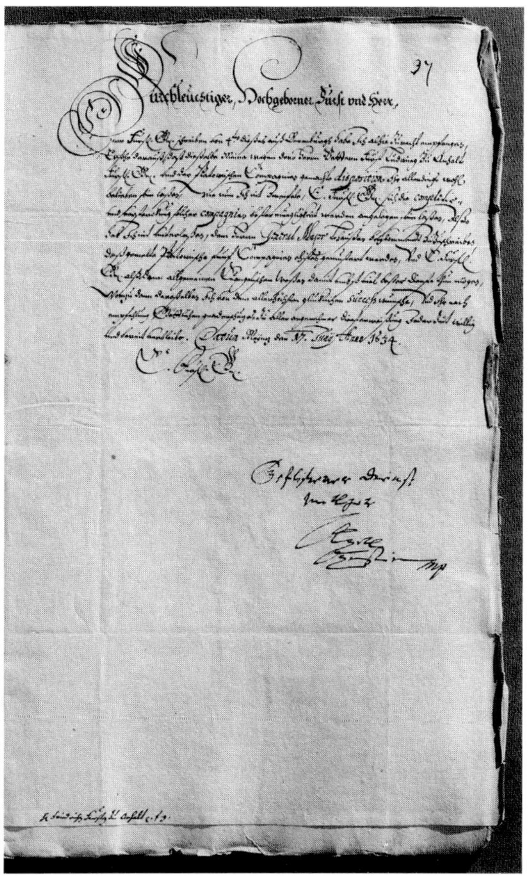
Durchleuchtiger, Hochgeborner Fürst vnd Herr,

Fürst Friedrich, Begründer der Nebenlinie Bernburg-Harzgerode, verhandelt mit dem schwedischen Kanzler Axel Oxenstierna wegen der Übernahme eines schwedischen Regiments

Porträt Axel Oxenstiernas, des Führers der schwedisch-protestantischen Partei nach dem Tode Gustav Adolfs 1632 in der Schlacht von Lützen. Kupferstich

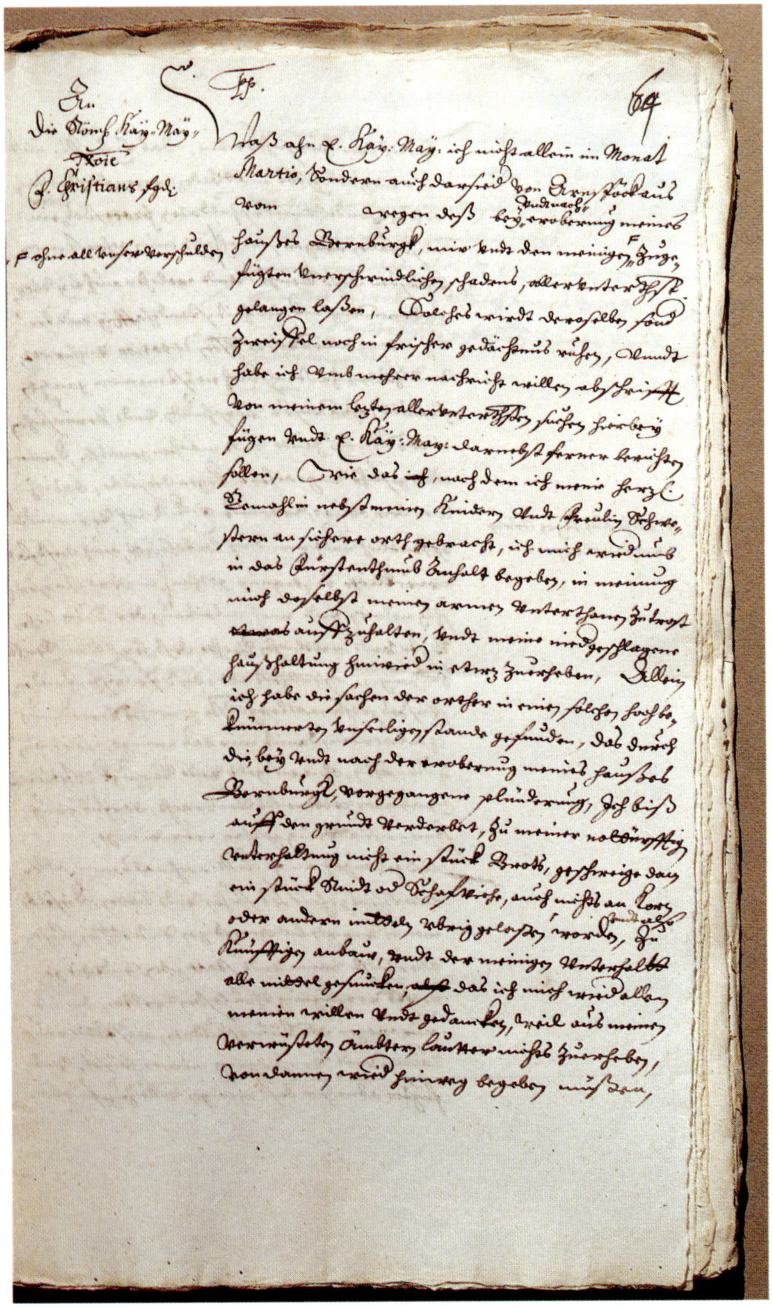

Ansicht Bernburgs um 1650, von M. Merian

Fürst Christian II. schildert in einem Schreiben von 1636 an den Kaiser den »hochbekümmerten unseligen stand« Bernburgs; er findet keinerlei Nahrungsmittel, so daß er Stadt und Schloß verlassen muß (s. S. 203)

Mit dem Kaiser verbündete sächsische Truppen hielten Bernburg besetzt, wurden aber im Januar 1636 von den Schweden unter ihrem Befehlshaber Banér vertrieben. Als die Kaiserlichen im März die Stadt zurückeroberten, wurde Bernburg total ausgeplündert; allein von Feuersbrünsten blieben Stadt und Schloß verschont. Zweieinhalb Jahre später erhielt Fürst Christian II. die kaiserliche Erlaubnis, seine abhanden gekommenen »Mobilien« zu suchen und zurückzuführen

Wir Ferdinand der Dritte von Gottes genaden erwölter Römischer Kayser zue allen zeitten Merer deß Reichs in Germanien zu Hungarn, Behemb, Dalmatien, Croatien vnnd Sclavonien König, Ertzhertzog zue Össterreich, Hertzog

Ad mandatum Sac: Caesa: Maiestatis proprium.

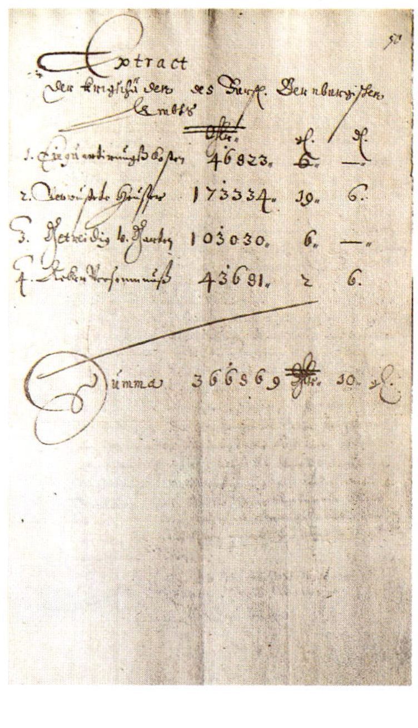
Extract

1.	46823.	6.	—
2.	173334.	19.	6.
3.	103030.	6.	—.
4.	43681.	2	6.
Summa	366369		10.

Kaiser Ferdinand III. forderte alle Zivil- und Militärpersonen auf, dem Fürsten Christian II. behilflich zu sein, seinen bei der »Okkupierung« seines »Residenzhauses Bernburg« 1636 verlorenen beweglichen Besitz wiederzuerlangen. 6. Dezember 1638

1644 war das Gebiet um Bernburg wieder Kriegsschauplatz; das schwedische Heer unter Torstenson und das kaiserliche unter Gallas richteten starke Verwüstungen an. Allein das Amt Bernburg hatte einen Schaden von fast 367.000 Reichstalern; dazu kamen Verluste des Fürstenhauses von 106.000 Reichstalern

Mit dem Frieden von Münster und Osnabrück endete 1648 der 30jährige Krieg. Vorteile hatte das jahrzehntelange Ringen keinem im Land Anhalt gebracht – weder den Menschen in Dörfern und Städten noch den Fürsten und ihren Schlössern. Als erster Neubau nach dem Kriege wurde Schloß Coswig in den überholten Formen des Renaissance-Stiles errichtet: Anhalt hatte den Anschluß an die europäische Kunstentwicklung noch nicht wieder erreicht. Die Kriege aber gehen weiter – so der schwedisch-polnisch-brandenburgisch-dänische Krieg 1655–1660, an dem Fürst Johann Georg II. von Anhalt-Dessau zunächst auf schwedischer, später auf brandenburgischer Seite teilnahm

Schloß Coswig, 1667–1677 im Auftrage der Fürstin Sophie Auguste von Anhalt-Zerbst als Witwensitz errichtet. Neben typischen Merkmalen der deutschen Renaissance – dem Hauptbau aufgesetzte Giebel mit Knorpel- und Ohrmuschelornamenten und dem Treppenturm – zeigen sich vereinzelt neuere Ansätze z. B. in der unterschiedlichen Gewichtung der vier Flügel

Johann Georg II. von Anhalt-Dessau. Gemälde von Adrian Hannemann, 1666. Die prächtige Rüstung weist auf den hohen militärischen Rang des Fürsten hin, aber auch auf die auslaufende mittelalterliche Tradition des Kriegswesens

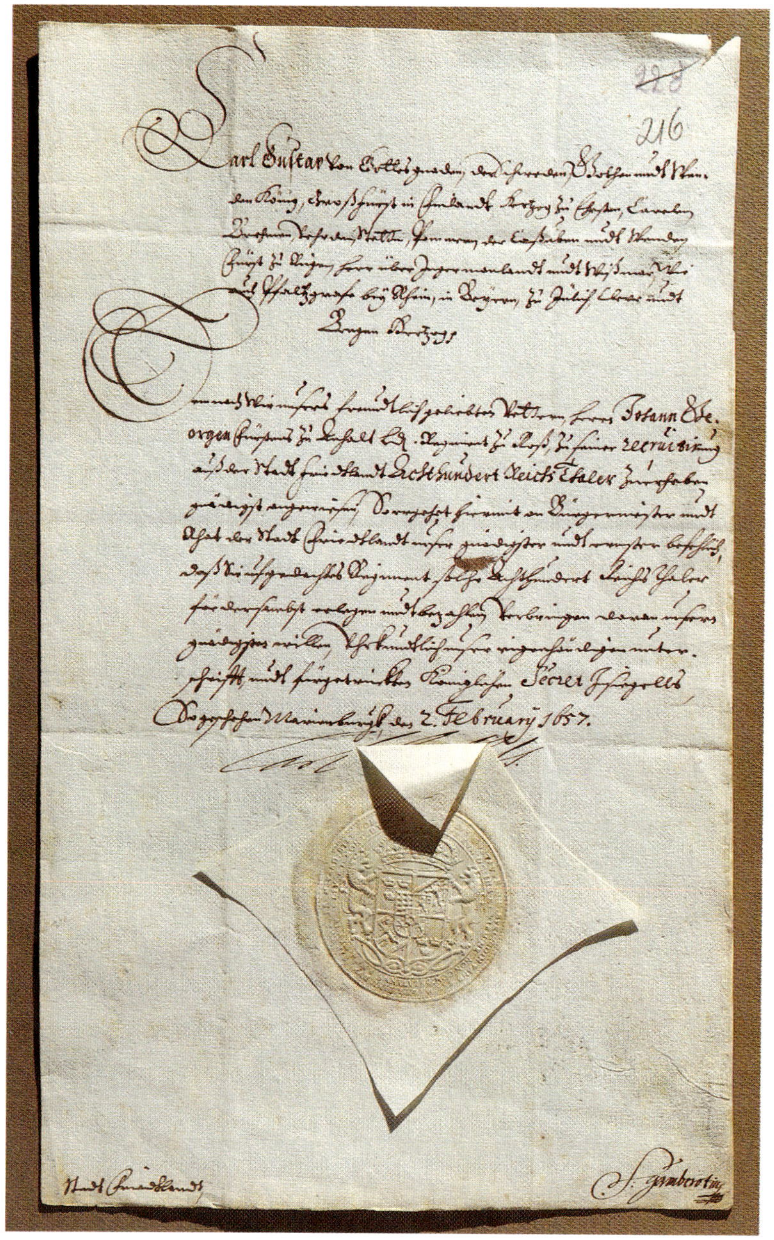

~~228~~ 216

Wir Carl Gustav von Gottes gnaden, der Schweden, Gothen und Wenden König, Großfürst in Finlandt, Hertzog zu Schonen, Estlandt, Carelen, Bremen, Verden, Stettin, Pommern, der Cassuben und Wenden, Fürst zu Rügen, Herr über Ingermanlandt und Wißmar, Wie auch Pfaltzgraf bey Rhein, in Beyern, zu Gülich, Cleve und Bergen Hertzog

Demnach Wir unserm freundlich geliebten Vettern, Herrn Johann Georgen Fürsten zu Anhalt Ld. Regiment zu Roß, zu seiner recrutirung auß der Stadt Friedlandt Acht hundert Reichs Thaler zu erheben gnädigst angewiesen, So ergehet hiemit an Bürgermeister und Rhat der Stadt Friedlandt unser gnädigster und ernster befehlich, daß Sie ihrgedachtes Regiment solche Achthundert Reichs Thaler förderlichst volgen und bezahlung [illegible] denen unserm gnädigsten willen. Uhrkundlich unser eigenhändigen unterschrifft und fürgetruckten Königlichen Secret Insiegells. [illegible] Marienburg den 2. Februarij 1657.

Stadt Friedlandt

König Karl X. Gustav von Schweden weist die Stadt Friedland an, dem Fürsten Johann Georg II. von Anhalt-Dessau 800 Reichstaler zur Rekrutierung seines schwedischen Regiments auszuzahlen. 3. Februar 1657

Porträt des Kurfürsten Friedrich Wilhelm von Brandenburg. Kupferstich von Johann Hainzelmann, 1688

Schreiben des Kurfürsten Friedrich Wilhelm an Fürst Johann Kasimir von Anhalt-Dessau mit der Nachricht über die Ernennung dessen Sohnes Johann Georg (II.) zum Statthalter der Kurmark und zum brandenburgischen General. Am Berliner Hof gehörten Johann Georg und seine Frau zur sogenannten oranischen Partei

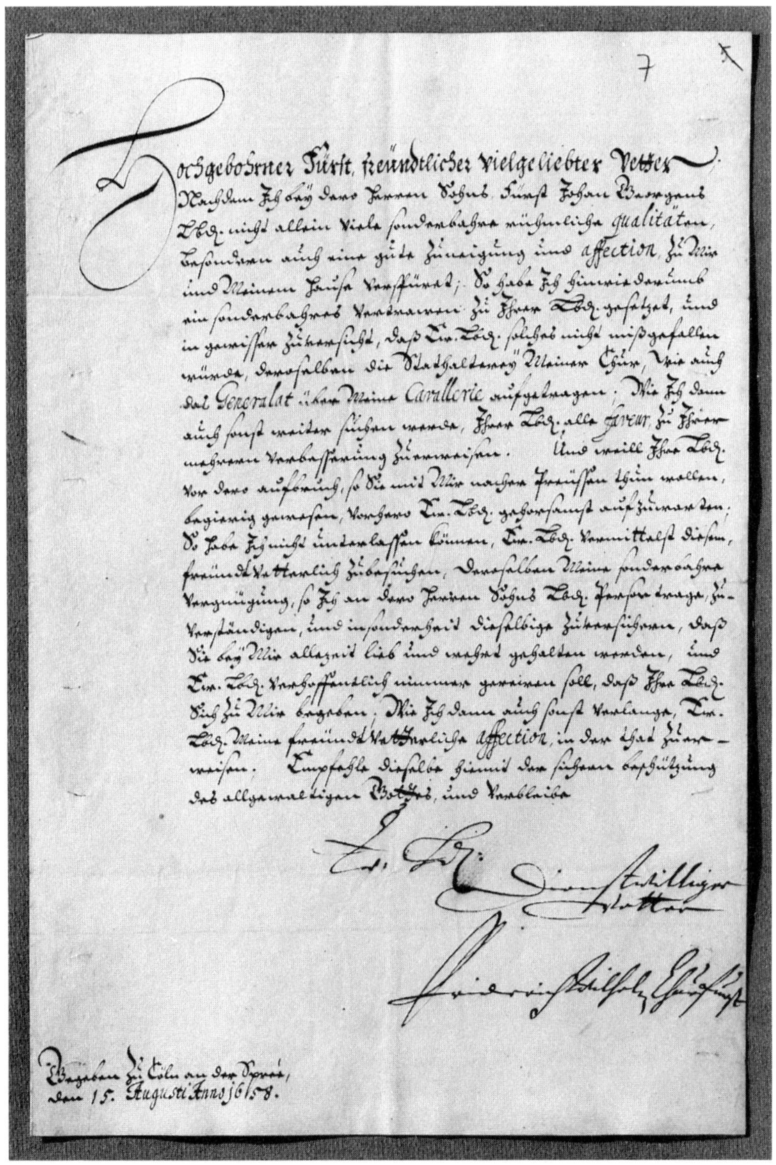

7

Hochgebohrner Fürst, freündtlicher vielgeliebter Vetter.
Nachdem Ich bey dero Herren Sohns, Fürst Johan Georgens Ld. nicht allein viele sonderbahre rühmliche qualitäten, besonderen auch eine güte Züneigüng und affection zü Mir und Meinem Hause verspüret; So habe Ich hinwiederumb ein sonderbahres Vertrauen zü Ihrer Ld. gesetzet, und in gewisser Züversicht, dass Ew. Ld. solches nicht missgefallen würde, derselben die Stadthalterey Meiner Chur, wie auch das Generalat über Meine Cavallerie aufgetragen; Wie Ich denn auch sonst weiter suchen werde, Ihrer Ld. alle faveur, zü Ihrer mehreren Verbesserung züerweisen. Und weill Ihre Ld. vor dero aufbrüch, so Sie mit Mir nacher Preüssen thün wollen, begierig gewesen, vorhero Ew. Ld. gehorsambst aufzuwarten; So habe Ich nicht ünderlassen können, Ew. Ld. vermittelst diesem, freündtvetterlich zübesuchen, derselben Meine sonderbahre Vergnügüng, so Ich an dero Herren Sohns Ld. Person trage, zü verständigen, und insonderheit dieselbige züversichern, dass Sie bey Mir allezeit lieb und wehrt gehalten werden, und Ew. Ld. verhoffentlich nimmer gereüen soll, dass Ihre Ld. sich zü Mir begeben. Wie Ich denn auch sonst verlange, Ew. Ld. Meine freündtvetterliche affection in der that züerweisen. Empfehle dieselbe hiemit der sicheren beschützüng des allgewaltigen Gottes, und verbleibe

Ew. Ld.
dienstwilliger
Vetter
Friedrich Wilhelm Churfürst

Gegeben zü Cöln an der Sprée,
den 15. Augusti Anno 1658.

Im Krieg zwischen Schweden, Polen, Brandenburg und Dänemark hatte Brandenburg mehrmals die Fronten gewechselt. So war Fürst Johann Georg II. als schwedischer Offizier mit dem Kurfürsten Friedrich Wilhelm bekannt geworden. Der Kurfürst ernannte ihn zum Statthalter der Kurmark und vermittelte 1659 die Heirat Johann Georgs mit Henriette Catharina von Oranien, der Schwester der Kurfürstin. Mit diesem Schritt in brandenburgische Dienste begannen die engen Beziehungen der anhaltischen Fürsten zu Brandenburg-Preußen, zunächst aber auch zu den Niederlanden. Aus Holland kamen entscheidende ökonomische und kulturelle Anregungen in das Fürstentum Anhalt-Dessau

Der polnische König Jan Sobieski zu Pferde vor dem Hintergrund einer Schlacht. Gemälde von Henriette Pesne, 1743. In der berühmten Schlacht vor Wien 1683, die durch das polnische Heer unter König Jan Sobieski gegen die Türken entschieden wurde, befehligte Johann Georg nicht nur das brandenburgische Kontingent, sondern hatte Vollmacht zu Verhandlungen und Entscheidungen im Namen Brandenburgs

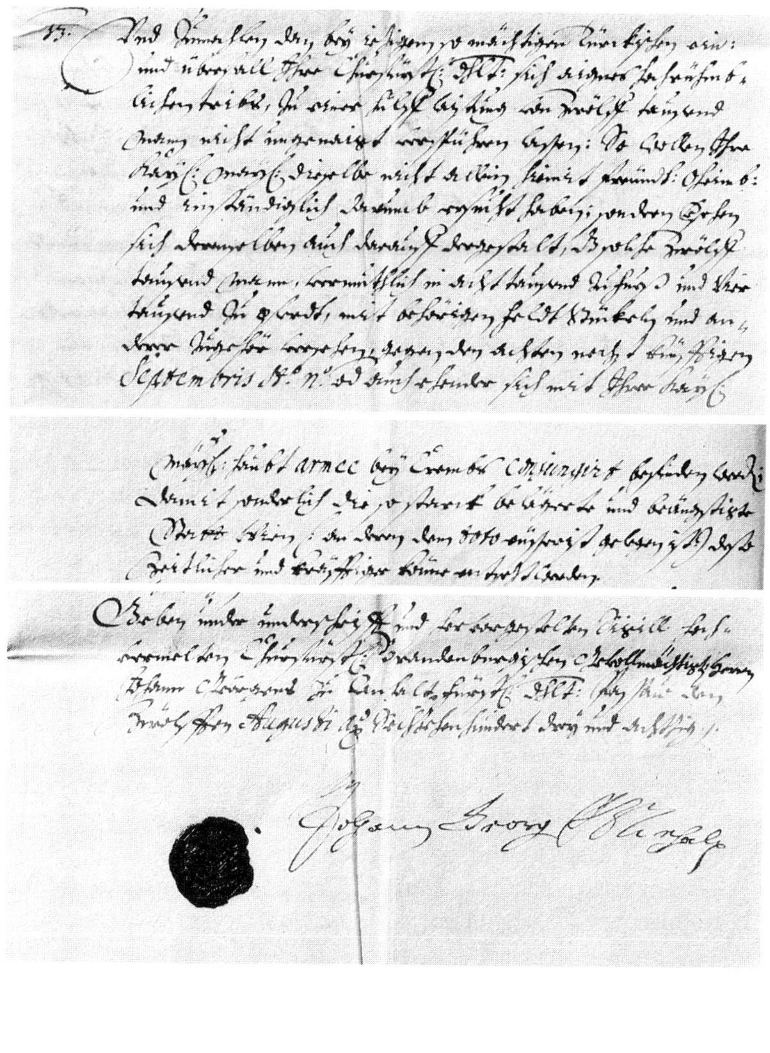

Von Johann Georg II. von Anhalt-Dessau aufgestellte Bedingungen für die Unterstützung des Kaisers durch Brandenburg. Passau, 14. August 1683 (s. S. 203)

Ball im Statthalterpalais im Haag. Gemälde von H. Janssens. Das Gemälde zeigt vermutlich vier oranische Prinzessinnen mit den vier deutschen Fürsten, denen sie vermählt wurden. Es symbolisiert auf seine Weise die kulturelle Ausstrahlung der Niederlande auf Europa, besonders auf Deutschland. Jede der Oranierinnen ließ in ihrem deutschen Fürstentum ein Schloß mit dem Namen ihrer Familie bauen. Luise Henriette wurde die erste Gemahlin des Großen Kurfürsten von Brandenburg und errichtete in Bötzow Schloß Oranienburg. Marie heiratete nach Pfalz-Simmern; Schloß Oranienhof bei Kreuznach weist auf ihren Einfluß hin. Henriette Catharina wird Fürstin von Anhalt-Dessau und läßt Ort und Schloß Oranienbaum anlegen. Albertine Agnes schließlich finden wir in der nassauischen Heimat wieder; auf sie geht Schloß Oranienstein in Diez zurück

18. Jahrhundert

ABSOLUTISMUS, BAROCK UND ROKOKO

Am Ende des 17. Jahrhunderts waren auch in Anhalt die Folgen des Großen Krieges weitgehend überwunden, der fürstliche Absolutismus bildet sich heraus. Die anhaltische Schloßarchitektur entwickelt sich über ein einfaches, von den Niederlanden her bestimmtes Barock, über italienisch-süddeutsche Formen zu den Feinheiten des Rokoko und kann damit an ihre große Zeit im 16. Jahrhundert wieder anknüpfen.

Friederikenberg als Neugründung, Oranienbaum als einheitliche Schloß-Park-Stadt-Anlage, Zerbst vor allem mit seinen Barock und Rokoko durchziehenden Baustufen, dazu Umbauten und Adelsschlösser in Anhalt-Bernburg und Anhalt-Köthen, Dessau mit seinem niederländischen Stadtbild und den vielen Stadtpalais sowie schließlich Dornburg an der Elbe und Mosigkau sind bedeutsame Zeugnisse der deutschen Architektur damaliger Zeit.

Ein besonderer Glanzpunkt war die barocke Musikkultur in Anhalt. Sie ist engstens mit den Namen Bach und Fasch verbunden. Johann Friedrich Fasch war zu seiner Zeit der berühmtere von beiden; er wirkte jahrzehntelang als Hofkapellmeister in Zerbst. Das Zerbster Geistesleben, das bereits durch Architektur, Bildungswesen und Buchdruck von sich reden machte, erhielt durch die Kompositionen Faschs und durch die von ihm geleiteten Aufführungen noch eine weitere Bereicherung. In Köthen war Johann Sebastian Bach ebenfalls Hofkapellmeister und schuf hier, begünstigt durch das reformiert-kalvinistische Bekenntnis mit seinen sehr schlichten Gottesdienstformen, vor allem weltliche Instrumentalmusik. In der bildenden Kunst waren es niederländische und deutsche Maler, aber auch der Franzose Antoine Pesne, die in den anhaltischen Schlössern erfolgreich arbeiteten, ohne jedoch eine Malschule bilden oder starken Einfluß ausüben zu können.

Aber nicht nur Kultur allein war bestimmendes Merkmal in den anhaltischen Schlössern des Absolutismus. Die großen politischen Auseinandersetzungen in Europa, z.B. der Entsatz von Wien in Abwehr der Türken (1683), der Spanische Erbfolgekrieg (1701–1713) und der Nordische Krieg um die Herrschaft im Ostseeraum (1700–1721) blieben nicht ohne Auswirkungen auf die innere Entwicklung Anhalts und auf die Anschauungen seiner Fürsten, die auf den Kriegsschauplätzen Europas ihren Horizont über die anhaltischen und deutschen Grenzen hinaus erweiterten. Hier ragte Leopold I. von Anhalt-Dessau, der »Alte Dessauer«, heraus. Er wurde zunächst durch seine Leistungen beim Aufbau der preußischen Armee und dann als Feldmarschall in wichtigen Schlachten berühmt, fand aber auch Beachtung wegen der inneren Kolonisation und der straffen Verwaltung in seinem Landesteil.

Schlösser wurden nun zu den Hochburgen des Absolutismus, jener letzten feudalen Herrschafts- und Regierungsweise, die von direkten adlig-ständischen Einwirkungen weitgehend unabhängig war, Einflüsse des aufstrebenden Bürgertums aufnahm, verarbeitete und kanalisierte. Glanz des Barock und Zierlichkeit des Rokoko sollten den Herrschaftsanspruch über alle Erscheinungsformen menschlichen Lebens sowohl dokumentieren als auch verschleiern. Die anhaltischen Fürsten führten jetzt das Erstgeburtsrecht ein und beriefen 1698 den Landtag letztmalig. Nach dem Vorbild des »Sonnenkönigs« Ludwig XIV. von Frankreich trafen sie die wichtigsten Entscheidungen in ihrem Geheimen Kabinett, erhoben Steuern ohne Bewilligung der Stände und bedienten sich bürgerlicher Beamter. Bei gleichzeitiger ungeteilter Konzentration der Herrschaft in den Schlössern der regierenden Fürsten begannen sich höfische und staatliche Funktionen zu scheiden: Lustschlößchen, Solitüden, Jagdhäuser, auch Stadtpalais einerseits – und Verwaltungsgebäude für Regierung, Rentkammer und weitere Behörden andererseits. Dennoch behält im Schloß das Kabinett des Monarchen bis tief ins 19. Jahrhundert eine entscheidende Stellung in der Staatspolitik.

Die Kleinheit der anhaltischen Teilfürstentümer erlaubte es dem Alten Dessauer und teilweise seinen Vettern, die den absolutistischen Konzentrationsprozeß störenden Teile des Adels konsequent auszuschalten. Aus Anhalt-Dessau wurde der grundbesitzende Adel ganz und gar verdrängt.

Die Städte wurden nun einem Zentralisierungs- und Vereinheitlichungsprozeß unterworfen, das Gerichtswesen und die Verwaltungsorganisation wurden gestrafft und auf den Herrscher zugeschnitten. Rückzugsgefechte einzelner Adliger blieben letztlich ergebnislos.

Zur Stärkung ihrer ökonomischen Grundlagen erweiterten die Fürsten die eigenen Besitzungen durch Kauf und Einziehen von adligen Ländereien, durch Meliorationen und Anlage weitreichender Deiche. Wüstungen wurden wieder besiedelt, neue Orte angelegt. Die Manufakturpolitik der Fürsten war besonders auf den Gewinn für die fürstlichen Kassen gerichtet, dann aber auch auf die Versorgung der Hofgesellschaft wenigstens mit einem Teil der benötigten Luxusgüter. So erklärten sich die Gründungen einer Strumpfmanufaktur, von Gold- und Silberdrahtmanufakturen in Zerbst und Bernburg. Das Seidengewerbe wurde gefördert, Tabak- und Papiermanufakturen entstanden, Bernburg und Zerbst hatten eine Fayence- bzw. Porzellanfabrikation. Märkte und Handwerk erfuhren Förderung durch die Fürsten; Straßen, Brücken und Schleusen wurden errichtet, Post und Verkehr verbesserten sich, Ausfuhr und Bergbau wurden geschützt. Der von den anhaltischen Barockschlössern ausgehende Absolutismus als mehr oder weniger vollendete Herrschaft machtbewußter Fürsten in ihren Kleinstaaten blieb aber in den Formen des ersten Drittels des 18. Jahrhunderts stecken. Rokoko und aufgeklärter Absolutismus klassischer friderizianischer Prägung traten in Anhalt nur stark eingeengt auf. Das liegt sowohl an der langen Regierungszeit des kulturell wenig interessierten Alten Dessauers als auch am früh einsetzenden Reformabsolutismus des Fürsten Franz mit seiner Abkehr vom Rokoko und der Hinwendung zum Klassizismus.

Für die Geschichte der anhaltischen Schlösser aber bedeutete die Barockperiode eine Blüte, die nur noch von der folgenden durch Erdmannsdorff bestimmten Zeit übertroffen wurde. Das gilt für die Weltoffenheit ebenso wie für die Fülle von Künstlerpersönlichkeiten und der von den Schlössern ausgehenden Wirkung. Die beschränkten Mittel des viergeteilten Kleinstaates ließen die Entstehung überragender, Weltgeltung erreichender Bauwerke nicht zu. Doch von Ryckwaert über Schuchard, Simonetti und Hoppenhaupt führt die Reihe der Baumeister und Innenarchitekten zu Knobelsdorff und F. J. M. Stengel: Sie alle haben dem kleinen Land ihren individuellen Stempel und gleichzeitig den des Zeitgeschmacks aufgedrückt. Schlösser und Parks symbolisierten noch einmal glanzvoll den Herrschaftsanspruch feudalen Fürstentums; doch schon bald läßt sich in ihnen auch eine fortschreitend von bürgerlichem Geist und Gewerbe bestimmte Entwicklung erkennen: Um 1760 kündigten sich grundlegende, von der Aufklärung geprägte Reformen an.

Fürst Johann Georg II. von Anhalt-Dessau. Mit seiner Herrschaft beginnt die ein Jahrhundert währende politische Ausrichtung Anhalts auf Brandenburg-Preußen. Gemälde von A. Hondius, zweite Hälfte des 17. Jahrhunderts

Siegel Johann Georgs II.

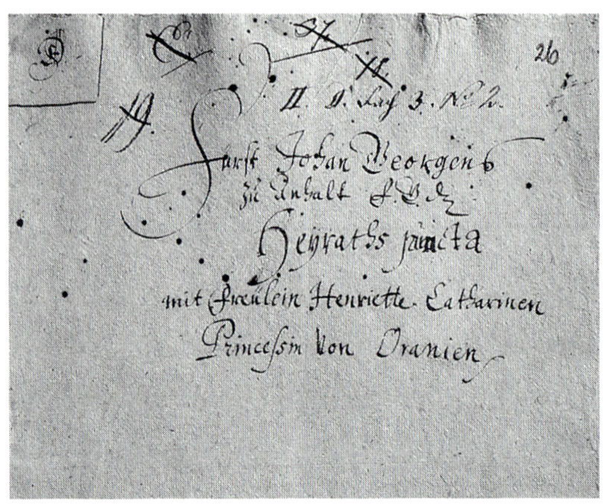

Fürst Johan Georgens
zu Anhalt L.G.
Heyraths puncta
mit Freulein Henriette Catharinen
Princessin von Oranien

Ehevertrag von 1659. – Die Verbindung mit den das Weltgeschehen beeinflussenden Oraniern bedeutet für die Askanier wieder Anschluß an die europäische Politik (s. S. 203)

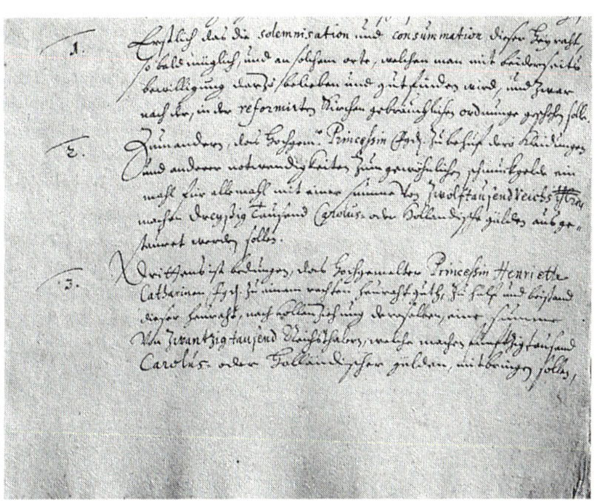

1. Erstlich daß die solemnisation und consummation dieser Heyraht, so bald möglich, und an solchem orte, welchen man mit beiderseits bewilligung darzu belieben und gutfinden wird, und zwar nach der, in der reformirten Kirchen gebräuchlichen ordnunge geschehen solle.

2. Zum andern, daß Hochgem. Princessin Frl. zu behuf dero Kleidungen und andern notwendigkeiten zum gewöhnlichen schmuckgelde ein mahl für allemahl mit einer summe von zwolftausend Reichsthaler, machen dreyßig tausend Carolus- oder Holländische gulden außgesteuret werden sollen.

3. Drittens ist bedingen, daß Hochgemelter Princessin Henriette Catharinen Frl. zu einem rechten heurahtgüth, zu hulf und beystand dieser heuraht, nach vollenziehung derselben, eine summe von zwantzig tausend Reichsthaler, welche machen fünfzig tausend Carolus- oder Holländischer gulden, mitbringen sollen,

Siegel Henriette Catharinas mit dem Oranischen Wappen

Bildnis der Fürstin Henriette Catharina von Nassau-Oranien. Gemälde von Jan Mytens, 2. Hälfte des 17. Jahrhunderts

Mit der prunkvollen Hochzeit zwischen dem Fürsten Johann Georg II. von Anhalt-Dessau und Henriette Catharina von Oranien 1659 in Groningen beginnt eine Periode starken niederländischen Einflusses auf Anhalt. Das Goldene Zeitalter der Niederlande strahlt auf das Fürstentum in der Mitte Deutschlands aus. Technik und Ökonomie, Architektur und Malerei werden holländisch geprägt. Davon profitiert nicht zuletzt die höfische Kultur. Aber auch der Sinn für straffe Ordnung und Ökonomie zieht zumindest in Anhalt-Dessau ein

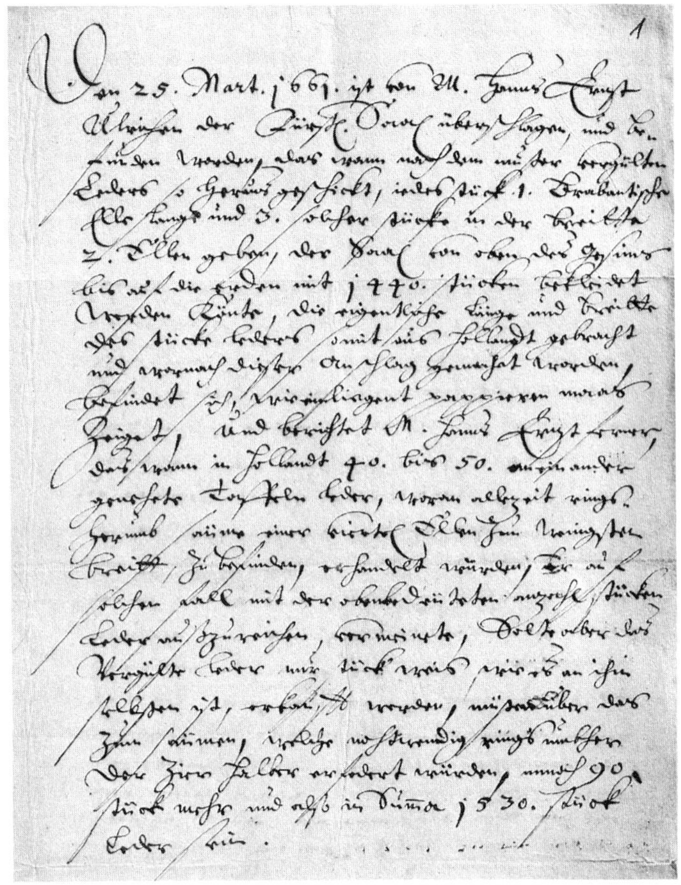

Meister Hans Ernst Ulrich berechnet, daß er für die Wandverkleidung des Saals im Dessauer Schloß je nach Art des Angebotes in Holland 1440 oder 1530 Stück vergoldeten Leders benötigt, 1661 (s. S. 203)

Wahrscheinlich wurde die Ledertapete aus dem Dessauer Schloß später im Teesaal des Schlosses Oranienbaum angebracht. Ausschnitt aus der Tapete

Der Gobelin »Der Triumph der Kirche über den Götzendienst« nach einem Entwurf von P. P. Rubens um 1630 in der Brüsseler Werkstatt von Franz van den Hecke d. Ä. gefertigt

In einem eigenhändigen Entwurf legt Johann Georg II. einen verbesserten Aufbau der Verwaltung fest. So bemüht er sich auch um eine sparsame Hofhaltung, u. a. durch Entlassung unnötiger Bedienter; nur »solche subiecte« will er behalten, »welche tüchtig und geschicket sein.« Vor 1670

Kachelform aus dem Jahre 1669. Vermutlich Porträt der Fürstin Henriette Catharina von Oranien. Aus der 1957 bei Ausschachtungsarbeiten in Dessau wiederentdeckten Kachelwerkstatt der Barockzeit

67

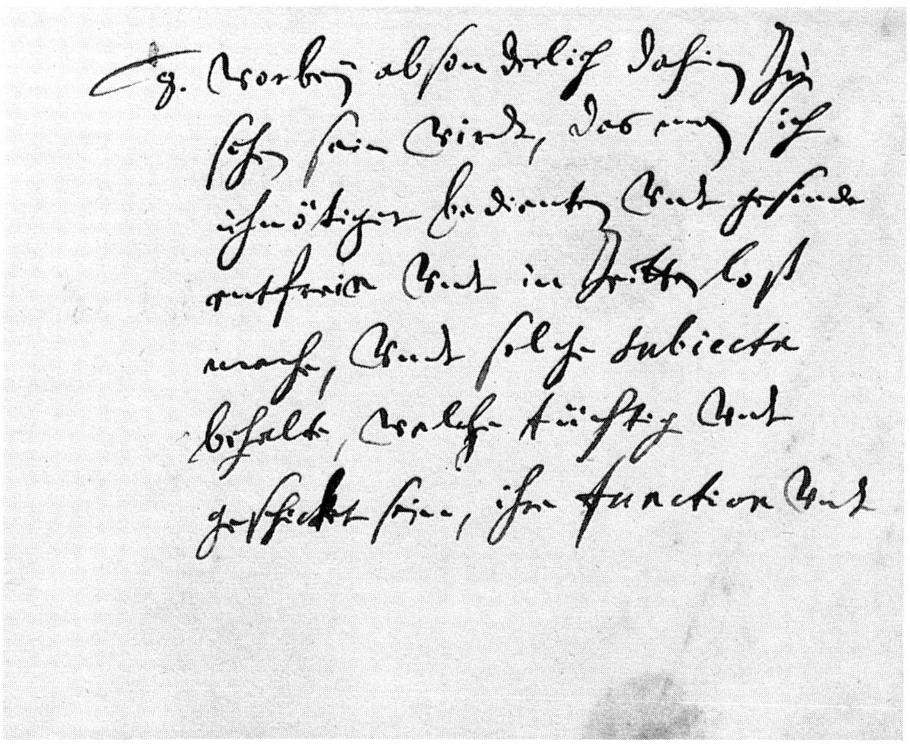

9. Worbey absonderlich dahin zu
sehen sein würde, das man sich
ohnnötiger bedienten undt gesinde
entfreien undt in [illegible] loß
mache, undt solche subiecta
behalte, welche tüchtig undt
geschickt sein, ihr function undt

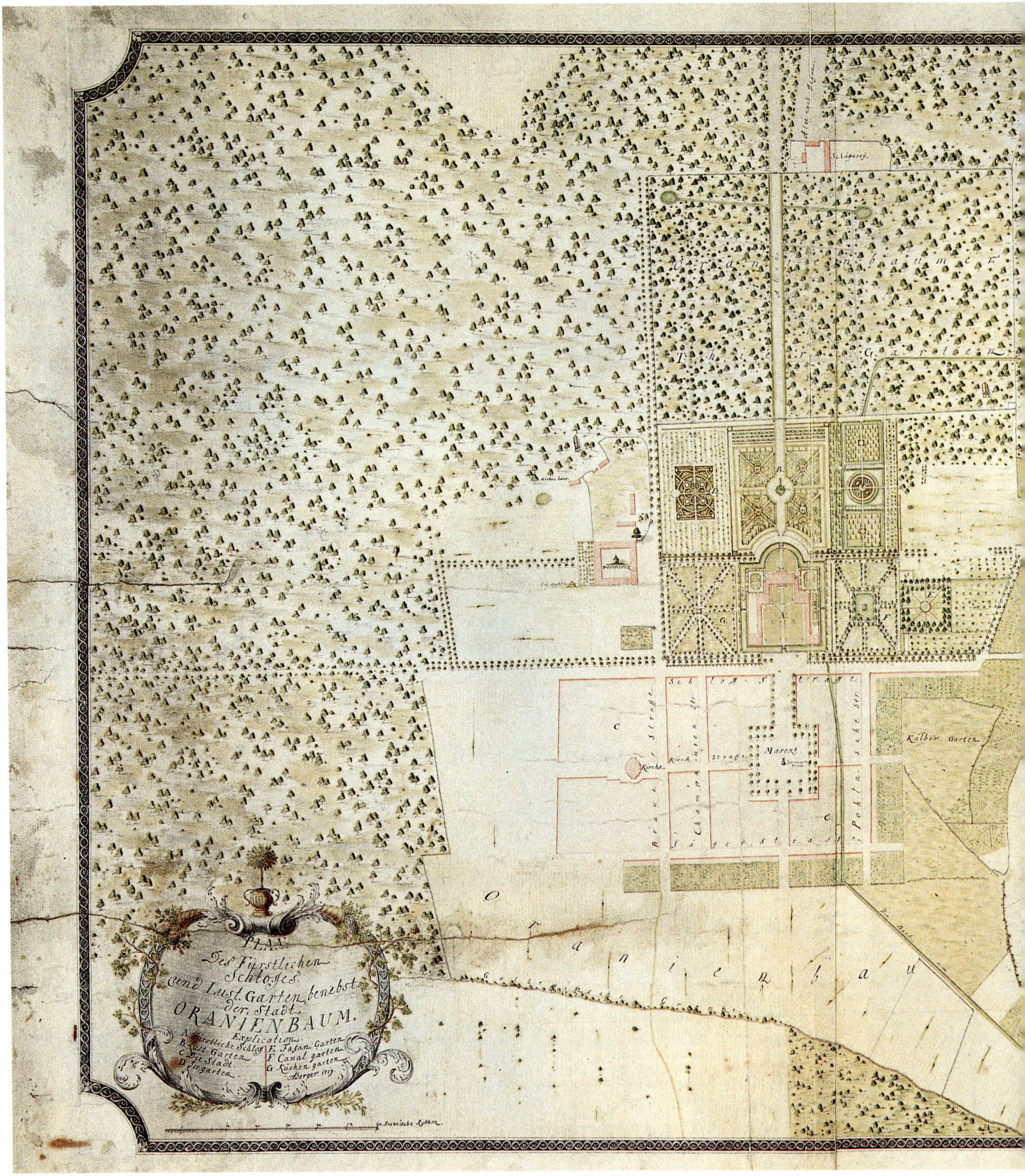

PLAN
Des Fürstlichen Schloßes und Lust. Garten, benebst der. Stadt
ORANIENBAUM.
Explication
A. Fürstliche Schloß
B. Lust Garten
C. Die Stadt.
D. Irrgarten
E. Fasan Garten
F. Canal garten
G. Küchen garten
Berger. 1719.
Kälber Garten
Marckt
Kirche
Schäferey

Die einheitliche Park-, Schloß- und Stadtanlage Oranienbaum entstand nach dem Grundentwurf des niederländischen Architekten Cornelis Ryckwaert, der vorher schon in Brandenburg tätig gewesen war und nun in Anhalt die Epoche des Barock einleitete. Mittelpunkt Oranienbaums ist der Thronsaal des Schlosses, nach dem sowohl der Park wie auch die Stadt ausgerichtet sind: architektonischer Ausdruck des fürstlichen Absolutismus. Wegen der nahen Landesgrenze zu Sachsen konnte die Kirche nicht dem Schloß gegenüber liegen, sondern wurde im rechten Winkel versetzt. Noch heute ist ein Gang durch Oranienbaum wie der Besuch eines Museums, das den niederländischen Einfluß auf Mitteleuropa zeigt. Oranienbaum, Plan von Berger, 1719

Oranienbaum erhielt mehrere Märkte, jedoch nicht das Recht der städtischen Selbstverwaltung. Sein Wappenzeichen, der Orangenbaum auf dem Marktplatz, deutet auf den fürstlichen Charakter der Stadt hin und strahlt mit den lebensprallen weiblichen Figuren zupackenden niederländischen Optimismus aus

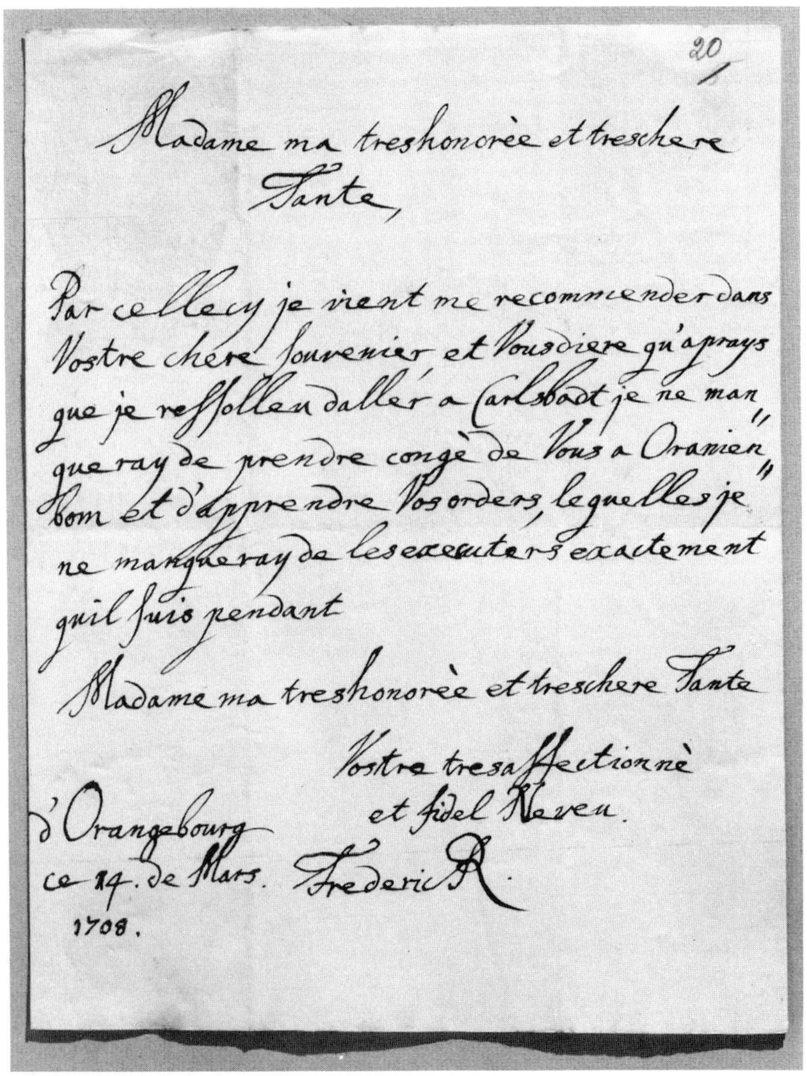

20

Madame ma treshonorée et treschere Tante,

Par cellecy je vient me recommender dans Vostre chère souvenier et Vousdiere qu'aprays que je resollen daller a Carlsbadt je ne manqueray de prendre congé de Vous a Oranienbom et d'apprendre Vos orders, lequelles je ne manqueray de les executers exactement quil suis pendant

Madame ma treshonorée et treschere Tante

Vostre tresaffectionné et fidel Neveu

d'Orangebourg ce 14. de Mars. 1708.

Frederic R.

Schloß Oranienbaum um 1710. Der ursprüngliche Entwurf Ryckwaerts hatte nur den Mittelbau und einstökkige Seitenflügel mit Dachterrassen vorgesehen. Dadurch wäre der Landhauscharakter und die enge Verbindung zwischen Architektur und Garten stark betont worden. Jedoch wurden in der langen Bauzeit (1683–1698) Kavalierhäuser hinzugefügt. Stich von J. G. Krügner

Aus dem nach seiner Mutter genannten Oranienburg schreibt der preußische König Friedrich I. am 14. März 1708 an seine Tante Henriette Catharina in Oranienbaum und kündigt ihr seine Reise nach Karlsbad an

»Teesaal« und Spiegelgalerie des Schlosses mit schwerem Stuck und den wahrscheinlich aus den Niederlanden stammenden gepreßten Ledertapeten (Älterer Zustand)

Unter Ryckwaerts Einfluß wirken Schloß- und Stadtarchitektur aufeinander ein; Dessau erhält am Ende des 17. Jahrhunderts das Gepräge einer niederländischen Stadt, z. B. durch die »Buden«. – Als Ausdruck beginnender religiöser Toleranz unter den protestantischen Konfessionen wird mit kalvinistischer Unterstützung die lutherische Trinitatiskirche in Zerbst nach Ryckwaerts Entwurf gebaut. Ihre niederländische Schlichtheit wird bald einen reizvollen Kontrast zu den Zerbster Rokoko-Bauten bilden

Der Fliesenkeller des Schlosses Oranienbaum – wohl Sommerspeisesaal der Fürstenfamilie – zeigt in realistisch-barocker Darstellung fünf antike Götter: Mars, Apollo, Merkur, Diana und Venus. Die die übrigen Wand- und Deckenflächen füllenden weißen und blauen niederländischen Fliesen bieten biblische Motive, von denen die alttestamentarischen besonders dramatische Darstellungen sind. Hier werden Adam und Eva aus dem Paradies vertrieben

Großer Markt in Dessau mit »Buden«, den von Ryckwaert geschaffenen Verkaufsständen (Historische Aufnahme)

Die Trinitatiskirche in Zerbst wurde nach 13jähriger Bauzeit 1696 eingeweiht. Ryckwaert schuf hier ein frühes Beispiel des neuen protestantischen Kirchentyps mit klassizistisch-palladianischen Elementen

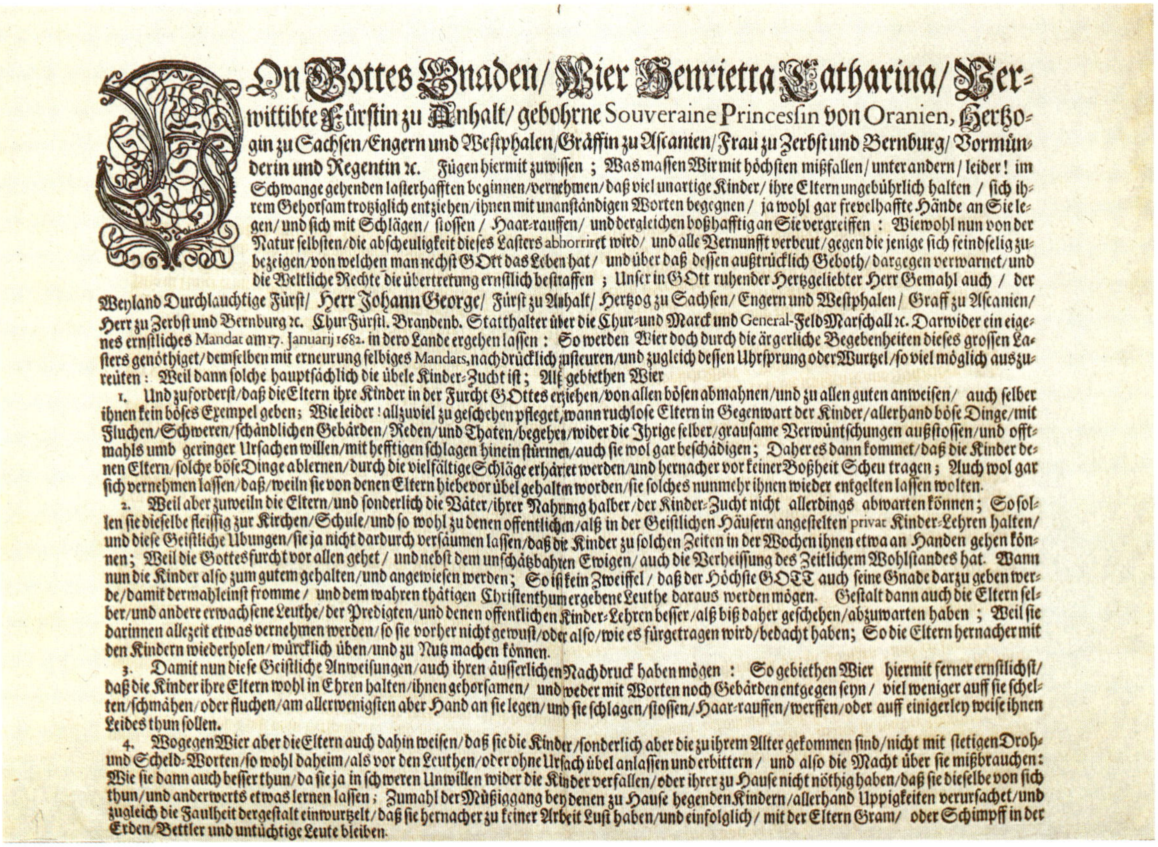

VOn Gottes Gnaden/ Wier Henrietta Catharina/ Verwittibte Fürstin zu Anhalt/ gebohrne Souveraine Princessin von Oranien, Hertzogin zu Sachsen/Engern und Westphalen/Gräffin zu Ascanien/Frau zu Zerbst und Bernburg/ Vormünderin und Regentin rc. Fügen hiermit zuwissen ; Was massen Wir mit höchsten mißfallen/ unter andern/ leider! im Schwange gehenden lasterhafften beginnen/vernehmen/ daß viel unartige Kinder/ ihre Eltern ungebührlich halten / sich ihrem Gehorsam trotziglich entziehen/ihnen mit unanständigen Worten begegnen/ ja wohl gar frevelhaffte Hände an Sie legen/ und sich mit Schlägen/ stossen / Haar-rauffen/ und dergleichen boßhafftig an Sie vergreiffen : Wiewohl nun von der Natur selbsten/die abscheuligkeit dieses Lasters abhorriret wird/ und alle Vernunfft verbeut/gegen die jenige sich feindselig zu bezeigen/von welchen man nechst GOtt das Leben hat/ und über daß dessen außtrücklich Geboth/dargegen verwarnet/und die Weltliche Rechte die übertretung ernstlich bestraffen ; Unser in GOtt ruhender Hertzgeliebter Herr Gemahl auch / der Weyland Durchlauchtige Fürst/ Herr Johann George/ Fürst zu Anhalt/ Hertzog zu Sachsen/ Engern und Westphalen/ Graff zu Ascanien/ Herr zu Zerbst und Bernburg rc. Chur Fürstl. Brandenb. Statthalter über die Chur-und Marck und General-Feld Marschall rc. Darwider ein eigenes ernstliches Mandat am 17. Januarij 1682. in dero Lande ergehen lassen : So werden Wier doch durch die ärgerliche Begebenheiten dieses grossen Lasters genöthiget/ demselben mit erneurung selbiges Mandats, nachdrücklich zusteuren/und zugleich dessen Uhrsprung oder Wurtzel /so viel möglich auszureüten : Weil dann solche hauptsächlich die übele Kinder-Zucht ist ; Alß gebiethen Wier

1. Und zuforderst/daß die Eltern ihre Kinder in der Furcht GOttes erziehen/von allen bösen abmahnen/und zu allen guten anweisen/ auch selber ihnen kein böses Exempel geben ; Wie leider! allzuviel zu geschehen pfleget/wann ruchlose Eltern in Gegenwart der Kinder/allerhand böse Dinge/mit Fluchen/Schweren/schändlichen Gebärden/ Reden/und Thaten/begehen/wider die Ihrige selber/grausame Verwüntschungen außstossen/und offtmahls umb geringer Ursachen willen/mit hefftigen schlagen hinein stürmen/auch sie wol gar beschädigen ; Daher es dann kommet/daß die Kinder denen Eltern/solche böse Dinge ablernen/durch die vielfältige Schläge erhärtet werden/und hernacher vor keiner Boßheit Scheu tragen ; Auch wol gar sich vernehmen lassen/daß/weiln sie von denen Eltern hiebevor übel gehalten worden/sie solches nunmehr ihnen wieder entgelten lassen wolten.

2. Weil aber zuweiln die Eltern/und sonderlich die Väter/ihrer Nahrung halber/der Kinder-Zucht nicht allerdings abwarten können ; So sollen sie dieselbe fleissig zur Kirchen/Schule/und so wohl zu denen offentlichen/alß in der Geistlichen Häusern angestelten privat Kinder-Lehren halten/ und diese Geistliche Ubungen/sie ja nicht dardurch versäumen lassen/daß die Kinder zu solchen Zeiten in der Wochen ihnen etwa an Handen gehen können ; Weil die Gottesfurcht vor allen gehet / und nebst dem unschätzbahren Ewigen/ auch die Verheissung des Zeitlichem Wohlstandes hat. Wann nun die Kinder also zum gutem gehalten/und angewiesen werden ; So ist kein Zweiffel / daß der Höchste GOTT auch seine Gnade darzu geben werde/damit dermahleinst fromme/ und dem wahren thätigen Christenthum ergebene Leuthe daraus werden mögen. Gestalt dann auch die Eltern selber/und andere erwachsene Leuthe/der Predigten/und denen offentlichen Kinder-Lehren besser/alß biß daher geschehen/abzuwarten haben ; Weil sie darinnen allezeit etwas vernehmen werden/so sie vorher nicht gewust/oder also/wie es fürgetragen wird/bedacht haben; So die Eltern hernacher mit den Kindern wiederholen/würcklich üben/und zu Nutz machen können.

3. Damit nun diese Geistliche Anweisungen/auch ihren äusserlichen Nachdruck haben mögen : So gebiethen Wier hiermit ferner ernstlichst/ daß die Kinder ihre Eltern wohl in Ehren halten/ihnen gehorsamen/ und weder mit Worten noch Gebärden entgegen seyn/ viel weniger auff sie schelten/schmähen/oder fluchen/am allerwenigsten aber Hand an sie legen/ und sie schlagen/stossen/Haar-rauffen/werffen/oder auff einigerley weise ihnen Leides thun sollen.

4. Wogegen Wier aber die Eltern auch dahin weisen/daß sie die Kinder/sonderlich aber die zu ihrem Alter gekommen sind/nicht mit stetigen Droh- und Scheld-Worten/so wohl daheim/als vor den Leuthen/oder ohne Ursach übel anlassen und erbittern/ und also die Macht über sie mißbrauchen: Wie sie dann auch besser thun/da sie ja in schweren Unwillen wider die Kinder verfallen/oder ihrer zu Hause nicht nöthig haben/daß sie dieselbe von sich thun/und anderwerts etwas lernen lassen ; Zumahl der Müßiggang bey denen zu Hause hegenden Kindern/allerhand Uppigkeiten verursachet/und zugleich die Faulheit dergestalt einwurtzelt/daß sie hernacher zu keiner Arbeit Lust haben/und einfolglich/ mit der Eltern Gram/ oder Schimpff in der Erden/Bettler und untüchtige Leute bleiben.

Als Regentin des Fürstentums Anhalt-Dessau und Vormünderin des Erbprinzen Leopold erläßt Henriette Catharina 1694 ein Mandat über Kindererziehung und Schulbesuch. Sie versucht, die gegenseitigen Rechte und Pflichten der Eltern und der Kinder zu regeln

Johann Georg II. und Henriette Catharina am Krankenlager ihrer Tochter. Gemälde von Abraham Snaphan, letztes Drittel des 17. Jahrhunderts

Johann Georg II. von Anhalt-Dessau läßt Dämme und Brücken über Elbe und Mulde errichten, die auch bei Hoch- und Niedrigwasser »die Fuhrleute durch das Fürstenthumb zu reisen bewegen möge(n)«. Für diese das Verkehrssystem im ganzen Lande verbessernden Maßnahmen erbittet er finanzielle Unterstützung von den regierenden Fürsten zu Anhalt-Bernburg, -Köthen und -Zerbst aus »gemeinen Landesmitteln«. 1681 (S. 203)

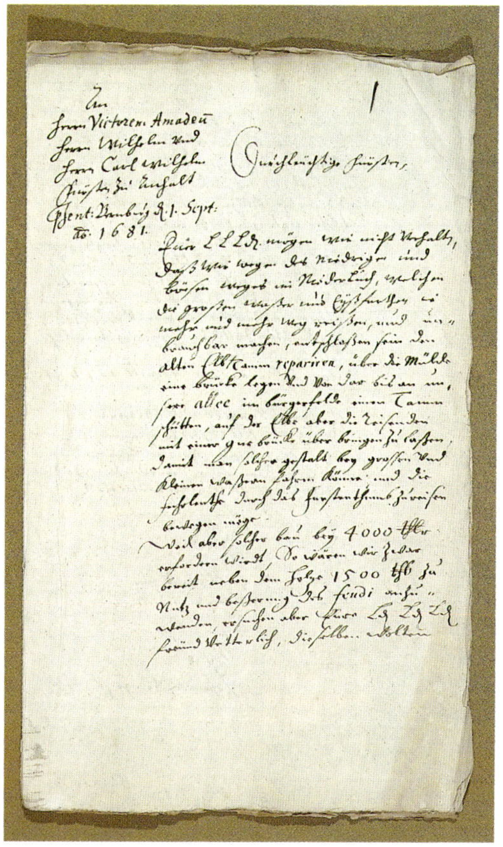

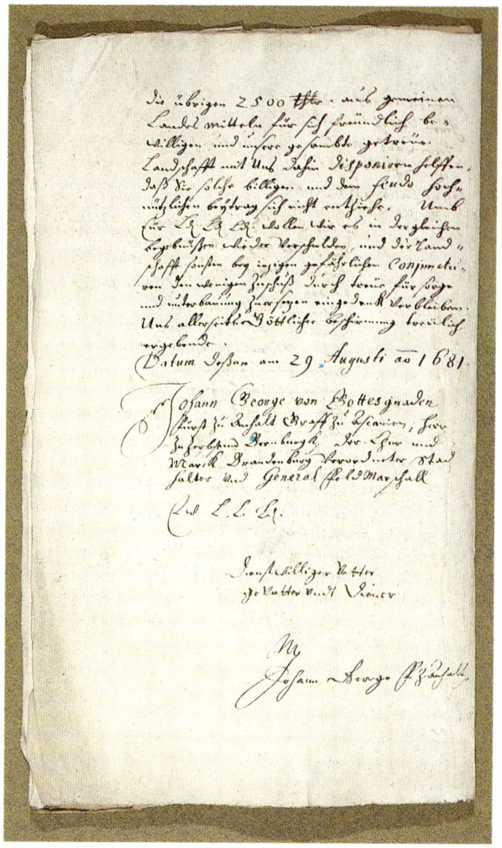

Datum Dessau am 29. Augusti ao 1681.

Johann George von Gottes gnaden

Blick auf Stadt und Schloß Bernburg. Die an der Saale gebotenen gewerblichen Möglichkeiten – auf der Federzeichnung sind Mühlen und Schiffahrt zu erkennen – werden um 1700 stärker als zuvor genutzt

Die nach einem Hochwasser 1710 von Fürst Victor Amadeus von Anhalt-Bernburg völlig neu errichtete Amadeus-Brücke. Die Brückenportale stammen von dem als anhaltischer Gesamtbaumeister tätigen Johann Tobias Schuchard. Stich von J. G. Krügner

Die Medaille des Fürsten Wilhelm von Anhalt-Bernburg-Harzgerode aus der Zeit vor 1700 auf den Harzbergbau ist nur eines der vielen Anzeichen dafür, daß bürgerliche Ökonomie und Aufklärungsideen immer stärkeren Einfluß auf den landesherrlichen Absolutismus der anhaltischen Fürstentümer gewinnen

Der traditionsreiche anhaltische Bergbau im Harz war im 17. Jahrhundert in eine Rentabilitätskrise geraten. 1691 wurden die Bergwerke zwei Privatunternehmern verpachtet, die zunächst eine Produktionssteigerung erreichten. 1693 konnte sogar wieder Geld geprägt werden. Doch gingen die Erträge bald wieder zurück. Eine Besserung trat erst ein, als die Harzbergwerke 1724 aus gesamtanhaltischem Besitz in den alleinigen Anhalt-Bernburgs übergingen

Fürst Leopold I. von Anhalt-Dessau. Gemälde von Georg von Lisiewski

Zur Regierungszeit Leopolds I. – des Alten Dessauers – wird Schloß Dessau zum Zentrum einer hochabsolutistischen Politik ohne Beispiel: Der großgrundbesitzende Adel wird aus Anhalt-Dessau hinausgedrängt, der innere Landesausbau durch Anlage von Dörfern und Vorwerken vollendet und eine straffe Verwaltung eingeführt. Das ganze Ländchen wird wie ein großes Gut behandelt

79 Fürstin Anna Luise von Anhalt-Dessau. Nach einem Gemälde von Antoine Pesne

Seine Geringschätzung adliger Normen hat Leopold schon in jungen Jahren bewiesen, vor allem als er 1698 gegen den Willen seiner Mutter Henriette Catharina die Dessauer Apothekerstochter Anna Luise Föse heiratet. Trotz mancher Untreue Leopolds hielt diese unkonventionelle Ehe erstaunlich gut. Mit Mühen und großen Ausgaben gelingt es ihm, seine Gemahlin vom Kaiser für »ebenbürtig« erklären zu lassen und damit seinen Kindern das Erbrecht zu sichern

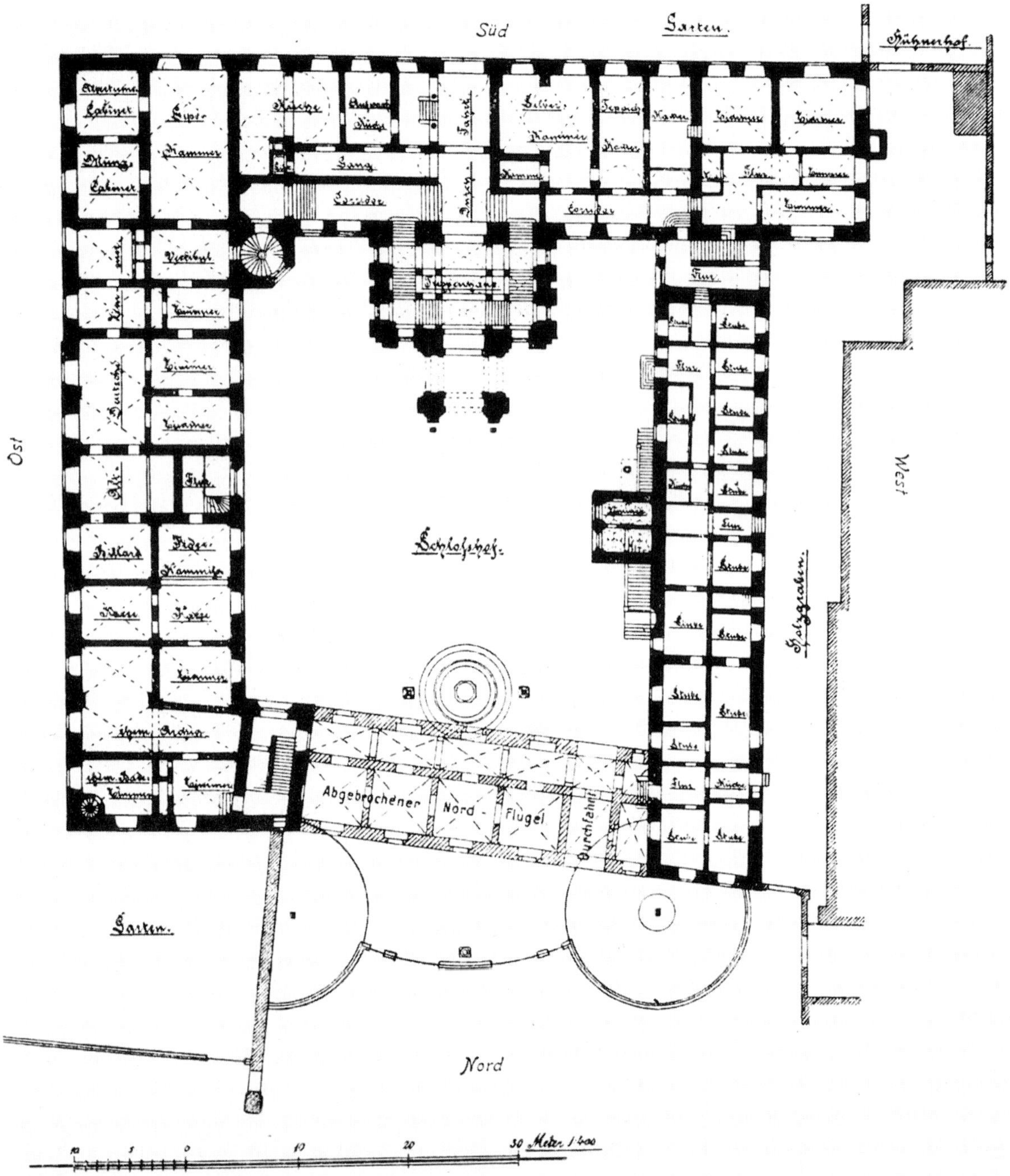

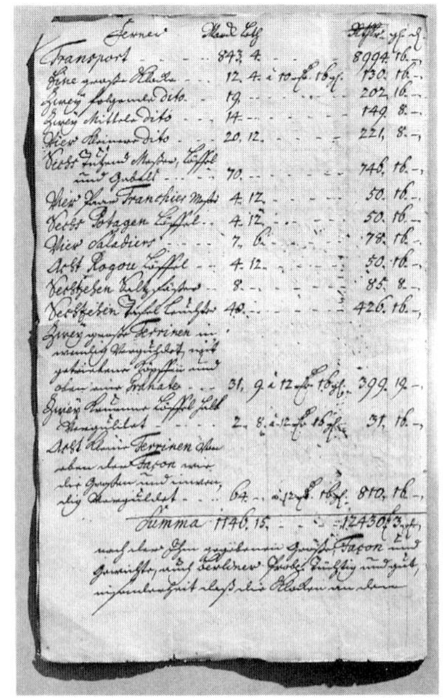

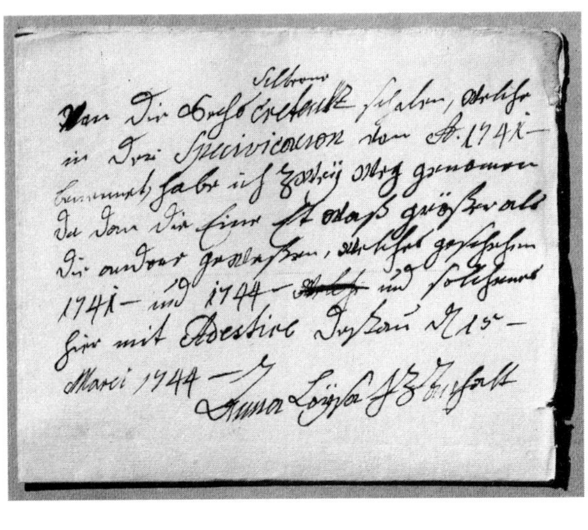
Von die Silbern Credentz Schalen, welche in drei Specificationen von A. 1741 benennet, habe ich zwei weg genommen da von die eine etwas grösser als die andere gewesen, welches geschehen 1741 und 1744 und solches hier mit attestire Dessau d 15 Marci 1744 Anna Löyße F Z Anhalt

Rekonstruierte Gesamtanlage des Dessauer Schlosses vor dem Abriß des Nordflügels 1708

Teil des Vertrages des Fürsten Leopold mit einem Berliner Goldschmied »wegen Lieferung einiges Silbers … kommende Ostern ohnfehlbar alhier in Deßau zu Liefern und richtig zu wiegen« für mehr als 12.000 Reichstaler. 1738

Fürstin Anna Luise bestätigt im Mai 1744, zwei silberne Kredenz-Schalen an sich genommen zu haben. – Das Silbergeschirr wurde im Siebenjährigen Krieg von ihrem Enkel, Fürst Franz, verkauft, um den Untertanen die finanziellen Lasten zu erleichtern

81 Der Alte Dessauer war keineswegs ungebildet. Er hatte eine recht sorgfältige Erziehung erhalten und in seiner Jugend eine längere Bildungsreise nach Italien unternommen. Dennoch interessierten ihn Militär und Wirtschaft viel mehr als Kunst und Kultur. Nur Kirchen und Stadtpalais für seine Söhne finden wir als bemerkenswerte Bauten aus seiner Herrschaftszeit, dazu eine beachtliche Erweiterung der Stadt Dessau

Urkunde Kaiser Karls VI. von 1729 mit kaiserlichem Siegel und der Siegelkapsel aus Messing. Sie bestätigt die ein Jahr zuvor von Leopold getroffene Regelung der Erbfolge in Anhalt-Dessau, die das Recht des Erstgeborenen sichern und eine weitere Teilung des Kleinstaates verhindern soll. Wie üblich waren hohe Gebühren für die Ausfertigung der kaiserlichen Urkunde zu zahlen

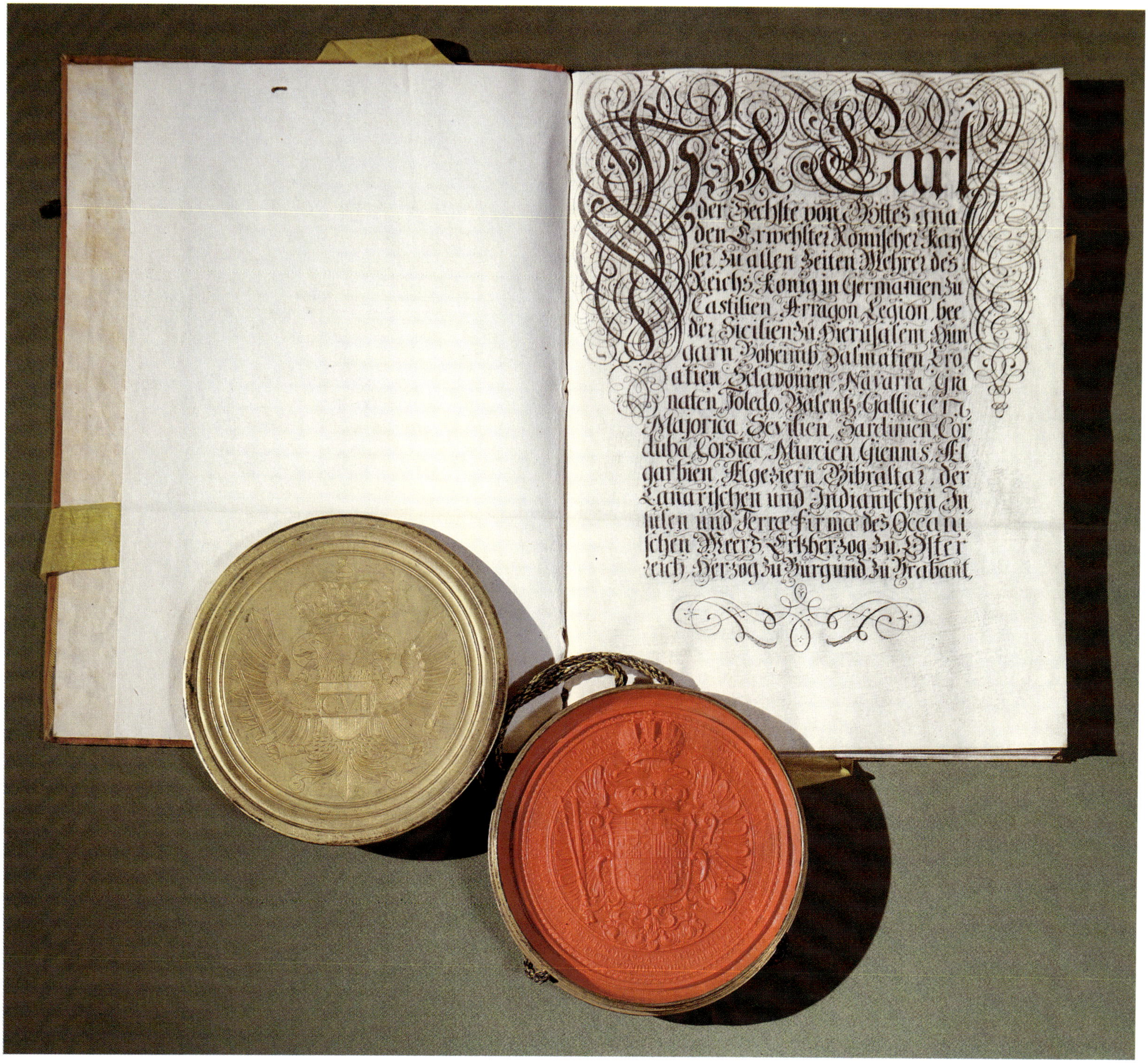

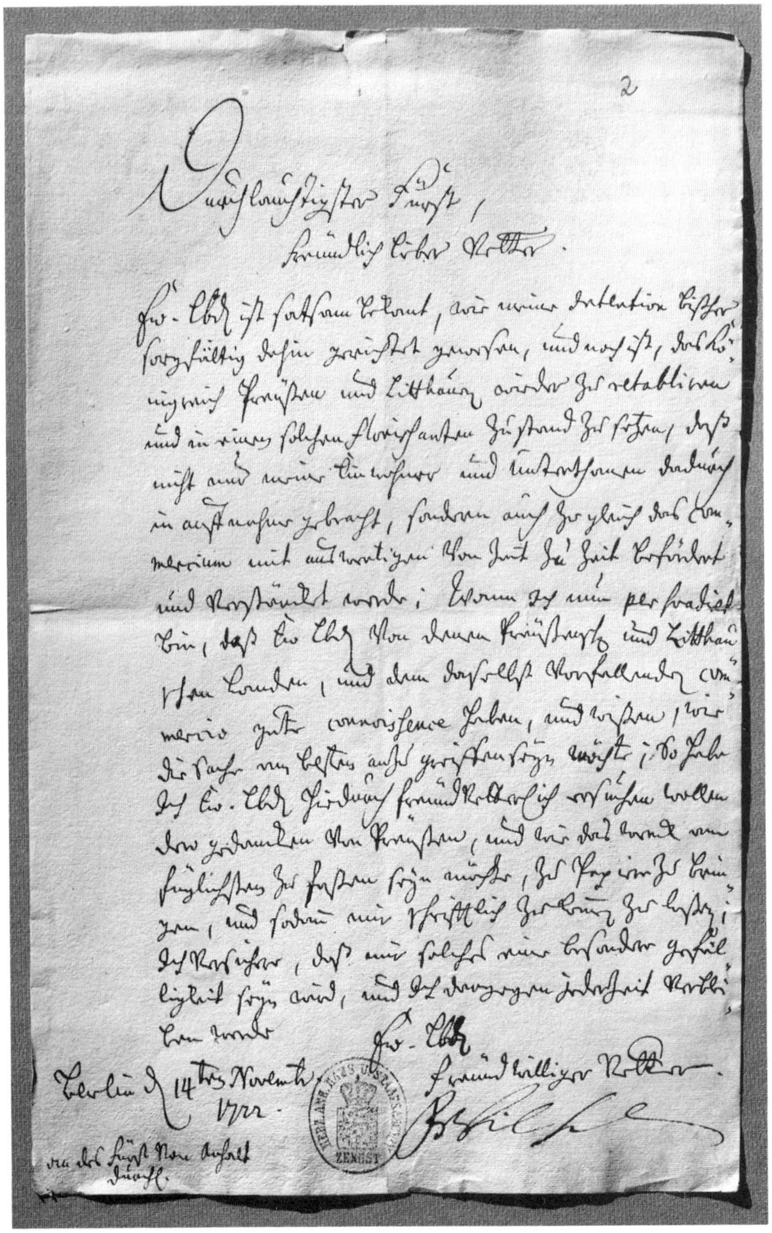

Der Soldatenkönig bittet Leopold als guten Kenner der dortigen Verhältnisse um Ratschläge für den Wiederaufbau von Ostpreußen »wie das Werk am füglichsten zu fassen sein möchte«. 1722 (s. S. 203)

König Friedrich Wilhelm I. von Preußen. Werkstattkopie nach einem Original von A. Pesne

Durch seine Freundschaft mit dem Soldatenkönig Friedrich Wilhelm I. von Preußen gewinnt Leopold wichtigen Einfluß auf die preußische Politik und die Entstehung des preußischen Heeres. Er nimmt an Feldzügen und entscheidenden Schlachten teil und erlangt dadurch weltweiten Ruhm. Unter Friedrich II. wird er im ersten und zweiten schlesischen Krieg mit unwichtigen Kommandos abgefunden, erringt aber 1745 unter hohen Verlusten den Sieg von Kesselsdorf. Die darauf folgende Versöhnung mit Friedrich hält jedoch nicht lange an. Leopold spricht oft vom Haß des jungen Königs gegen ihn

Einzug des Alten Dessauers in das Schloß zu Dessau. Arbeit des Historienmalers Max Korn, 1912

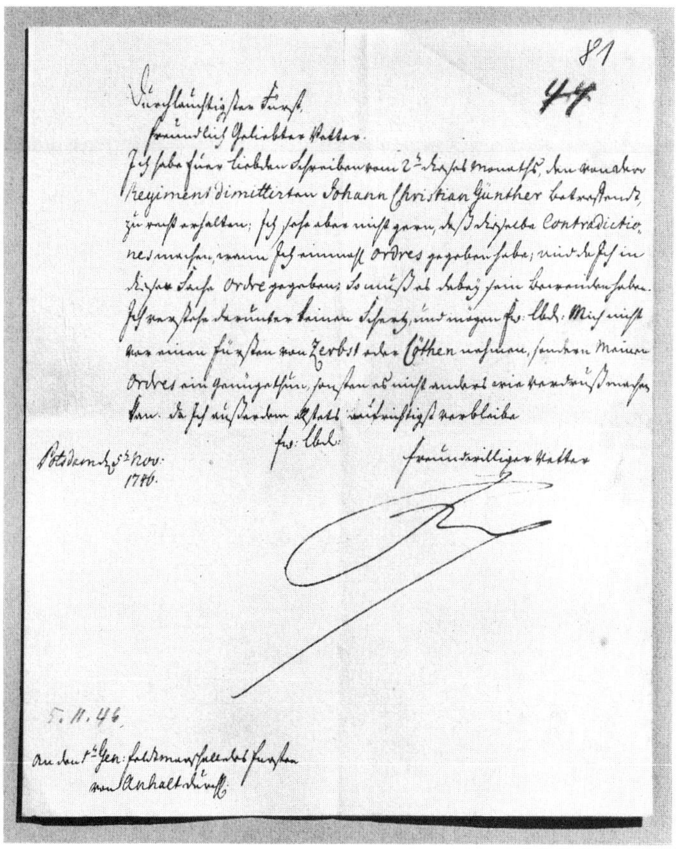

81

44

Durchlauchtigster Fürst,
freundlich Geliebter Vetter.
Ich habe Euer liebden Schreiben vom 2ten dieses Monaths, den vom Regiment dimittierten Johann Christian Günther betreffend, zu recht erhalten; Ich sehe aber nicht gern, daß Dieselbe Contradictiones machen, wann Ich einmahl Ordres gegeben habe; und da Ich in dieser Sache Ordre gegeben, so muß es dabey sein Bewenden haben. Ich verstehe darunter keinen Spaß, und mögen Ew. Lbd. Mich nicht vor einen Fürsten von Zerbst oder Cöthen nehmen, sondern Meinen Ordres ein Genüge thun, sonsten es nicht anders wie verdrüßlich machen kan. der Ich [illegible] aufrichtigst verbleibe
Ew. Lbd.
freundwilliger Vetter

Potsdam d. 5ten Nov. 1746.

5. 11. 46.

an den Gen: Feldmarschall des Fürsten von Anhalt-Dessau

Friedrich II. verlangt vom Alten Dessauer, dem ranghöchsten Soldaten der preußischen Armee, absoluten Gehorsam ohne Widerspruch. Der König verbittet es sich, von Leopold wie ein Fürst von Anhalt-Köthen oder Anhalt-Zerbst behandelt zu werden. 1746

DEE DE LA BATAILLE
TVRIN DONEE LE
1706
LE.R. DE.S.

Schlacht bei Turin 1706 – Leopold führt die an der blauen Uniform erkennbaren preußischen Truppen unter dem Oberkommando des berühmten Prinzen Eugen von Savoyen gegen die Franzosen. Gemälde vermutlich von Christian J. Paritius, 1706

Im November 1715 besiegte Leopold als Oberkommandierender eines Koalitionsheeres einen der bekanntesten Kriegshelden der Zeit, König Karl XII. von Schweden, der Stralsund verteidigte. Durch die ihm eigene Mischung von Kühnheit und Methodik gelang Leopold ein meisterhafter Truppenübergang nach Rügen. Karl XII. konnte die in erstaunlicher Kürze aufgeführten preußischen Stellungen nicht brechen und verlor die große Insel. Gedruckte zeitgenössische Darstellung des Überganges nach Rügen

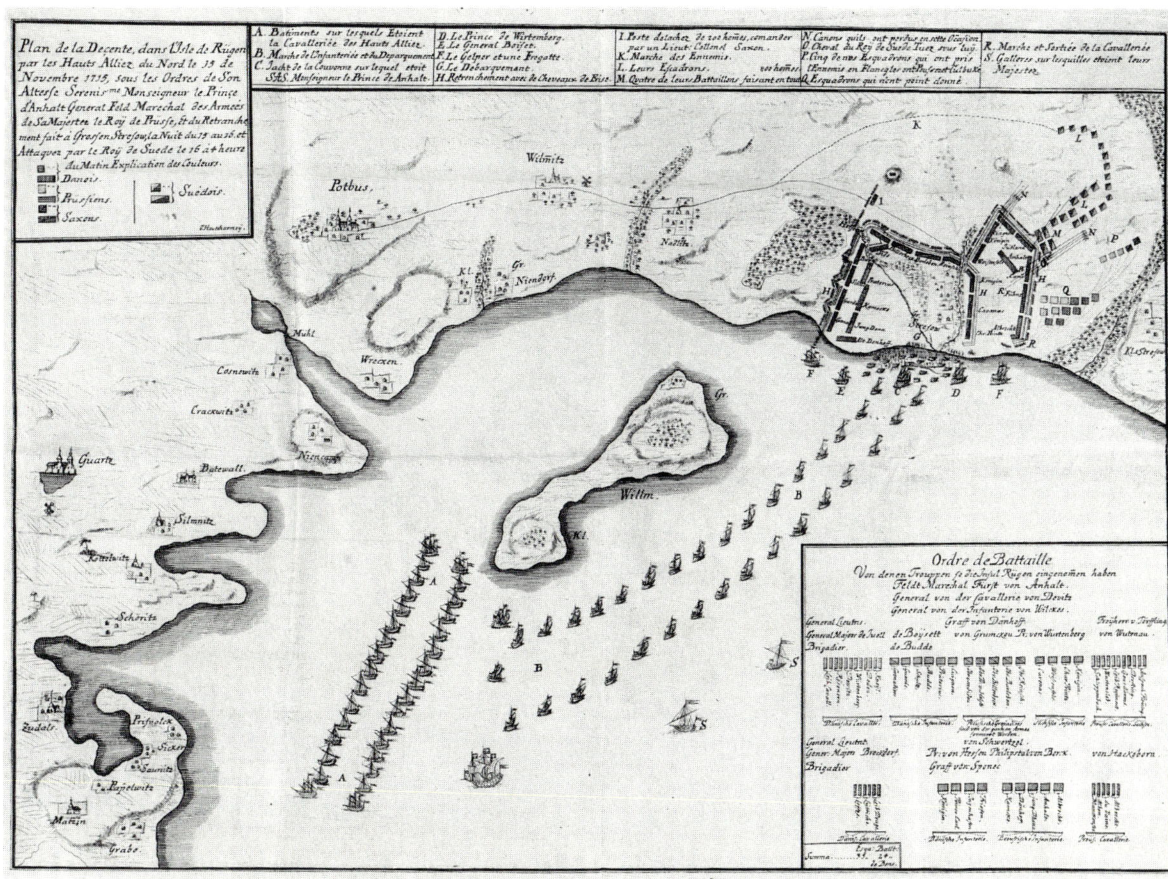

Leopold von Anhalt-Dessau hatte den eisernen Ladestock erfunden und den Gleichschritt wie das Feuern in drei Gliedern eingeführt; er straffte die Ordnung in seinem Lande und zog als preußischer Feldherr über europäische Kriegsschauplätze. Der Schloßbau aber interessierte ihn wenig. Schlösser wurden eher in den drei anderen Teilfürstentümern Bernburg, Köthen und Zerbst gebaut. Hier blühte die Barockarchitektur voll auf; dem anhaltischen Gesamtbaumeister Tobias Schuchard fällt dabei eine maßgebliche Rolle zu

Schloß Hoym in Anhalt-Bernburg, 1714 unter Schuchards Leitung für Fürst Victor Amadeus errichtet

Die Adels-Palais Brand zu Lindau, die Schuchard auf der Zerbster Schloßbreite um 1710 erbaute, beweisen mit ihrer reichen Ausstattung, daß sich die Baukunst gerade in Zerbst unter dem Einfluß des süddeutschen Barock über den schlichten Barock-Klassizismus des Niederländers Ryckwaert hinaus entwickelte

Prospect des Neuen Schloßes zu Zerbst
wie es sich von innen Presentirt und
von Sr. HochFürstl. Durchl. Fürst
CARL WILHELM, ist erbauet worden.

Von G. Simonetti 1699 geschaffene Idealansicht des Zerbster Schlosses, wie es bei Ausführung des Ryckwaertschen Entwurfs ausgesehen hätte. Trotz des größeren Baukörpers ist die Ähnlichkeit zu Schloß Oranienbaum zu erkennen

Schloß Zerbst nach seiner Vollendung

Turm des Zerbster Schlosses. Sein Schöpfer, Johann Christoph Schütze, kam aus dem Dienst der Herzöge von Sachsen-Weißenfels und wurde später polnisch-sächsischer Baumeister

Kein Schloß in Anhalt hat eine so bewegte barocke Baugeschichte aufzuweisen wie Schloß Zerbst. An die Stelle einer Wasserburg trat zunächst ein ganz im niederländischen Geiste ausgeführtes Bauwerk. Cornelis Ryckwaert baute bis zu seinem Tode 1693 den Mittelteil, das Corps de Logis; der Italiener Giovanni Simonetti, in Berlin an Entwürfen Andreas Schlüters geschult, vollendete den Westflügel um 1711.

Den baubeherrschenden Turm schuf von 1718 bis 1722 Johann Christoph Schütze. Erst von 1744 bis 1747 entstand der Ostflügel im Geiste des Potsdamer Rokoko unter wesentlicher Mitwirkung G.W. von Knobelsdorffs

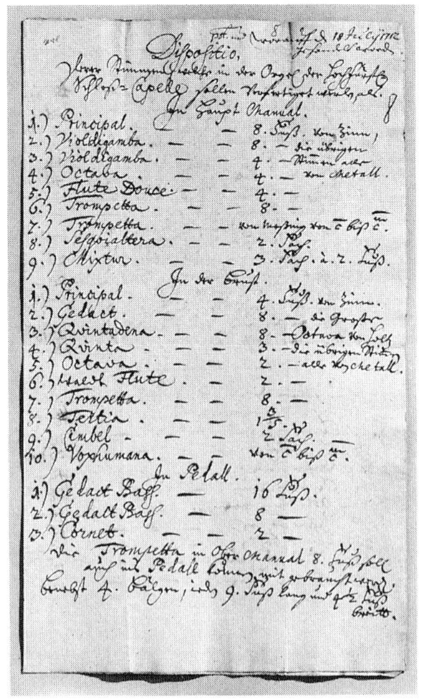

Dispositio,

welcher Stimmen ... in der Orgel der Hochfürstl. Schloß=Capelle sollen verfertiget werden.

In Haupt Manual.

1.) Principal. — — 8. Fuß. von Zinn,
2.) Violdigamba. — — 8. — die übrigen
3.) Violdigamba. — — 4. — Stimmen aller
4.) Octava. — — 4. — von Metall.
5.) Flute Douce. — — 4. —
6.) Trompetta. — — 8. —
7.) Trompetta. — — von Messing von c biß c.
8.) Sesquialtera. — — 2. Fach.
9.) Mixtur. — — 3. Fach. à 2. Fuß.

In der Brust.

1.) Principal. — — 4. Fuß. von Zinn.
2.) Gedact. — — 8. — die Größte
3.) Quintadena. — — 8. — Octava von Holtz
4.) Quinta. — — 3. — die übrigen Stimmen
5.) Octava. — — 2. — alle von Metall.
6.) Wald Flute. — 2. —
7.) Trompetta. — — 8. —
8.) Tertia. — — 1 3/5.
9.) Cimbel. — — 2 Fach.
10.) Voxhumana. — — von c biß c.

In Pedall.

1.) Gedact Baß. — 16 Fuß.
2.) Gedact Baß. — 8 —
3.) Cornet. — — 2 —

die Trompetta im Ober Manual 8. Fuß soll auch im Pedall können gebraucht werden, benebst 4. Bälgen, jeder 9. Fuß lang und 4 1/2 Fuß breitt.

Aufstellung der für die Orgel der Schloßkapelle vorgesehenen Stimmen. Der Orgelbaumeister Caspar Sperling benötigt z. B. vier Zentner Zinn, acht Zentner Blei, 200 eiserne Schrauben und veranschlagt die Lohn- und Materialkosten auf rund 11.000 Reichstaler

Im Westflügel des Zerbster Schlosses entstand die Schloßkapelle, die 1717–1719 durch Francesco Minetti und andere Künstler gestaltet wurde. Blick auf Altar, Kanzel und Orgel. Die reiche, aber wenig originelle Ausstattung übernimmt Motive aus dem Dresdener Zwinger

Das zierliche schmiedeeiserne Gitter lockert die schwere Architektur im Treppenhaus des Ostflügels auf

Saal aus dem 17. Jahrhundert mit einer Stuckdecke von Simonetti

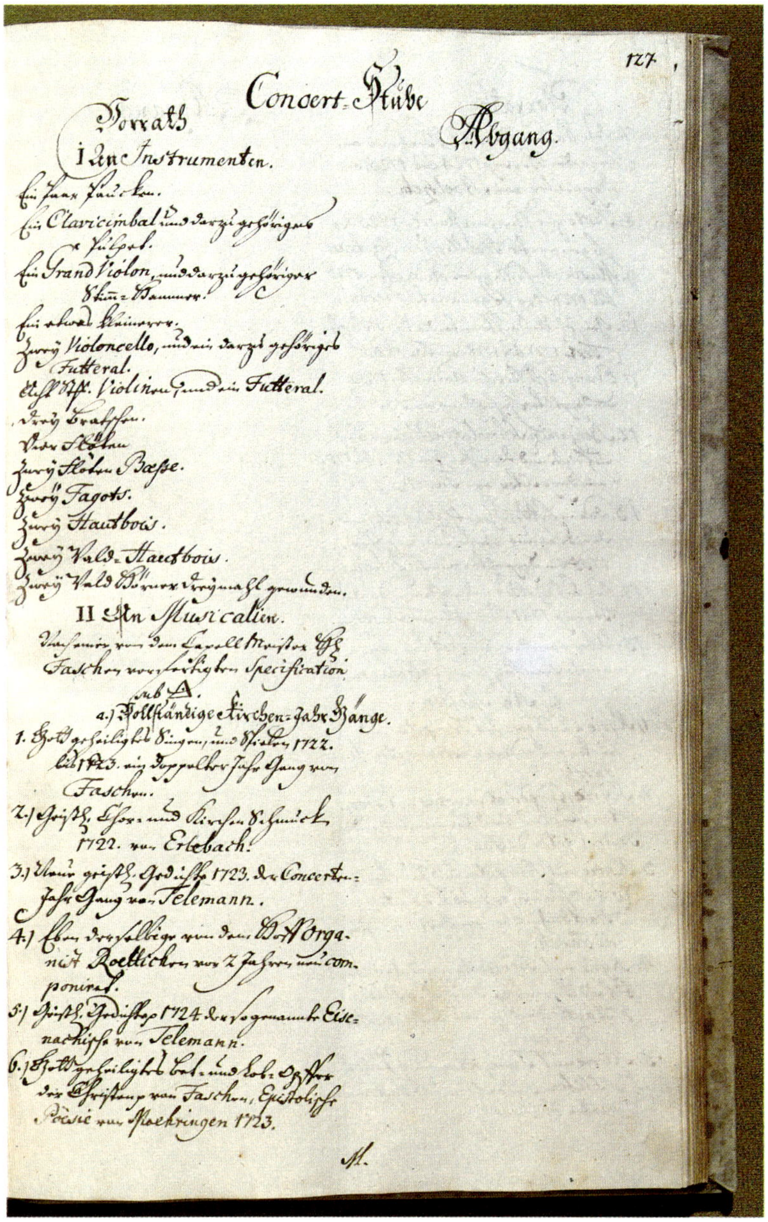

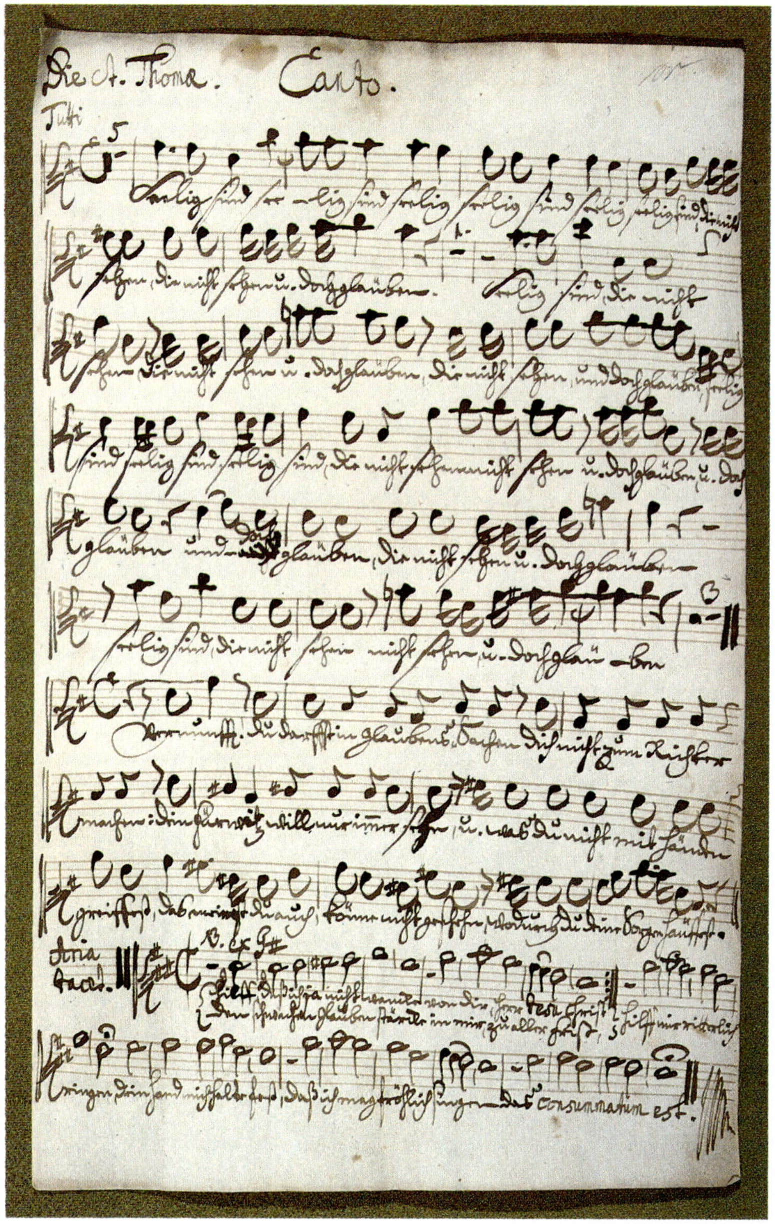

Den wahrscheinlich bedeutendsten Beitrag zur europäischen Kunst leistete die mit den Schlössern in Anhalt verbundene Kultur auf dem Gebiet der Musik. Dabei ist der Name Johann Sebastian Bachs aus Gründen der Chronologie und der Qualität an erster Stelle zu nennen. Bekannter aber war der heute wiederentdeckte Zerbster Hofkapellmeister Johann Friedrich Fasch. Er stand in der ersten Reihe der Kandidaten für das Leipziger Thomas-Kantorat; Bachs Berufung war schließlich nur ein Ausweg, als Fasch und die anderen bekannten Musiker abgelehnt hatten. Ob sich Fasch und Bach je begegnet sind, ist nicht bekannt.

Daß Bach in seiner Köthener Zeit vor allem weltliche Instrumentalwerke schuf, ist durch den Mangel an Aufträgen für geistliche Musik begründet. Die hier entstandenen berühmten sechs Brandenburgischen Konzerte müßten ihrer Herkunft nach eher Anhaltische Konzerte genannt werden

Inventar der Konzert-Stube des Zerbster Schlosses von 1743. Von 125 Ouvertüren stammen allein 62 von Fasch und 39 von Telemann. Von Händel, Heinichen, Stölzel, Graun, Pepusch, Kuntzen u. a. deutschen Komponisten finden sich ebenfalls Kompositionen. Bei den Konzerten ist der Anteil der Italiener besonders stark

Eigenhändige Notenhandschrift J. F. Faschs aus dem Jahre 1740; Kantate zum Tag des Heiligen Thomas »Selig sind, die nicht sehen und doch gläuben«

Johann Sebastian Bach, von 1717 bis 1723 Anhalt-Köthenscher Hofkapellmeister. Porträt von Johann Ihle

Entlassungs- und Empfehlungsschreiben des Fürsten Leopold von Anhalt-Köthen für Johann Sebastian Bach; Konzept vom 13. April 1723. – Auf den frühen Tod des Fürsten hat Bach, dem Fürst Leopold freundschaftlich verbunden war, eine Trauerkantate komponiert (s. S. 203)

Bachs Musikkapelle am Hof von Anhalt-Köthen in der Besetzung für eines der Brandenburgischen Konzerte. Diorama im Historischen Museum Köthen

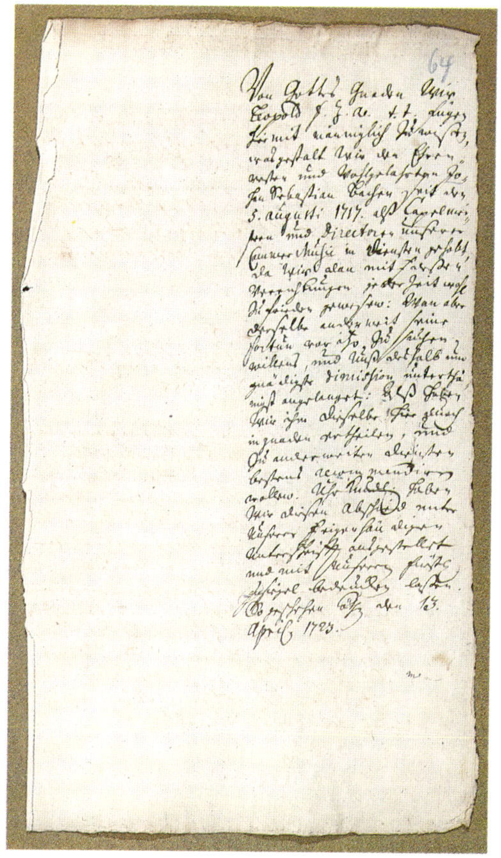

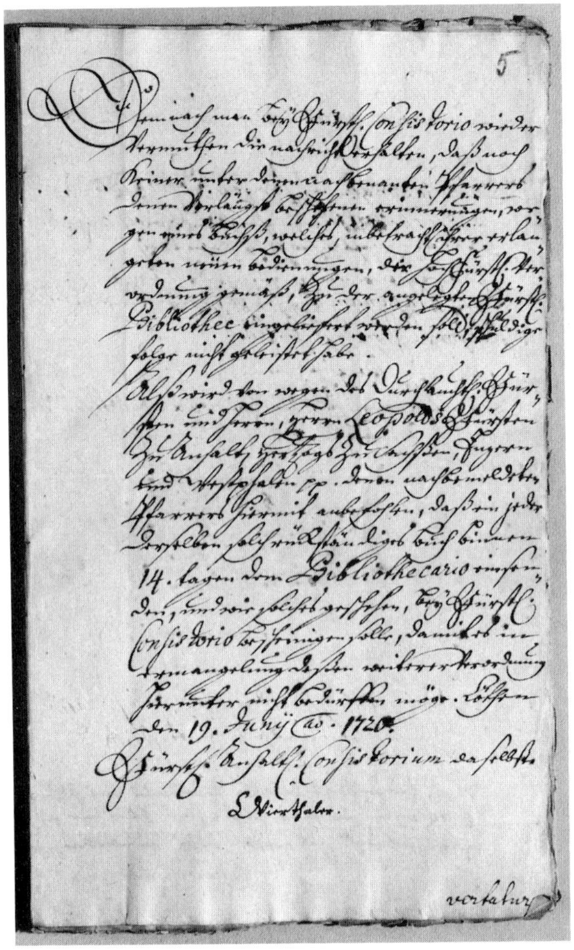

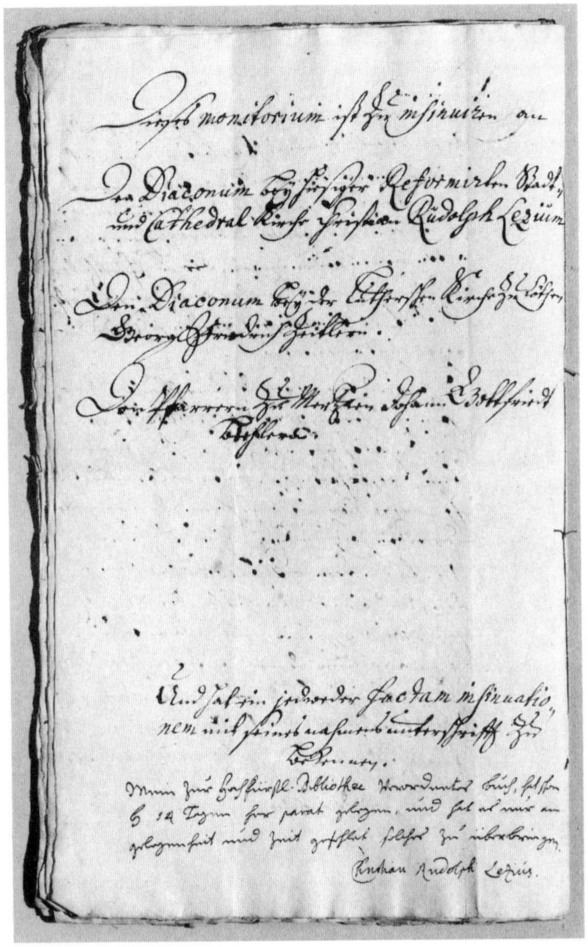

Während Zerbst schon seit dem 16. Jahrhundert einen Namen als Stadt des Buchdruckes hatte, nimmt unter dem Einfluß der beginnenden Aufklärung das Buch- und Bibliothekswesen auch in den anderen Teilfürstentümern spürbaren Aufschwung. Fürst Leopold von Anhalt-Köthen war nicht nur Förderer der Musik, er legte 1718 auch eine neue Bibliothek »zum publiquen Gebrauch« an und verpflichtet alle Inhaber öffentlicher Ämter, je ein Buch dafür zu spenden. Besonders die Pfarrer und Diakone mußten gemahnt werden

1745 läßt Fürst Victor Friedrich von Anhalt-Bernburg auf dem Bernburger Markt ein palaisartiges Gebäude für die Regierung errichten. Hier werden neben den fürstlich-bernburgischen Archiv- und Bibliotheksbeständen auch Bücher untergebracht, die Victor Friedrich von seiner Schwester in Schwarzburg-Sondershausen übernimmt

Historie
Des
Fürstenthums
Anhalt

Von dessen
Alten Einwohnern und einigen annoch
verhandenen Alten Monumenten/
Natürlicher Gütigkeit/ Eintheilung/ Flüssen/
Stäten/ Flecken und Dörfern/
Fürstl. Hoheit/ Geschichten der Fürstl. Personen/
Religions-Handlungen/ Fürstlichen Ministris, Adelichen Geschlechtern/
Gelehrten/ und andern Bürger-Standes Vornehmen Leuten.

Abgefasset
Von
Johann Christoff Beckmannen.

ZERBST/
In Verlegung Gottfried Zimmermanns/ MDCC X.

3

Angeregt von Fürst Victor Amadeus von Anhalt-Bernburg als Senior des Herrscherhauses, erschien 1710 erstmals eine umfassende »Historie des Fürstenthums Anhalt«. Sie war Ausdruck des wachsenden Interesses, die Geschichte im Zeitalter des Absolutismus zur Legitimation dynastischer Ziele zu nutzen, stiftete aber auch Unfrieden unter den Linien des Fürstenhauses. Der Verfasser war Johann Christoph Beckmann, Professor der Theologie an der Universität Frankfurt an der Oder. Das siebenteilige Werk beruht auf umfangreichem Quellenmaterial

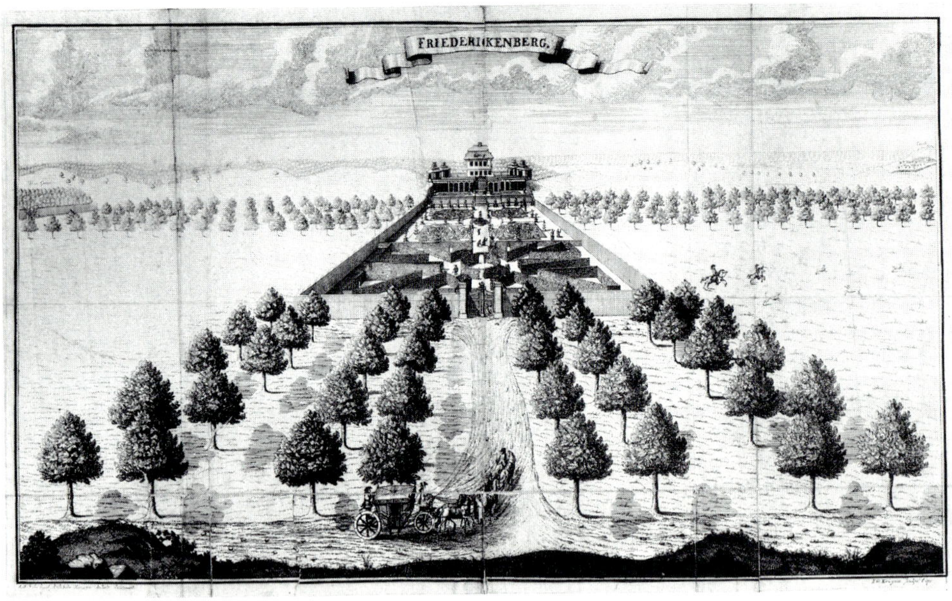

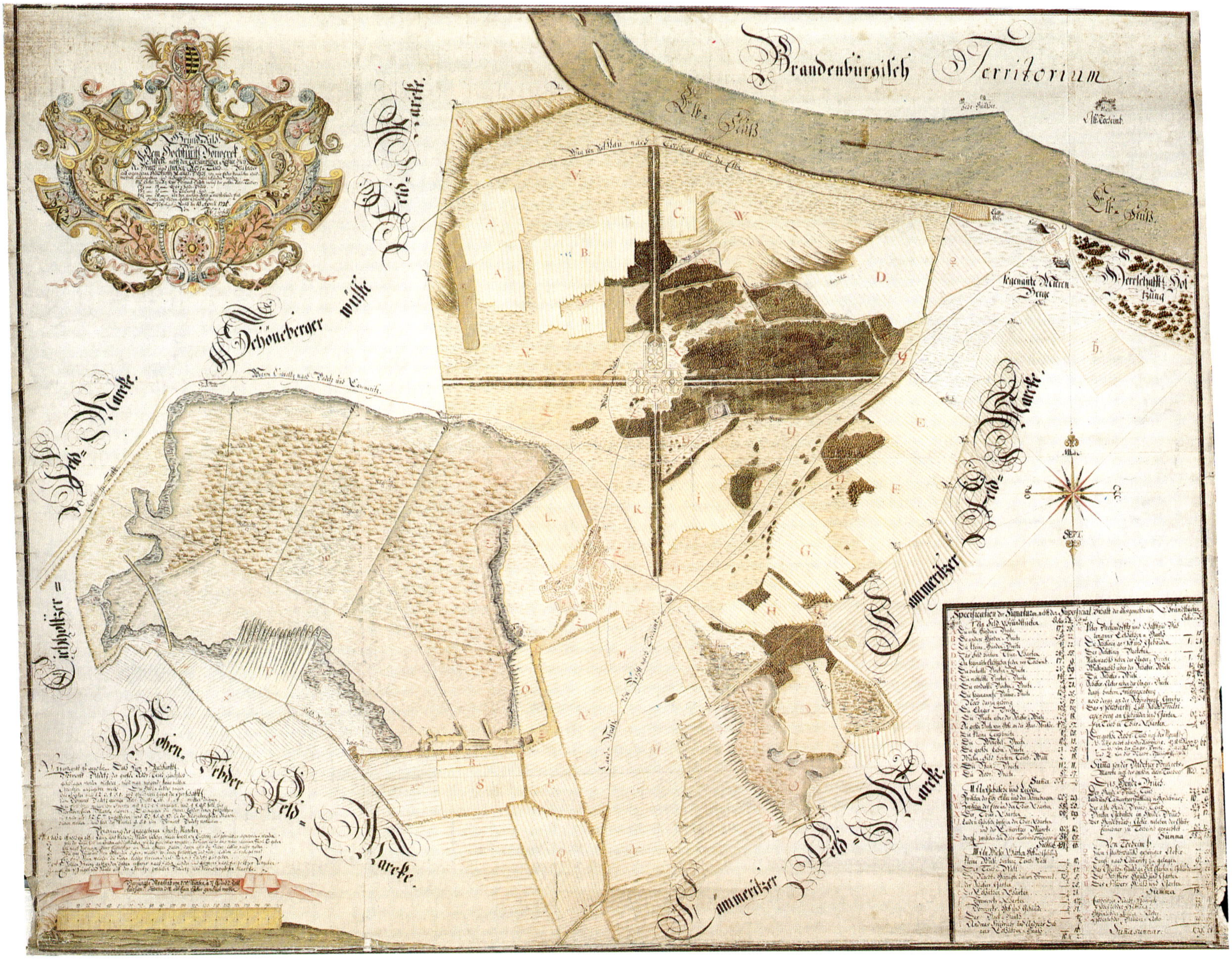

Die Schloßanlage Friederikenberg, eine der Wirkungsstätten Johann Friedrich Faschs, wurde 1704 nach einem Entwurf des anhaltischen Gesamtbaumeisters Johann Tobias Schuchard südwestlich der Stadt Zerbst errichtet. Genannt ist das Bauwerk nach der Gemahlin Johann Augusts von Anhalt-Zerbst. In seiner aufgelockerten, originellen Form geht das Schloß über die strenge, barocke Dreiflügelanlage hinaus

Die Gartenkultur im »Hochfürstlichen Lustgarten« Friederikenberg war so weit entwickelt, daß Südfrüchte an Konditorei und Küche geliefert werden konnten, u.a. Orangenblüten, Aprikosen, Pampelmusen, Mandeln, Apfelsinen und Zitronen

Johann Christoph Schütze erbaut 1731 einen Pavillon in der Anlage Friederikenberg. – Schützes Entwurf für einen Balkon und die fürstliche Mahnung zur Beschleunigung des Baus

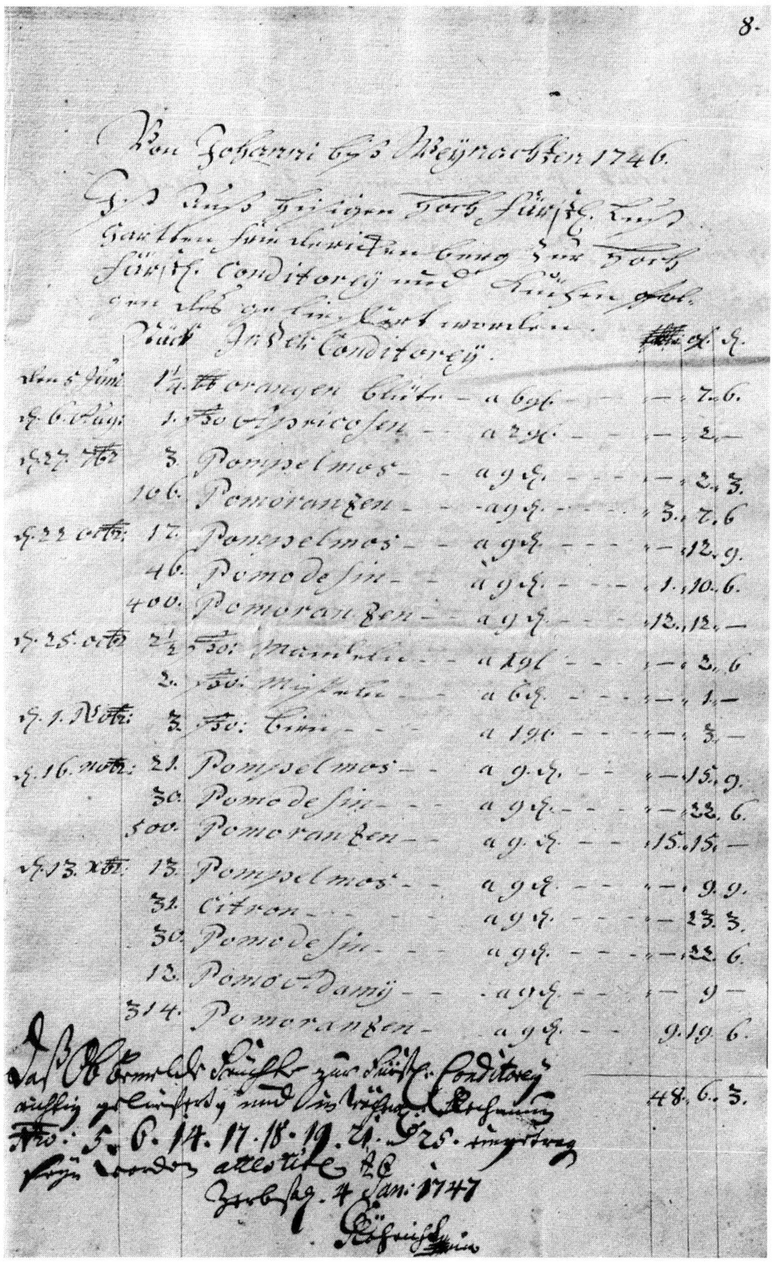

8.

Von Johanni bys Weynachten 1746.

Pompelmos

Pomorangen

Pomo de sin

Citron

Pomorangen

Zerbst, d. 4. Jan. 1747

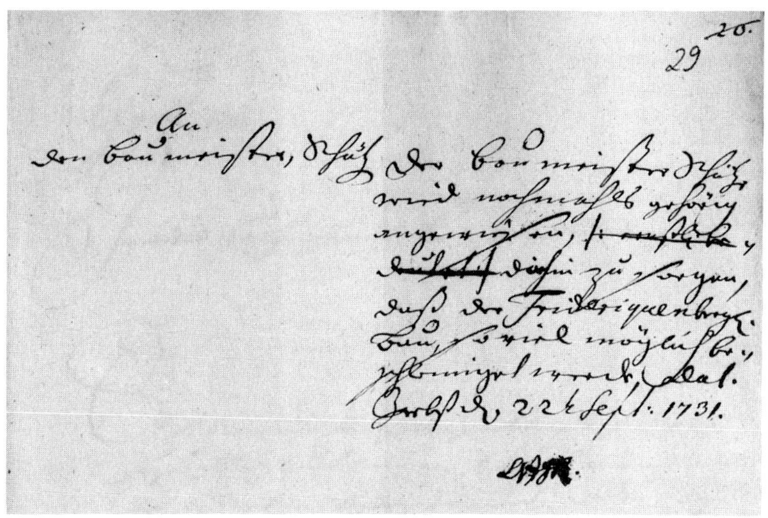

29

An
den baumeister, Schütz

Der baumeister Schütz wird nochmahls gehörig angewiesen, dahin zu sorgen, daß der Friedericenberg. Bau so viel möglich beschleuniget werde. Dat. Zerbst, d. 22 Sept. 1731.

Die um 1700 wieder erstarkende höfische Kultur bedurfte der Luxusgüter. Weitgehend wurden sie in Westeuropa produziert, aber auch aus Asien eingeführt. Da ausländische Erzeugnisse teuer waren, strebte jeder Landesherr nach der Errichtung von Produktionsstätten im eigenen Lande. So kam es 1721 in Zerbst zur Gründung einer Fayence-Manufaktur durch die »Porzellan«-Macher Johann Caspar Ripp aus Hanau und Daniel Kayck aus dem berühmten Delft. Fürst Johann August unterstützte das Vorhaben finanziell. Zerbster Fayencen errangen schnell einen guten Namen. – Ebenfalls in Zerbst entstand die Gold- und Silberdrahtmanufaktur Ayrer

Barocker Spiegel im Silberrahmen, vermutlich aus der Manufaktur eines italienischen Handwerkers in Oranienbaum, 1690

Haube aus der Zerbster Gold- und Silberdrahtmanufaktur

Fayence-Terrine, um 1750 in Bernburg hergestellt

Zerbster Fayence-Walzenkrug mit Zinnmontierung. Erste Hälfte des 18. Jahrhunderts. Monogramm D(aniel) K(ayck)

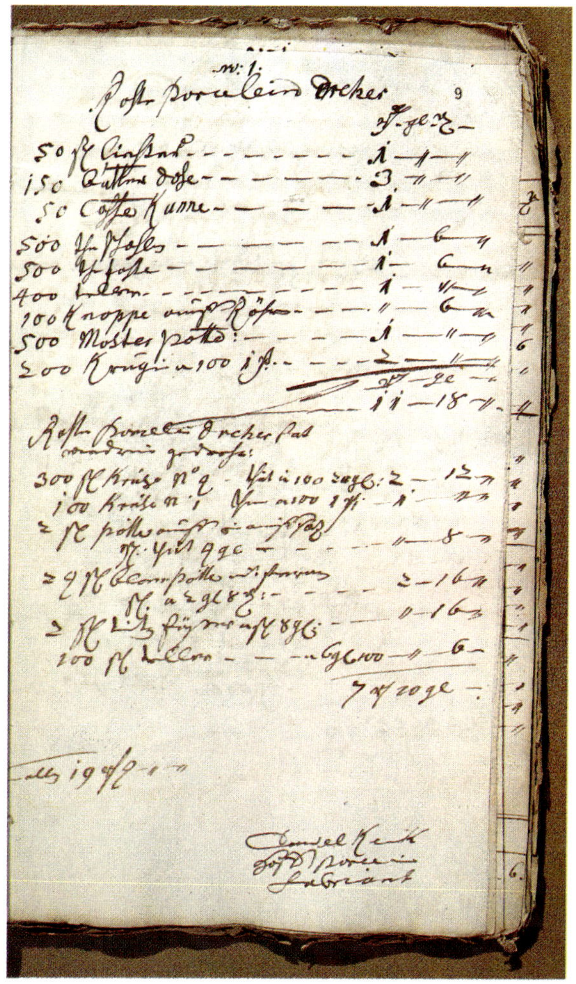

Eigenhändige Aufstellung des Hof-Porzellan-Fabrikanten Daniel Kayck (Keik) über produzierte Porzellan-(Fayence)-Ware

Seit der Renaissance hatte Anhalt die Strömungen europäischer Baukunst aufgenommen und verarbeitet. Trotz guter und interessanter Leistungen aber war ein Bau von epochaler Wirkung und Bedeutung nicht entstanden. Erst der aus Zerbst stammende Baumeister Friedrich Joachim Michael Stengel schuf 1757 einen Entwurf für die Schloßanlage Dornburg, dessen Ausführung von großer Ausstrahlung gewesen wäre. Er ist weit entfernt von einseitiger Ausrichtung auf Repräsentation wie in Versailles und auch von der Schlichtheit Oranienbaums. Die Zierlichkeit des Rokoko ist nicht erreicht. Die geplante Anlage wirkt ungemein abgeschlossen gegen die Umgebung, doch bieten der riesige Hof und vor allem die Verbindungsgänge zwischen den Gebäuden die Möglichkeit, sich im Freien zu bewegen. Die Natur ist bis an die Gebäude heran nicht angetastet; kein Park scheint den Komplex zu umgeben. Ausgeführt wurde nur der große Mittelbau. Stich von J. Ch. Püschel

Hochfürstl. Schloſs Dornburg.

Friedrich Joachim Michael Stengel, Gemälde eines unbekannten Malers. Stengel war zuerst in seiner Heimatstadt Zerbst auf bedeutende Baukunst getroffen, hatte dann vor allem die Grundsätze der süddeutschen Barockarchitektur aufgenommen und war schließlich als nassauisch-saarbrükkenscher Baumeister mit seinen Bauten vor allem im Westen des Deutschen Reiches zu einem der führenden deutschen Barockarchitekten geworden. Hauptwerke sind die Residenz, das Prinzenpalais und der Schloßpark in Saarbrücken, das Jagdschloß in Neunkirchen, das Witwenpalais in Ottweiler sowie Schloß Ludwigsberg bei Saarbrücken

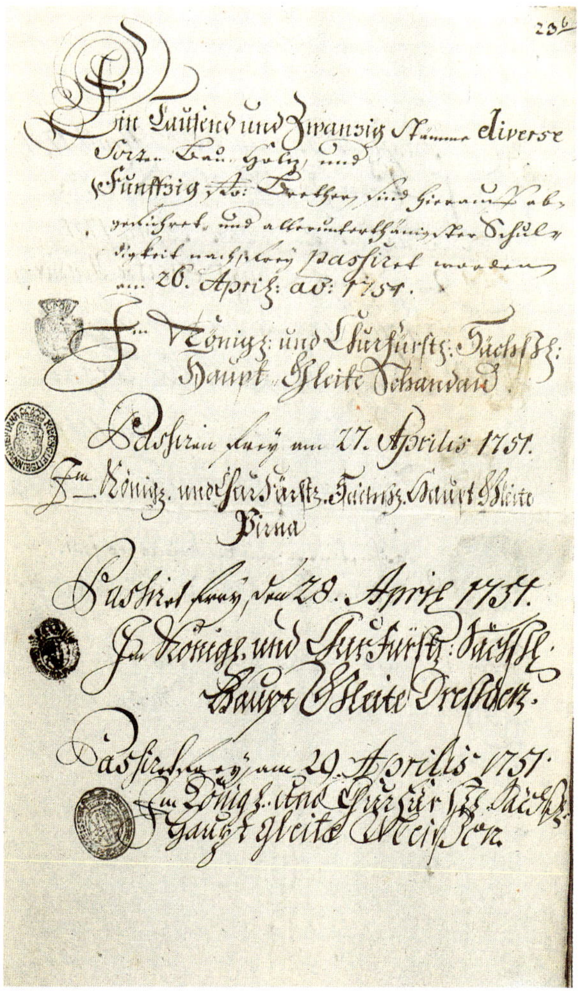
236

Ein Tausend und Zwanzig ... diverse Sorten Bau Holz und Fünfzig ...

... 26. April ao: 1751.

Königl. und Churfürstl. Sächß. Haupt Gleite Schandau.

Passiret frey am 27. Aprilis 1751.

Königl. und Churfürstl. Sächß. Haupt Gleite Pirna

Passiret frey den 28. April 1751.

Königl. und Churfürstl. Sächß. Haupt Gleite Dreßden.

Passiret frey am 29. Aprilis 1751.

Königl. und Churfürstl. Sächß. Haupt Gleite Meißen.

Zollfreie Passage von Bauholz für Schloß Dornburg durch Sachsen. Aufgeführt sind die Zollstationen in Schandau, Pirna, Dresden und Meißen. April 1751

Wappenentwürfe für den Mittelrisalit des Dornburger Schlosses; sie wurden zusammen mit Kostenanschlägen für die Vergoldung bei der fürstlichen Kammer in Zerbst eingereicht

Als die Zerbster Fürstentochter Sophie Auguste Friederike 1745 durch Vermittlung Friedrichs II. von Preußen den Erben des Russischen Reiches heiratet, gewinnt Anhalt seine höchstrangige dynastische Verbindung. Fürstin Johanna Elisabeth, die ehrgeizige Mutter der späteren Zarin Katharina II., benutzt den Brand des alten Dornburger Schlosses 1750, um das Projekt der großen Anlage Stengels in Angriff zu nehmen. Die zu geringen Mittel in Anhalt-Zerbst, der Siebenjährige Krieg und der Tod Johanna Elisabeths 1760 sind die Ursachen dafür, daß Schloß Dornburg Fragment blieb

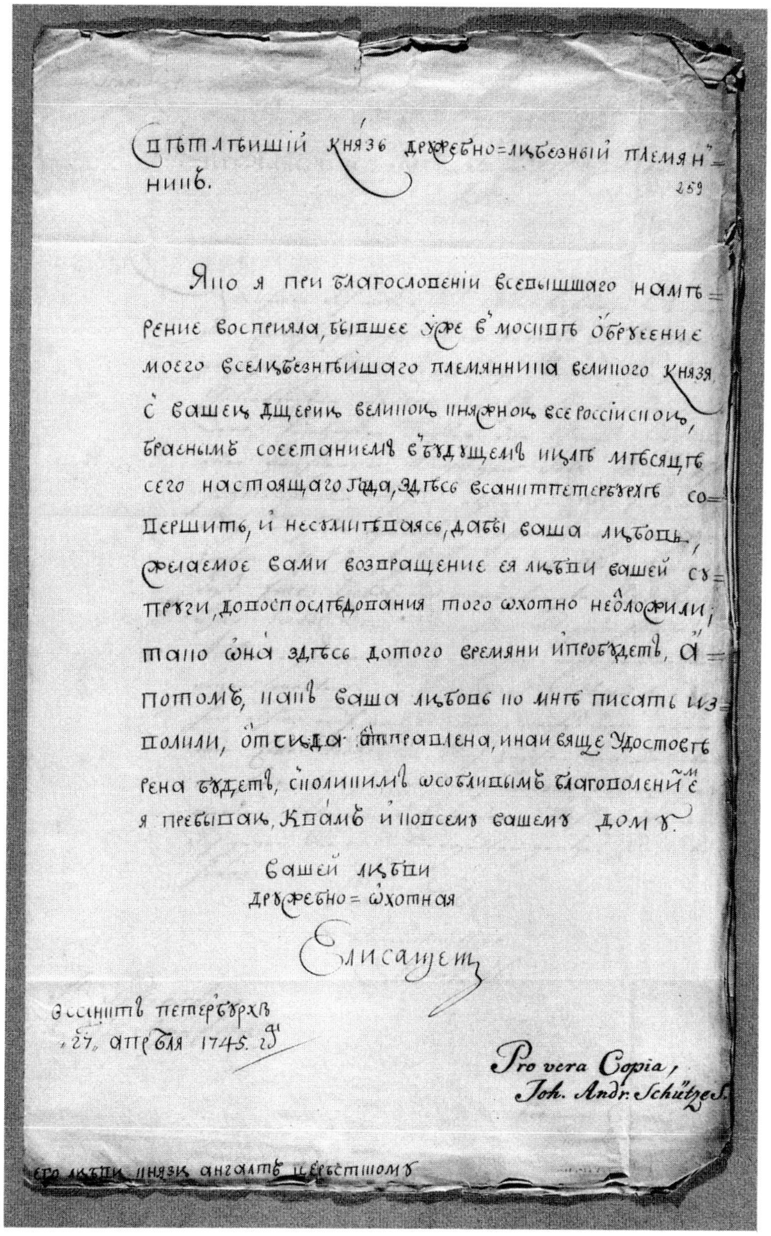

Свѣтлѣйшiй Князь дружебно=любезный племянникъ.

259

Яко я при благословенiи всевышшаго намѣрение восприяла, бывшее уже въ Москвѣ обрученiе моего вселюбезнѣйшаго племянника великого князя съ вашею дщерiю великою княжною всероссiйскою, брачнымъ сочетанiемъ въ будущемъ iюлѣ мѣсяцѣ сего настоящаго года, здѣсь въ Санктпетербургѣ совершить, и несумнѣваяся, дабы ваша любовь желаемое вами возвращенiе ея любви вашей супруги, до последованiя того охотно не отложили, тако она здѣсь до того времяни и пребудетъ, а потомъ, какъ ваша любовь по мнѣ писать изволили, отсюда отправлена, и наивяще удостовѣрена будетъ, что я съ полнымъ особливымъ благоволенiемъ пребываю къ вамъ и ко всему вашему дому.

Вашей любви
дружебно=охотная
Елисаветъ

Въ Санктпетербургѣ
27 апрѣля 1745 г.

Pro vera Copia,
Joh. Andr. Schütze.

Его любви князю Ангалтъ Цербстскому

Mittelrisalit des Dornburger Schlosses mit der für F. J. M. Stengel charakteristischen besonders reichen Fassadengliederung

Fürstin Johanna Elisabeth von Anhalt-Zerbst, geb. von Holstein-Gottorp, Mutter der Zarin Katharina II. Die Legende hat ihr eine Liaison mit König Friedrich II. angedichtet; historisch verbürgt dagegen ist, daß sie bei ihrem langen Aufenthalt am Zarenhof in den Verdacht der Spionage für Preußen geriet. Der Kupferstich nach einem Gemälde der Rosina Matthieu zeigt im Hintergrund die nie fertiggestellte Gesamtanlage von Schloß Dornburg, 1756

Kopie eines Schreibens der Zarin Elisabeth von Rußland vom 27. April 1745 an Fürst Christian August von Anhalt-Zerbst. Elisabeth teilt ihre Absicht mit, die Heirat seiner Tochter Sophie Auguste Friederike mit dem Großfürsten Peter im Juli 1745 in Petersburg zu feiern. Der Fürst wird um Aufschub der Rückreise seiner Frau Johanna Elisabeth gebeten, die die spätere Zarin Katharina II. nach Moskau begleitet hatte

Fürst Christian August aus der Nebenlinie Anhalt-Zerbst-Dornburg, Vater Katharinas II. Nach Aussterben der Hauptlinie 1742 übernahm er die Herrschaft in Anhalt-Zerbst. Als preußischer General war sein Ruhm nur wenig geringer als der Leopolds von Anhalt-Dessau. Gemälde von Antoine Pesne

Als
die erfreuliche Botschaft
von der höchstbeglückten Vermählung
Ihro beyderseits Kaiserl. Hoheiten,
Des Durchlauchtigsten Fürstens und Herrn,
HERRN
Peters Foedorowiz,
Groß-Fürstens und Thron-Erbens
des Rußischen Reichs,
Erbens zu Norwegen, regierenden Herzogs zu Schleßwig-Holstein, Stormarn,
und der Ditmarsen, Grafens zu Oldenburg und Delmenhorst, u. s. w.
wie auch
Der Durchlauchtigsten Fürstin und Frau,
FRAU
Catharina Alexiewna,
vermähilten
Groß-Fürstin des Rußischen Reichs,
Erbin zu Norwegen, regierenden Hertzogin zu Schleßwig-Holstein, Stormarn,
und der Ditmarsen, Gräfin zu Oldenburg und Delmenhorst, u. s. w.
Gebohrnen Fürstin zu Anhalt, Hertzogin zu Sachsen, Engern und Westphalen,
Gräfin zu Ascanien, Frau zu Zerbst, Bernburg, Jever und Kniphausen, u. s. w.
bekannt
und Derselben hohe Feyer
an dem Hochfürstlichen Anhalt-Zerbstischen Hofe
mit innigster Freude begangen wurde,
wolte aus tiefster Ehrfurcht seine unterthänigste Pflicht im nachstehenden
Drama per Musica
an den Tag legen
Johann George Röllig,
Hochfürstl. Anh. Zerbst Kammer-Musicus und Hof-Organist.

Zerbst, gedruckt bey Christian Lägeln, Hochfürstl. Anh. Hof- und Regierungs-Buchdrucker.

Titelblatt eines von Johann George Rölli(n)g, dem langjährigen Musiklehrer Katharinas, anläßlich der Eheschließung zwischen Katharina und Peter III. komponierten »Drama per Musica«

Rückseite der auf die Kaiserkrönung Katharinas II. 1762 geschlagenen Medaille

Zar Peter III. von Rußland und seine Gemahlin Katharina, vor ihrem Übertritt zum russisch-orthodoxen Glauben Prinzessin Sophie Auguste Friederike von Anhalt-Zerbst. Sie stürzte ihren Gemahl 1762; wieweit sie an seiner Ermordung beteiligt war, ist strittig. Gemälde von Antonietta Bauer

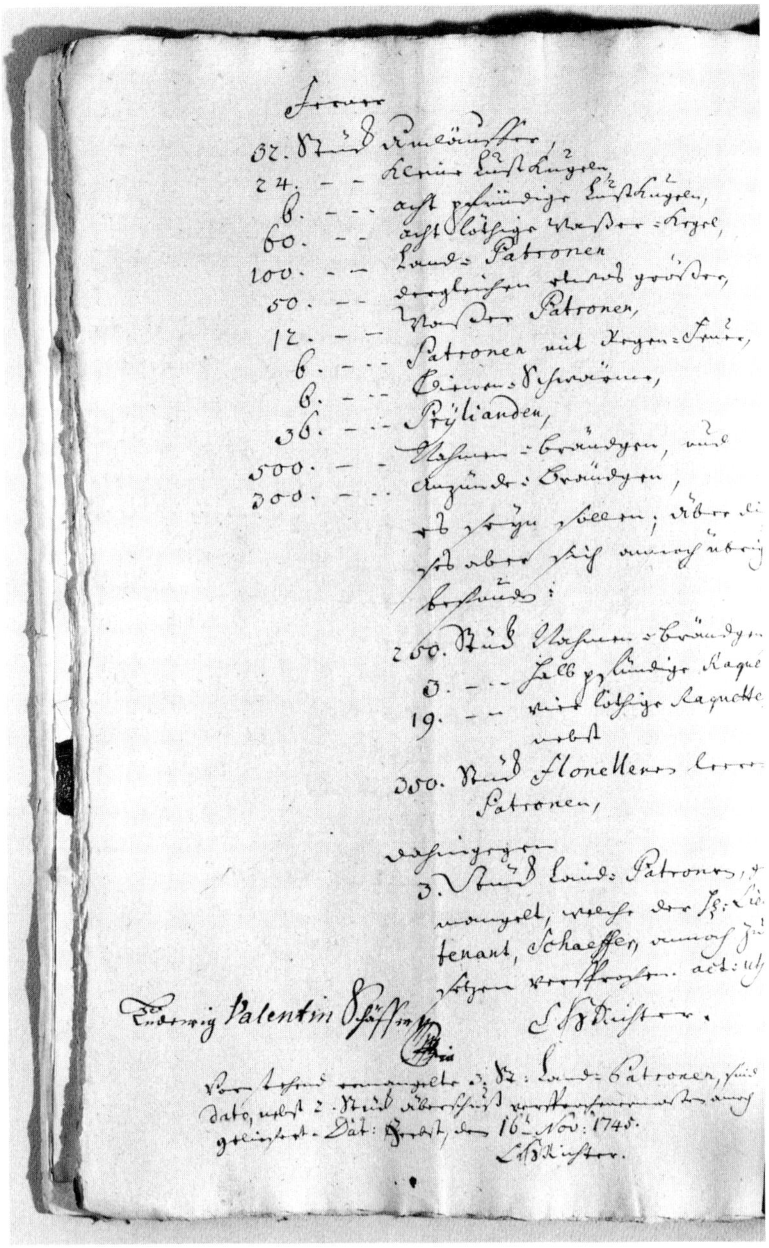

Aufstellung der zum Jubelfeuerwerk aus Anlaß der russischen Hochzeit vorgesehenen Feuerwerkskörper. Ihr Transport wurde durch einen Premierleutnant von Weißenfels nach Zerbst begleitet

Illumination und Feuerwerk vom November 1745 im Lustgarten des Zerbster Schlosses »auf das hohe Beylager« zwischen Peter III. und Katharina. Stich von Bernigeroth, 1746

PUBLICO CANDORE
VID. INSCRIPTIO II IN DESCRIPTIONE
VID. INSCRIPTIO III IN DESCRIPT.
VIVANT
so auf das hohe Beylager
Anno 1745
vorgestellet worden, davon die
in der gedruckten
zu finden
Bernigeroth sc
Lipsiæ 1746.

Der Einzug des Rokoko in den anhaltischen Schloßbau läßt sich gut am Wirken der Mitglieder aus der Stukkateurfamilie Hoppenhaupt ablesen. Während die Werkstatt Vater Johann Michaels um 1730 in Köthen noch einem beinahe zurückgebliebenen Barock verhaftet bleibt, wenden seine Söhne in Dessau und von ihnen vor allem Johann Michael in Zerbst rokokeske Formen virtuos an

Schloß Köthen – Stuckdecke aus der Hoppenhauptwerkstatt um 1730

Thronsaal des Dessauer Schlosses mit Stukkaturen im Stile der Brüder Hoppenhaupt (um 1750). In Dessau beherrschte das Rokoko nur kurze Zeit den Schloßbau; dafür konnte es sich im nahen Mosigkau voll entfalten

Das berühmte Zedernkabinett von Johann Michael Hoppenhaupt d. J. im Zerbster Schloß (um 1746). Hier und in anderen Schloßräumen feierte das friderizianische Rokoko Triumphe

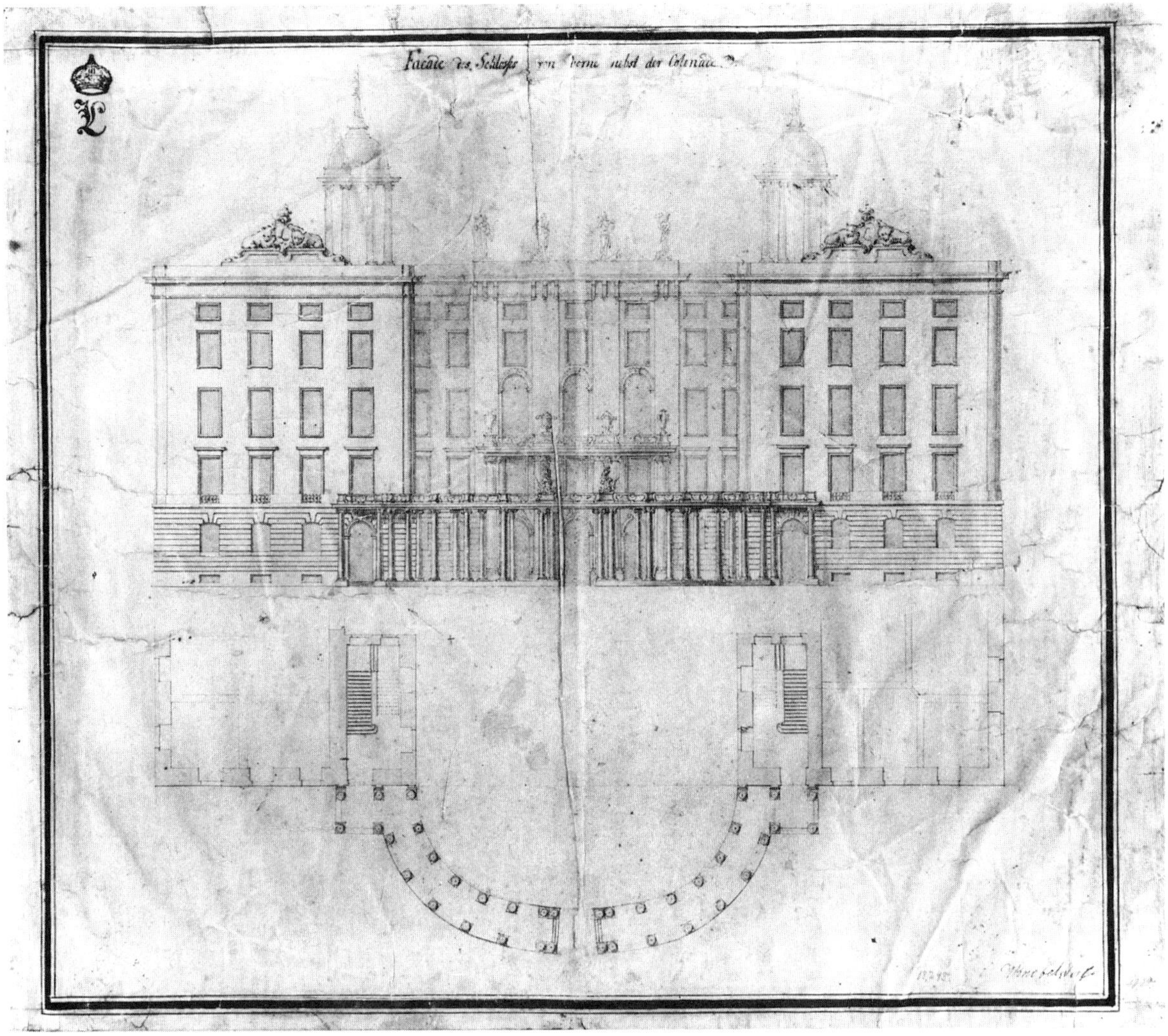

Entwurfszeichnung Knobelsdorffs für Schloß Dessau. Wie bei der Berliner Oper Unter den Linden sind Einflüsse des französischen Barockklassizismus nicht zu verkennen

Georg Wenzeslaus von Knobelsdorff, Gemälde von Manyoki?, 1732. Wie stark oder schwach sein direkter Einfluß auf Zerbst und Dessau gewesen sein mag – der Geist des von ihm geschaffenen Potsdamer Rokoko hat die Bauten dieser Zeit in beiden Städten und auch in Mosigkau mit geprägt

Schloß Dessau mit dem Knobelsdorff-Anbau. Die Ideen Knobelsdorffs wurden nur annähernd und vergröbert ausgeführt

13 Friedrich II. von Preußen hatte nach seinem Regierungsantritt 1740 eine neue Epoche eingeleitet, die politisch durch den aufgeklärten Absolutismus, künstlerisch durch das Rokoko gekennzeichnet war. In Anhalt-Dessau jedoch setzte sich zunächst noch die Ära des Alten Dessauers fort. Nach seinem Tode 1747 versicherte sich sein Sohn und Nachfolger, Fürst Leopold II. Maximilian, der Dienste Knobelsdorffs. Der Tod Maximilans 1751 und der Siebenjährige Krieg machten der kurzen Rokokoepoche für Dessau ein Ende. Zur Perle dieses Stiles in Anhalt wurde Schloß Mosigkau, auch wenn sein Entwurf wohl nicht von Knobelsdorff stammt

Prinzessin Anna Wilhelmine von Anhalt-Dessau, Tochter des Alten Dessauers, Bauherrin des Schlosses Mosigkau. Gemälde des Dessauer Hofmalers C. F. R. Lisiewski, um 1745

Schreibgarnitur aus dem persönlichen Besitz der Prinzessin Anna Wilhelmine

Kurz vor dem frühen Aufbruch des Klassizismus in Anhalt entsteht in Mosigkau eine geschlossene Schloß- und Parkanlage des Rokoko. Nicht ein regierender Fürst ist der Bauherr, sondern die unvermählt bleibende Prinzessin Anna Wilhelmine, die Lieblingstochter des Alten Dessauers. Bald wird das Schloß zum Sitz eines adligen Fräuleinstiftes. Seine Feinheit und Grazie sichern ihm Anziehungskraft bis heute

Erste und letzte Seite der Schenkungsurkunde Fürst Leopolds I. für seine Tochter Anna Wilhelmine vom 10. Oktober 1743. Damit geht das Dorf Mosigkau in ihren Besitz über

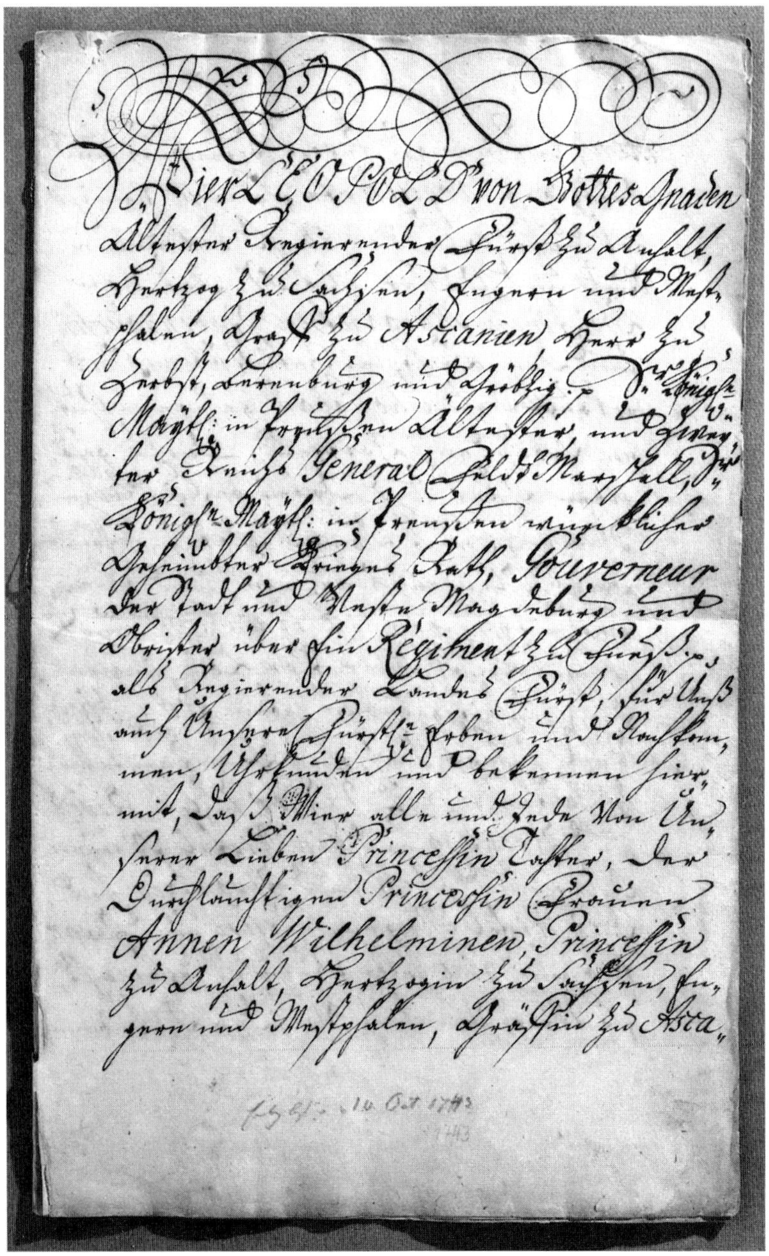

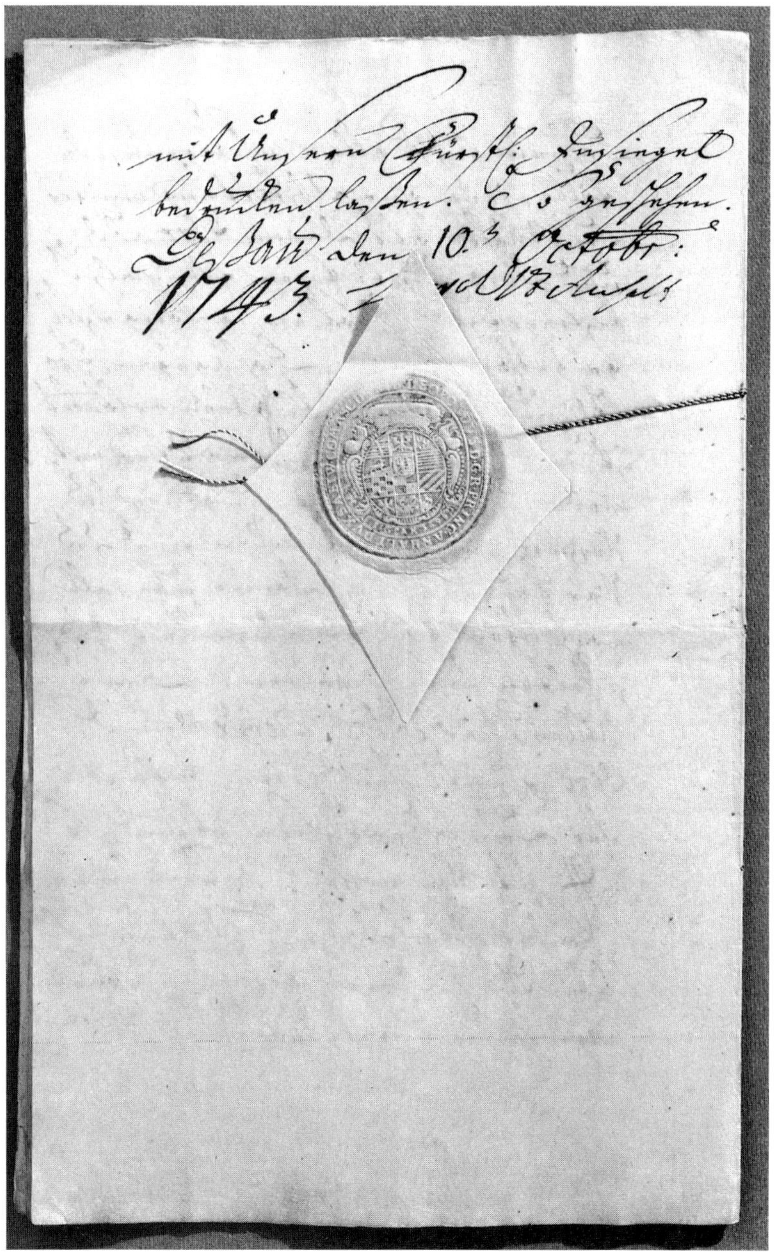

15 Musikkabinett mit der Orgel von 1837. Alle Räume zeigen bewundernswert grazile Rocaille-Ornamente und sind mit kostbaren Möbeln, mit Porzellanen und Gebrauchsgegenständen aus dem 18. Jahrhundert ausgestattet

Festsaal des Schlosses Mosigkau. Der kostbare Besitz vor allem an niederländischen Gemälden macht Mosigkau zu einer bedeutenden Galerie. Die Kunstwerke stammen vor allem aus der Oranischen Erbschaft, die auf Henriette Catharina zurückgeht. Es finden sich Bilder von van Dyck, Jordaens, Hondecoeter, Honthorst, den Mitgliedern der Familie Mytens, Johann Heinrich Roos und vielen anderen. Für den Schloßbau selbst war längere Zeit Knobelsdorffs direkte Autorschaft angenommen worden. In letzter Zeit aber konnte der entscheidende Einfluß von Christian Friedrich Damm wahrscheinlich gemacht werden. Der Garten wurde von Christoph Friedrich Brose, »Kunst-, Lust- und Oraniengärtner«, entworfen; ihm stand Johann Gottfried Schoch zur Seite

Um 1800

KLASSIZISMUS UND REFORM

Es ist keine Überhöhung, wenn man das Jahr 1758 als bedeutend, weit über Anhalts Geschichte hinaus, kennzeichnet. Damals tobte der Siebenjährige Krieg, die Auseinandersetzung zwischen Österreich und Preußen um die Vorherrschaft im Deutschen Reich. In dem kleinen Teilstaat Anhalt-Dessau aber tritt mit dem achtzehnjährigen Leopold III. Friedrich Franz ein junger Fürst die Regierung an, der sein nur 700 Quadratkilometer großes Ländchen mit seinen gut 30.000 Einwohnern zu einem Mekka gesellschaftlicher Neuerungen in Wirtschaft, Kultur und Bildung gestalten sollte. Wie kein anderer Fürst vor oder nach ihm in der Geschichte des geteilten Anhalt macht dieser Vertreter der Spätaufklärung seine Verwandten in Bernburg, Köthen und Zerbst durch die Wirkung seiner Persönlichkeit und durch seine Erfolge zu Statisten – und nicht zuletzt im Schloßbau. Franz war der Enkel Leopolds, des Alten Dessauers; engste Verbindung zu Preußen, vor allem aber zur preußischen Armee war ihm demnach von der Familientradition in die Wiege gelegt worden. Aber statt wie die Vorfahren als Marschall preußische Siege erringen zu helfen, traf Franz bereits vor dem Regierungsantritt als siebzehnjähriger Oberst eine folgenschwere Entscheidung: Bei Prag quittierte er, mitten im Siebenjährigen Krieg, den preußischen Militärdienst.

Feindschaft, aber auch Spott Friedrichs II. waren Franz seitdem gewiß. Friedrich, der in sich selbst den Eroberer und Feldherrn über den Aufklärer stellte, hatte keinerlei Verständnis dafür, daß der junge Franz mit den menschenfreundlichen Ideen der Aufklärung ernst machen wollte und das Wirken für Veränderungen einem preußischen Generalspatent vorzog. Bis Kriegsende 1763 hielt Friedrich das Land im Würgegriff, belegte er es mit harten Kontributionen, behandelte er es – aller Neutralität zum Hohn – als Feindstaat.

Aber auch der mächtige Preuße konnte nicht verhindern, daß Dessau Zentrum von Politik und europäischer Kultur wurde, daß die praktizierte Aufklärung des »Vaters« Franz über den aufgeklärten Absolutismus Friedrichs II. hinausging und in historisches Neuland vorstieß. Das Dessau-Wörlitzer Reformwerk nahm vieles vorweg, was Kaiser Joseph II. ab 1780 mit seinen später Josefinismus genannten Neuerungen erstrebte und worum sich auch in Sachsen-Weimar und Baden aufgeklärte Fürsten bemühten. Nirgendwo aber gelang auch nur annähernd noch einmal so vollendet, was das Freundespaar Franz und Erdmannsdorff schuf: die Einheit von sozialökonomischer Reform mit grundlegender, avantgardistischer Veränderung des Volksbildungswesens und revolutionär-neuer Kunst. Was Wunder, daß im Rahmen der Gesamtbestrebungen, aber auch wieder als ihre Krönung, der Schloßbau in Anhalt-Dessau eine Bedeutung erhielt, die nicht nur für Anhalt völlig neu war.

Erdmannsdorff, der spätere Baumeister, und Bauherr Franz wußten von Beginn an, daß ein Aufbruch in ökonomisches, pädagogisches und künstlerisches Neuland nur durch intensive Studien fortgeschrittenster Verhältnisse und Bestrebungen in der ganzen zugänglichen Welt möglich werden konnte. Studienreisen nach Italien, in die Schweiz, nach Frankreich und in die Niederlande, besonders aber die vier Englandaufenthalte bestärkten den jungen Franz, Erdmannsdorff und die sie begleitenden Fachleute in ihren Vorstellungen, formten ihr Weltbild und bereiteten den Weg für die Entstehung des »wohladministrierten Landes« (Goethe), eines weltoffenen Musterstaates. Grundlage für Anhalt-Dessaus historische Rolle waren ein im Vergleich zu anderen Kleinstaaten vorbildlich regiertes Land und eine intakte ökonomische Basis. Der Franz hinterlassene Schuldenberg wurde nicht nur abgetragen, sondern es kam im Verlauf der Regierungszeit sogar zu beträchtlichen jährlichen Gewinnen. Die Entwicklung der Manufakturen, verstärkt auf die Verarbeitung von Produkten des Agrarlandes und auf den Konsum ausgerichtet, wies wenige Besonderheiten auf. In der Landwirtschaft jedoch, in der Propagierung der »englischen Wirtschaft«, leistete Anhalt-Dessau Vorbildliches.

Hier wie auch sonst kam Franz zugute, daß der Alte Dessauer mit nicht gerade zimperlichen Mitteln die Gutsherren ausgekauft hatte. Als Landesherr besaß Franz eine monopolistische Stellung im Besitz von Grund und Boden. Günstige Voraussetzungen für Veränderungen waren also gegeben, mußten nicht gegen den Willen des Adels durchgesetzt werden. Und Neuerungen lagen in der Luft! Die Reformer nämlich konnten sich nicht mit den Nachteilen der noch aus der Karolinger-Zeit stammenden Dreifelderwirtschaft und mit dem Verschenken von produktiven Potenzen abfinden. Ihre Auffassungen von Rationalität forderten die Überwindung der alten Methoden geradezu heraus und übrigens auch der überholten grundherrlichen Rechte an Hut und Trift. Mit Billigung des Fürsten experimentierte im Amt Gröbzig der Pächter Johann Gottfried Holzhausen, noch ehe die »Wörlitzer Ökonomie« unter Raumer durch die Anwendung neuer Ackergeräte und auch in der Viehzucht Weltruhm erlangte. Holzhausen hob die Gemeinheiten auf, schaffte Brache, Hut und Trift ab, führte die Stall- und Hordenfütterung ein, baute im großen Umfang Klee an. Wie auch in den Städten regten soziale Maßnahmen die Landarbeiter zu verstärktem Interesse an ihrer Arbeit an. Das alles mündete in beträchtliche Ertragssteigerungen und ermöglichte einen Aufschwung in der Rinder-, Schaf- und Pferdezucht. Im besten und gerühmten Zustand befand sich auch die Waldbewirtschaftung. Sie und ein reicher Wildbestand sowie die bekannten Parforcejagden waren für Goethe einer der Gründe, den Weg nach Dessau zu finden.

Franz und seine Reformer-Freunde waren Realisten in ihren aufklärerischen Bemühungen. Keineswegs wollten sie Inseln der Schönheit inmitten eines Meeres von Dumpfheit und Rückständigkeit schaffen – das hatten Fürsten und Feudalherren in vergangenen Jahrzehnten und Jahrhunderten zur Genüge getan. Um Schönheit zu schaffen, vor allem aber um Schönheit allen erlebbar zu machen, bedurfte es gebildeter, empfindsamer Persönlichkeiten. Umfassende Volksbildung durch wissenschaftliche Pädagogik mußte auf die Tagesordnung gesetzt werden. Es gelang Franz, 1771 Johann Bernhard Basedow nach Dessau zu ziehen, der hier zunächst seine von Rousseau angeregten Ideen zur Theorie des Philanthropismus verdichtete und 1774 die weltberühmte Schule der Menschenfreundlichkeit, das Philanthropinum, gründete. Das aber konnte für die Reform nicht ausreichen; in den achtziger Jahren modernisierte deshalb Carl Gottfried Neuendorf das gesamte Schulwesen Anhalt-Dessaus und schuf die erste staatliche, der Aufklärung verpflichtete, von der Kirche getrennte Schulorganisation Deutschlands.

Es war charakteristisch für Franz, daß er dem Philanthropinum eines der Dessauer Palais zur Verfügung stellte. Der jüdischen Schule gestattete er, den Namen Franz-Schule zu tragen.

Bei aller Betonung des Umstandes, daß sich der Epochenumbruch in Anhalt-Dessau keineswegs nur ästhetisch manifestierte, muß doch gesagt werden, daß sich der Fortschritt der Franzschen Epoche symbolhaft vor allem in Erdmannsdorffs Bauten darstellte. Und obwohl der große Bahnbrecher des Klassizismus auf dem europäischen Festland sich auch für die kleinsten Nutzbauten wie Schulgebäude und Wallwachhäuser nicht zu schade war, müssen hier doch die »Landhäuser« Wörlitz, Georgium und Luisium in der ersten Reihe genannt werden. Schloß Wörlitz wurde zum klassizistischen Programmbau – es ist symptomatisch für die deutschen Verhältnisse vor der Französischen Revolution, daß neue, bürgerliche Baugesinnung zuerst von einem Fürsten und einem adligen Architekten in einem Schloßbau verwirklicht wurde.

Im Schloß Wörlitz hielten antiker Geist, das Formengut italienischer Renaissance-Villen und die Charakteristika der Landhäuser des verbürgerlichten englischen Adels Einzug. In den Räumen der beiden

Obergeschosse läßt Erdmannsdorff den Zwang zur Repräsentation nicht mehr zu und nimmt bei ihrer Gestaltung – um 1770 – das Lebensgefühl des Biedermeier vorweg. Da es Interessenten offen stand, erregte das Wörlitzer »Landhaus« schnell in Deutschland Aufsehen; auch Laien spürten den edeleinfache Kunst gewordenen Protest gegen Barock und Rokoko, gegen Versailles und Sanssouci, gegen Altes, Geziertes und Überholtes.

Auch die Gartengestaltung zeigte dieses Aufbegehren. Nicht nur im klassizistischen Baustil, auch im Stil des Landschaftsgartens brachte Wörlitz auf dem Kontinent den endgültigen Durchbruch. Vom fast noch barocken Park über den englischen Garten zu großzügigen landschaftlichen Anlagen ging die rund fünfzigjährige Entwicklung.

Aber auch damit war der schöpferische Impetus nicht verausgabt. Das kleine Schlößchen Gotisches Haus gab den Ausschlag für die Wiederaufnahme gotischer Bauformen. Das gilt nicht nur für das Äußere. Wie im Schloß ist jeder Raum als abgeschlossenes Gesamtkunstwerk ausgeführt, und die Wörlitzer klassizistischen wie neugotischen Möbel gewannen Vorbildcharakter. Erdmannsdorffs künstlerisches Schaffen hat besonders stark auf Berlin und Weimar eingewirkt.

Schlösser und die sie umgebenden Gärten waren in ein pädagogisches Gesamtprogramm einbezogen, öffneten sich Landeskindern wie auch fremden Besuchern, standen stellvertretend für einen gesellschaftlichen Reformversuch, fanden die Bewunderung aller geistig Regen und die Ablehnung der Gestrigen. Anhalt-Dessau trat für knapp zwei Jahrzehnte – Ende der sechziger Jahre bis um 1785 – an die Spitze der kulturellen Entwicklung in Deutschland und über seine Grenzen hinaus, wurde Bahnbrecher für das klassische Weimar und Anregung für Berlin und Preußen. Auch bis 1800, Erdmannsdorffs Todesjahr, wurde noch Vorbildliches geleistet; bis zum Tode des Fürsten 1817 wurde ein schneller Verfall verhindert – danach zeigte sich bald das Scheitern des aufklärerischen Experiments; von Schlössern und Gärten blieb die schöne Hülle, Gehalt und Geist schwanden.

Das durch Gipfelleistungen auf kulturellem Gebiet erworbene Ansehen hatte das völlige Fehlen von Macht nicht ausgleichen können, war jedoch bei außenpolitischen Aktivitäten sehr hilfreich. Den wachsenden Dualismus von Österreich und Preußen vor Augen und die sich daraus ergebenden Gefahren für die »ständige Libertät« fühlend, nährte Leopold Friedrich Franz die Vision eines Fürstenbundes, eines engen Zusammenwirkens zwischen den kleinen und mittleren Staaten Deutschlands. Im Markgrafen Karl Friedrich von Baden und im Weimarer Herzog Karl August, selbst aufgeklärte Landesherren, gewann er aktive Bundesgenossen. Andere Fürsten bekundeten ihr Einverständnis oder Interesse. Dennoch blieben diese Einigungsversuche Episode. Friedrich II. von Preußen usurpierte die Idee und schuf einen Staatenbund, der mit dem ursprünglichen Ziel nicht mehr vergleichbar war; Preußen dominierte in ihm.

Auch Anhalt-Zerbst machte von sich reden, aber nicht in positiver Weise. In den siebziger Jahren zählte dieses Fürstentum wie Braunschweig, Hessen-Kassel, Ansbach-Bayreuth und Waldeck zu denjenigen deutschen Staaten, die Landeskinder an England zur Unterdrückung des amerikanischen Unabhängigkeitskampfes verkauften. Lange vor der Kanonade von Valmy stießen Anhaltiner in diesen Auseinandersetzungen auf einen Gegner, der wußte, wofür er die Waffen erhob und der den deutschen Söldnern schwere Verluste zufügte.

Als 1793 die Zerbster Linie der anhaltischen Askanier mit Friedrich August, dem geistig zurückgebliebenen Bruder der großen Katharina von Rußland, ausstarb, wurde das Ländchen zwischen Dessau, Köthen und Bernburg aufgeteilt – ein erster Schritt zu anhaltischer Einheit war getan.

Der Donnerschlag der Französischen Revolution von 1789, die vergeblichen Bemühungen, sie gewaltsam noch in der Wiege zu erwürgen, und die von Kriegen geprägte großbürgerliche Außenpolitik Napoleons bis zum Frieden von Luneville und Amiens berührten Anhalt kaum. Auch der in Paris erdachte und mit einem deutschen Mäntelchen versehene Reichsdeputationshauptschluß von 1803 blieb ohne große Auswirkungen auf das Land. Er veränderte zwar die Karte des Reiches grundlegend und sprach das Todesurteil gegen die geistlichen Fürstentümer und einige »Zaunkönige«, berührte Anhalt aber nur insofern, als die Abtretung Gernrodes als Ausgleich für preußische Gebietsverluste in die Diskussion kam, das Dessauer Amalienstift linksrheinische Besitzungen verlor und das Gesamthaus in dem allgemeinen Gerangel um Land und Leute noch einmal, aber wieder erfolglos, seine Ansprüche auf Aschersleben und Lauenburg anmeldete. Als das alte Reich in allen Fugen krachte, als feudale Rechte und Privilegien verschwanden, sollten Titel ohne Inhalt den Verlust an Macht kaschieren. Dem Trend der Zeit folgend, bemühten sich die Anhaltiner um den Herzogstitel, und Alexius Friedrich Christian von Bernburg konnte sich als erster 1806 mit dieser Würde schmücken. Der Zusammenbruch des Heiligen Römischen Reiches Deutscher Nation, die Errichtung der napoleonischen Fremdherrschaft und dann die Befreiungskriege machten um Anhalt jedoch keinen Bogen. Die Fürsten traten dem Sieger Napoleon zunächst in unterschiedlicher Weise entgegen: zurückhaltend Franz. Seinem Einfluß auf die fürstlichen Vettern war zu danken, daß Anhalt sich Napoleon nicht schon zu einem Zeitpunkt in die Arme warf, als andere Herrscher bereits um die Gunst des Korsen buhlten. Der Dessauer Fürst verhandelte sogar mit Rußland wegen eines Nordbundes als Gegengewicht zu dem 1806 von Frankreich gebildeten Rheinbund. Anders dagegen die Position Augusts von Anhalt-Köthen, der ein glühender Verehrer des Imperators Napoleon war. Er versuchte, sein Ländchen wie das Kaiserreich zu strukturieren. Die Einführung des Code Napoleon als geltendes Rechtsbuch mit seinen bürgerlichen Freiheits- und Gleichheitsbestimmungen hatte sicher einen progressiven Kern. In der Enge des Köthener Ländchens geriet aber seine Einteilung in Departements, Distrikte und Munizipalitäten zur Lächerlichkeit. Die Niederlage Preußens, die Bildung des Königreiches Westfalen und die dadurch entstandene Kräftekonstellation ließen Anhalt nur die Wahl, ebenfalls auf die Seite Napoleons überzugehen und 1807 dem Rheinbund beizutreten. Der französische Kaiser legte offensichtlich großen Wert auf diesen Schritt, um dadurch das Ansehen des Fürsten Franz für seine Interessen nutzen zu können. So stellte er 1806 Anhalt-Dessau unter seinen Schutz und besuchte das Ländchen. Nur als Privatmann ließ sich Franz 1807 zu einem Besuch des Kaisers nach Paris einladen, und auf dem Erfurter Fürstentag fiel sein ungeniertes, wenig devotes Verhalten auf.

Der Beitritt zum Rheinbund hatte für Anhalt verhängnisvolle Folgen, kettete er das Land doch fest an Frankreich und seine expansive Politik. Wann und wo es Napoleon beliebte, hatten deutsche Kontingente zu erscheinen. So floß Blut anhaltischer Soldaten bei der Unterdrückung des Widerstandes gegen die französische Fremdherrschaft in Tirol und in Spanien, wurden sie in die Große Armee eingereiht, als 1812 Rußland niedergeworfen werden sollte.

Hoffnungen, die Angehörige vieler Gruppen und Schichten in Napoleon gesetzt hatten, schlugen nach 1807 verstärkt in Gefühle der Ablehnung um und bereiteten den Boden, zunächst gegen den Widerstand der Fürsten, für bewaffnete Aktionen. Auch in den drei anhaltischen Fürstentümern drängten große Teile der Bevölkerung zum antinapoleonischen Unabhängigkeitskampf. Der Jubel um den preußischen Major von Schill und seine mutige Freischar im Mai 1809 in Dessau und Köthen war mehr als nur spontane Reaktion: Er war Ausdruck der Bereitschaft zur Erhebung gegen ein fremdes Joch. Es ist kein Zufall, daß Schill seinen »Aufruf an die Deutschen« gerade in Dessau drucken ließ. So kriselte es im mit Gewalt zusammengezimmerten Machtbereich Napoleons bereits beträchtlich, als die Niederlage 1812 in Rußland seinen endgültigen Abstieg einleitete. Als das berühmte Bulletin Nr. 29, das Eingeständnis des gescheiterten Feldzuges gegen das Zarenreich, in Anhalt bekannt wurde, machten sich Erleichterung und Kampfbereitschaft breit. Die Lasten des Befreiungskrieges, der Anhalt wieder zum Schauplatz harter Kämpfe gemacht hatte, trug die Bevölkerung willig. Auch Anhaltiner fochten im Heer der Verbündeten in Frankreich.

Mit der Abschüttelung der napoleonischen Fremdherrschaft ging auch in Anhalt nicht nur eine ungemein wichtige Etappe der landesgeschichtlichen Entwicklung zu Ende, sondern schloß auch die Zeit des Einflusses auf deutsche Verhältnisse ab. Wie im Schloßbau wurde ebenfalls auf anderen Gebieten noch manches geleistet; eine Vorbildrolle konnte Anhalt vorerst nicht mehr spielen. Der Tod des Fürsten Franz im Jahre 1817 wird damit zum Symbol.

Friedrich Wilhelm von Erdmannsdorff, Gemälde von J. Fr. A. Tischbein, 1796. Als Freund des Fürsten Franz von Anhalt-Dessau, als Schüler Winckelmanns und Clérisseaus verhilft er dem Klassizismus zum Durchbruch auf dem europäischen Festland und wird zur bestimmenden Persönlichkeit der Dessau-Wörlitzer Reformen

Der Englische Sitz wurde zur Keimzelle der Wörlitzer Anlagen (1765). Von Erdmannsdorff nach englischen und italienischen Vorbildern entworfen

Rundes Kabinett im Schloß Dessau von Erdmannsdorff, 1768

Neben ihrer Funktion als Zentren der Macht und des höfischen Lebens erlangen Schlösser vielfach umfassende kulturelle Bedeutung. Ein Beispiel ist Schloß Köthen zu Zeiten der Fruchtbringenden Gesellschaft oder des Wirkens Johann Sebastian Bachs. Für die Epoche des Dessau-Wörlitzer Reformwerkes in der zweiten Hälfte des 18. Jahrhunderts jedoch wurden Schloßbauten nicht nur zu Zentren der Aufklärung, sondern verkörperten selbst aufklärerische Gedanken. Die »Landhäuser« Wörlitz, Luisium und Georgium setzen gewissermaßen die Ideen Voltaires und Rousseaus in klare, edle, einfache klassizistische Architektur um. Diesen Aufbruch in neue Gefilde verdankte das Ländchen Anhalt-Dessau dem Baumeister Friedrich Wilhelm von Erdmannsdorff

FRANCISCVS. PR. AEDIF. INSTRVXIT. LVDOVICAE. CONIVGI. DIGNISS. D.

Schloß Wörlitz – 1769 bis 1773 nach Erdmannsdorffs Entwurf errichtet – wird zum Programmbau des Klassizismus in Deutschland. Für kurze Zeit übernimmt das kleine Fürstentum Anhalt-Dessau eine künstlerisch und kulturell führende Position. Daß dieses Bauwerk eine so große Ähnlichkeit mit dem 1792 bis 1799 errichteten Weißen Haus in Washington aufweist, ist kein Zufall. Jefferson, der den Klassizismus von Europa nach Amerika brachte, hat wesentliche Stilelemente des Frühklassizismus an die nordamerikanischen Architekten weitergegeben.

Brief Erdmannsdorffs vom 5. November 1770 aus Rom an den Fürsten Franz. Er setzt seine auf die klassische Antike zurückgehenden Bemühungen um eine neue Kunst in Gegensatz zu »dem noch unreinen Geschmack in der Baukunst unseres Vaterlandes« (s. S. 204)

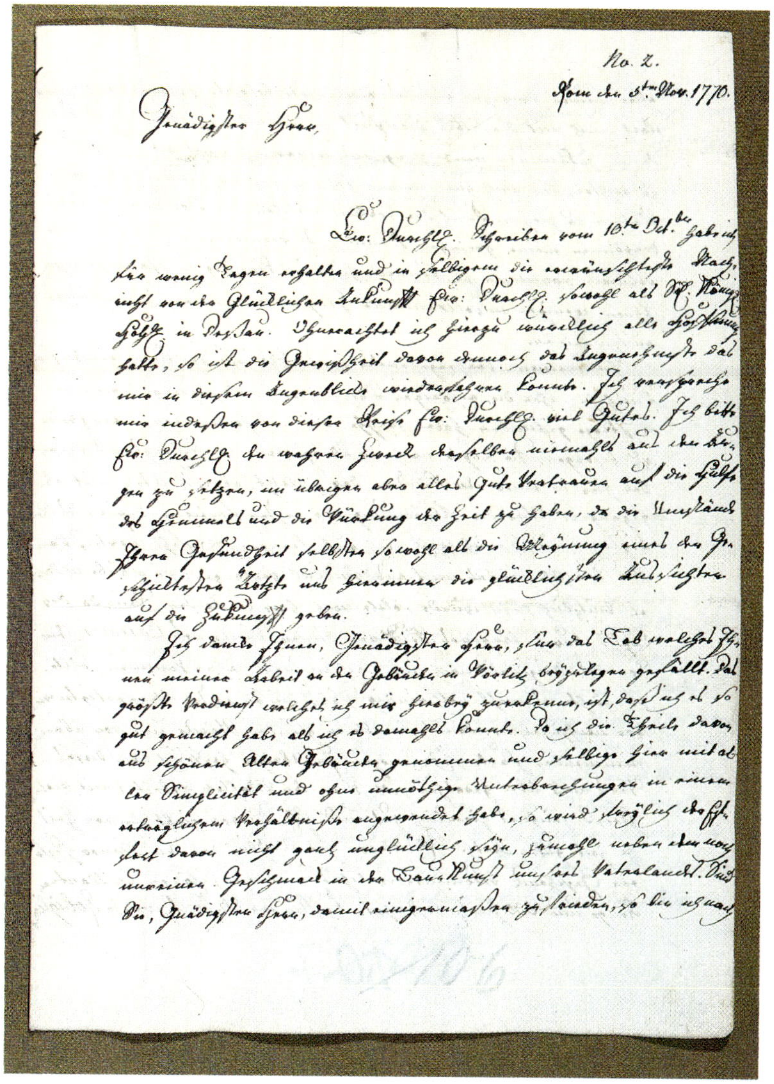

No. 2.

Rom den 5ten Nov. 1770.

Gnädigster Herr,

Ew: Durchl. Schreiben vom 10ten Oct.br habe ich vor wenig Tagen erhalten und in selbigem die erwünschteste Nachricht von der Glücklichen Ankunft Ew: Durchl. sowohl als Ihro Königl. Hoheit in Dessau. Ohnerachtet ich hierzu würcklich alle Hoffnung hatte, so ist die Gewißheit davon dennoch das Angenehmste das mir in diesem Augenblicke wiederfahren konnte. Ich verspreche mir indessen von dieser Reise Ew: Durchl. viel Gutes. Ich bitte Ew: Durchl. den wahren Zweck derselben niemahls aus den Augen zu setzen, im übrigen aber alles Gute Vertrauen auf die Hülfe des Himmels und die Würkung der Zeit zu haben, da die Umstände Ihrer Gesundheit selbsten sowohl als die [illegible] eines der geschicktesten Ärzte uns [illegible] die glücklichsten Aussichten auf die Zukunft geben.

Ich dancke Ihnen, Gnädigster Herr, für das Lob welches Ihnen meiner Arbeit an dem Gebäude in Wörlitz beyzulegen gefällt. Das größte Verdienst welches ich mir hierbey zurechnen, ist, daß ich es so gut gemacht habe als ich es damahls konnte. Da ich die Theile davon aus schönen Alten Gebäuden genommen und selbige hier mit aller Simplicität und ohne unnöthige Unterbrechungen in einem erträglichem Verhältnisse angewandt habe, so wird [illegible] dasselbe davon nicht ganz unglücklich seyn, zumahl neben dem noch unreinen Geschmack in der Baukunst unsers Vaterlandes. Und Sie, Gnädigster Herr, damit einigermaßen zu [illegible], so bin ich [illegible]

Das Standbild des Fürsten Franz läßt eher einen Militär als einen friedliebenden Kulturförderer vermuten; so wenig wurde sein Wirken bereits einige Jahrzehnte nach seinem Tode verstanden. Bronzedenkmal 1858 von August Kiß

Am 6. Oktober 1757 bittet Franz seinen Vormundschaft und Regentschaft führenden Onkel Dietrich um Erlaubnis zum Ausscheiden aus der preußischen Armee; 1756 war er mit Erdmannsdorff bekannt geworden (s. S. 204)

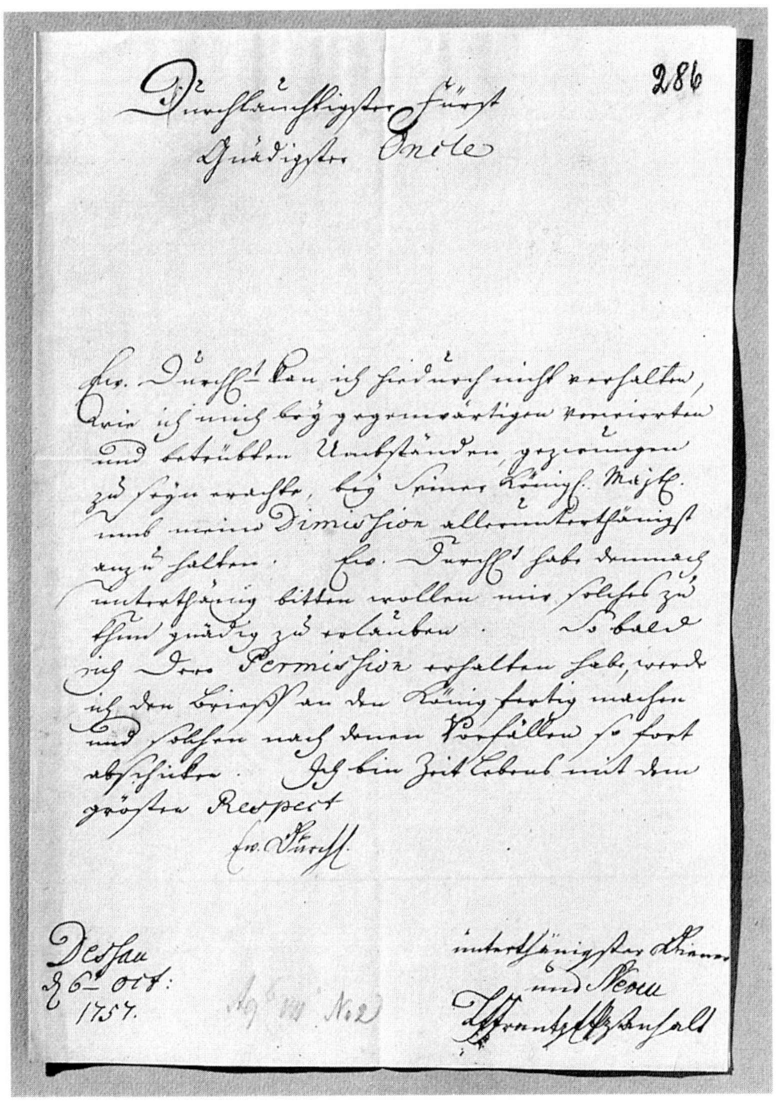

286

Durchlauchtigster Fürst
Gnädigster Oncle

Ew. Durchl. kan ich hierdurch nicht verhalten, daß ich mich bey gegenwärtigen verwirrten und betrübten Umbständen gezwungen zu seyn erachte, bey Seiner Königl. Majt. um meine Dimission allerunterthänigst anzuhalten. Ew. Durchl. habe dannenhero unterthänig bitten wollen mir solches zu thun gnädig zu erlauben. So bald ich den Permission erhalten habe, werde ich den brieff an den König fertig machen und solchen nach denen Vorfällen so fort abschicken. Ich bin Zeitlebens mit dem grösten Respect

Ew. Durchl.

Dessau
26. Oct.
1757.

unterthänigster Diener
und Neveu
Leopold Friedrich Franz F. z. Anhalt

Als Fürst Leopold III. Friedrich Franz 1757 aus der preußischen Armee ausschied, brach er radikal mit der hundertjährigen Tradition seiner Familie. Kein anderes Fürstenhaus hatte der preußischen Armee so viele Generale und Feldmarschälle gestellt. Trotz Repressalien Friedrichs II. von Preußen gelang es Franz, große Teile seines umfassenden Kunst- und Reformprogramms zu verwirklichen. Seine Furcht vor dem mächtigen Nachbarn endete aber erst 1786 mit dessen Tod

Fürst Franz muß dem Herzog von Braunschweig-Lüneburg die Erfüllung seiner Bitte, einen empfohlenen Kandidaten in Dienst zu nehmen, abschlagen, da er noch mit der Tilgung seiner Schulden befaßt ist. »Die Anzahl meiner Hofbedienten ist gering, und in der hiesigen Lebensart herrscht viel Stille …«. 1782

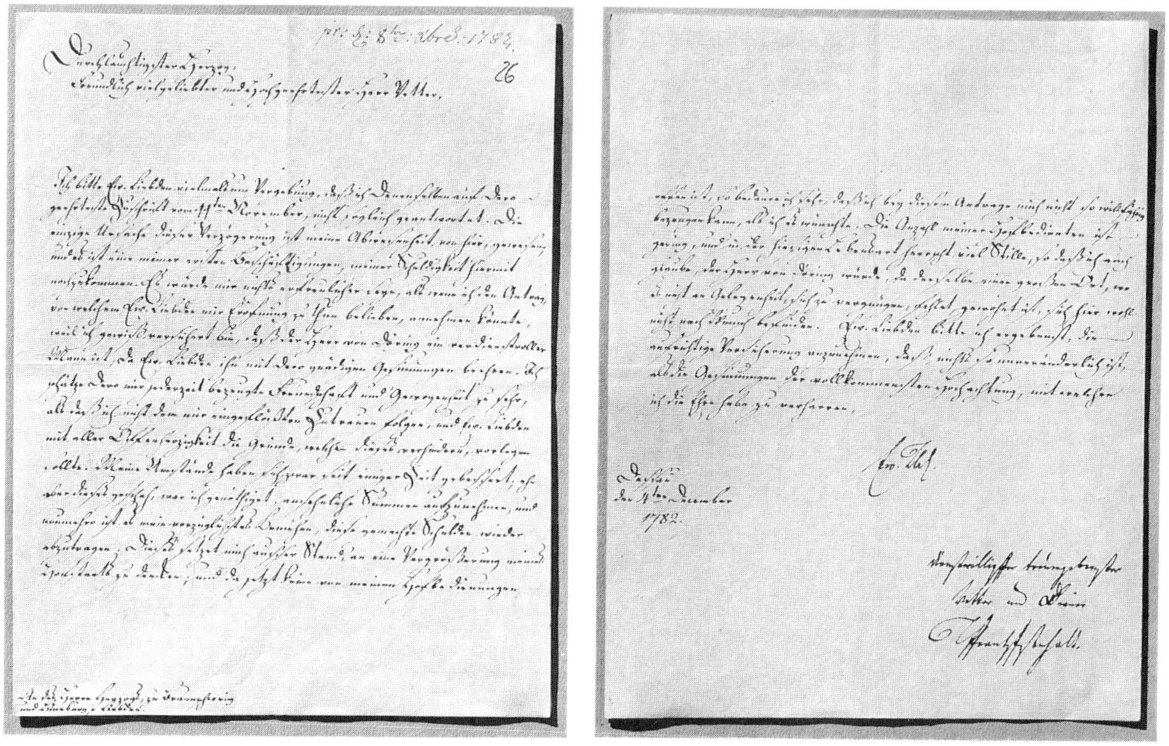

Eisschrank und moderner eiserner Ofen aus Schloß Wörlitz, um 1770

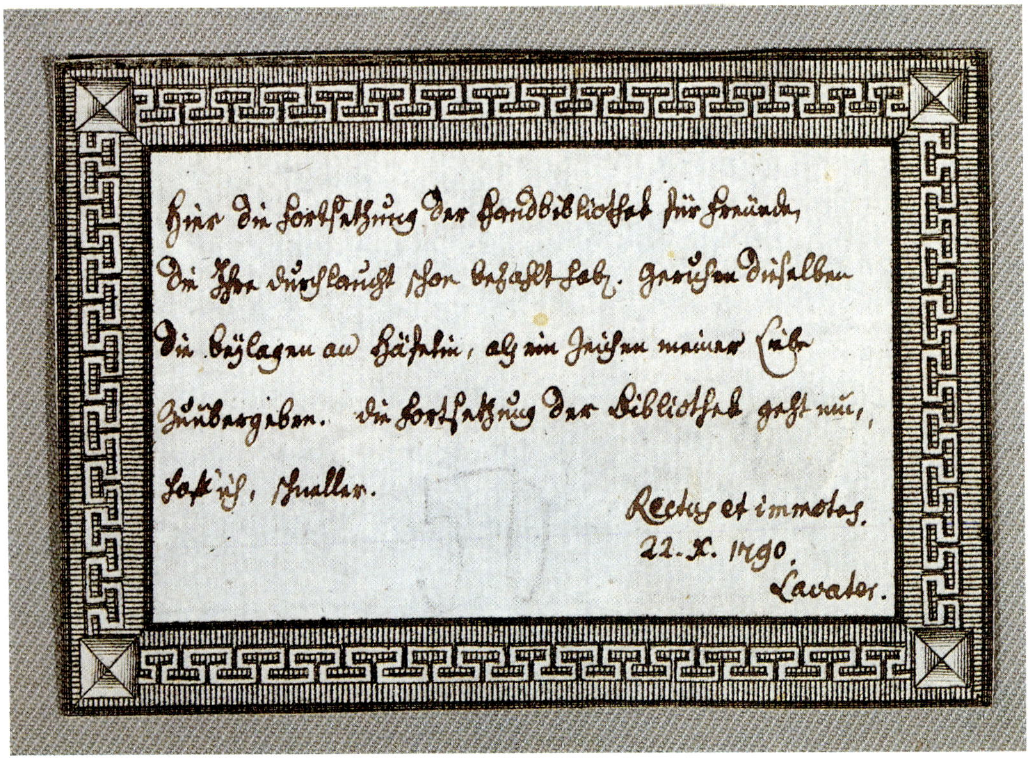

Hier die Fortsetzung der Handbibliothek für Freunde,
die Ihro Durchlaucht schon erhalten haben. Geruhen dieselben
die Beylagen an Häfeli, als ein Zeichen meiner Liebe
zu übergeben. Die Fortsetzung der Bibliothek geht nun,
hoff' ich, schneller.

Rectus et immotus.
22. X. 1790.
Lavater.

Bibliothek des Schlosses Wörlitz mit den Porträts der geistigen Väter der Reformer an den Wänden. Schriftsteller, Philosophen, Gesetzgeber, Naturwissenschaftler, Historiker und Architekten sind jeweils auf einzelnen Wandflächen zusammengefaßt

Der Schweizer Pfarrer und Physiognom Johann Caspar Lavater übersendet dem Fürsten Bücher mit der Bitte, die Beilagen an seinen Schweizer Landsmann Häfeli zu übergeben. Häfeli war als Prediger an die Wörlitzer Kirche gekommen. 22. Oktober 1790

Musikzimmer des Wörlitzer Schlosses mit Deckendetail. Auch der Floratempel im Wörlitzer Garten war für die Musikpflege bestimmt. Friedrich Wilhelm Rust hob das Dessauer Musikleben auf eine bis dahin ungekannte Höhe und galt als einer der Vorläufer Beethovens

Die Wörlitzer Anlagen bedeuteten in der Gartengeschichte den endgültigen Durchbruch zum landschaftlichen, »englischen« Stil. Knapp 50 Jahre lang geformt, wurden sie unter Fürst Franz' unmittelbarer Leitung von noch barocken Elementen frei und endeten zeitlich mit den weiträumigen Gestaltungen des Ostteiles.

Der Garten stand von vornherein allen Interessenten offen; ohne Grenzen geht er in die Landschaft über. Selbst das Landhaus (Schloß) war zur Besichtigung freigegeben.

Wörlitz war auch gedacht als ein Freilichtmuseum älterer und neuester Technik; sie sollte mit Ökonomie und Kunst stets eine Einheit bilden

Beſchreibung
des
Fürſtlichen Anhalt-Deſſauiſchen
Landhauſes
und
Engliſchen Gartens
zu
Wörlitz;
von
Auguſt Rode.
Mit 5 Kupfern.
Deſſau,
Auf Koſten des Erziehungs-Inſtituts, und in Commiſſion
bei S. L. Cruſius, in Leipzig.
1788.

Titelblatt der von August (von) Rode 1788 herausgegebenen Beschreibung. Die zahllosen, nach Wörlitz strömenden Besucher bedurften einer Einführung, um möglichst viele der in den Bildungspark hinein komponierten ideellen Anspielungen zu verstehen

Der Warnungsaltar von 1800 enthält den vielleicht frühesten Aufruf zum Schutz der Umwelt: »Wanderer achte Natur und Kunst und schone ihrer Werke«

In seinem aufwühlenden Drama »Nathan der Weise« hatte Gotthold Ephraim Lessing den Gedanken der Toleranz zwischen Religionen und Weltanschauungen verkündet. Nur wenig später drückte Fürst Franz als Gartenschöpfer diese Idee dadurch aus, daß der Wörlitzer Synagoge ein markanter Platz im Park angewiesen wurde und man von der Goldenen Urne aus Kirche und Synagoge über zwei Blicklinien als gleichberechtigt erfassen kann

31

Die langen, schmalen, mit Bildungsabsichten konzipierten Sichtachsen sind ein charakteristisches Element des frühen Landschaftsgartens

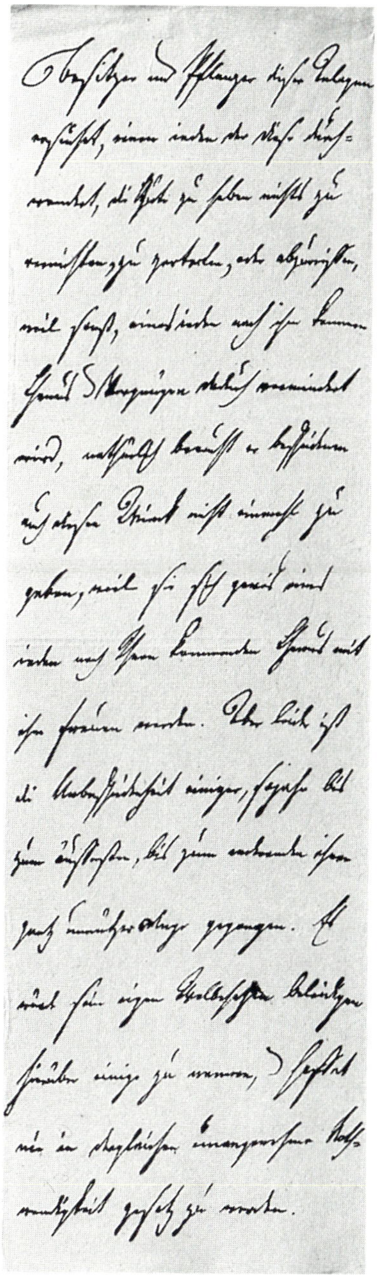

Fürst Franz als »Besitzer und Pfleger« bittet die Besucher um pflegliche Behandlung der Anlagen. Eigenhändiges Konzept des Fürsten vom Juni 1793 (s. S. 204)

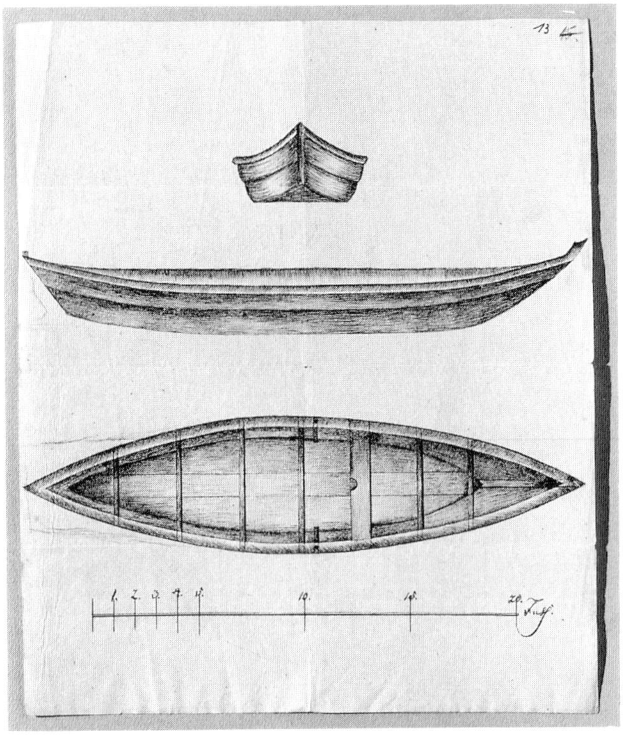

1780 wurden von Altona auf dem Wasserweg über Magdeburg hölzerne Gondeln nach Wörlitz transportiert. Die Gondelfahrt auf den natürlichen Gewässern und den Kanälen zeigt den Garten der Aufklärung aus besonders reizvollen Perspektiven

Die modernste Brücke der damaligen Welt, die gußeiserne Brücke über den Severn nordöstlich von London, wurde 1791 in Wörlitz nachgebildet

Entwurf Erdmannsdorffs zum Wörlitzer Wirtschaftshof. Das 1783 bis 1785 aufgeführte Gebäude wurde beispielgebend für ästhetisch gestaltete Wirtschaftsbauten

Auf Anweisung des Fürsten Franz muß die Rentkammer dafür sorgen, daß in den Dörfern Weiden angepflanzt und gemeinschaftliche Backhäuser zur Einsparung von Brennholz errichtet werden (s. S. 204)

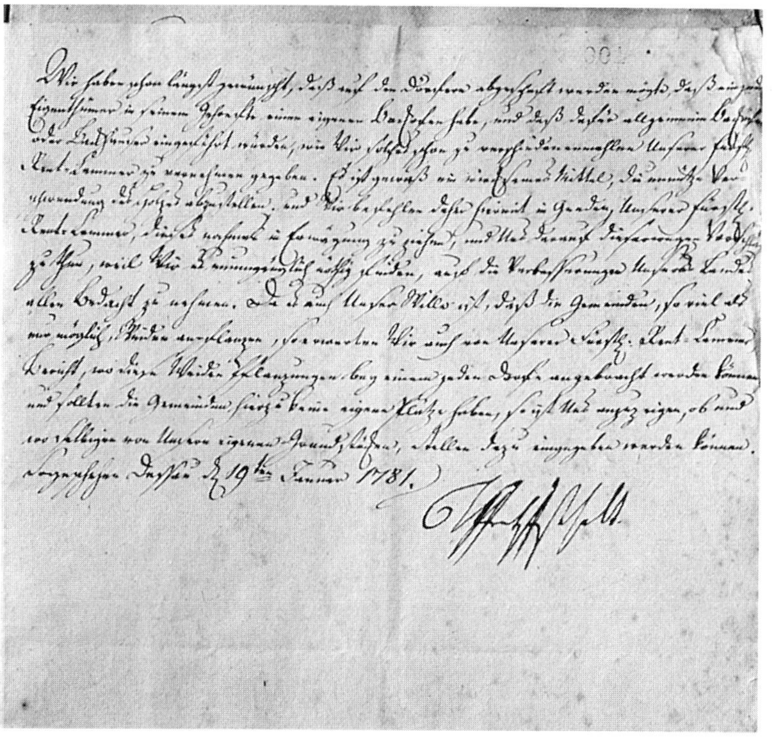

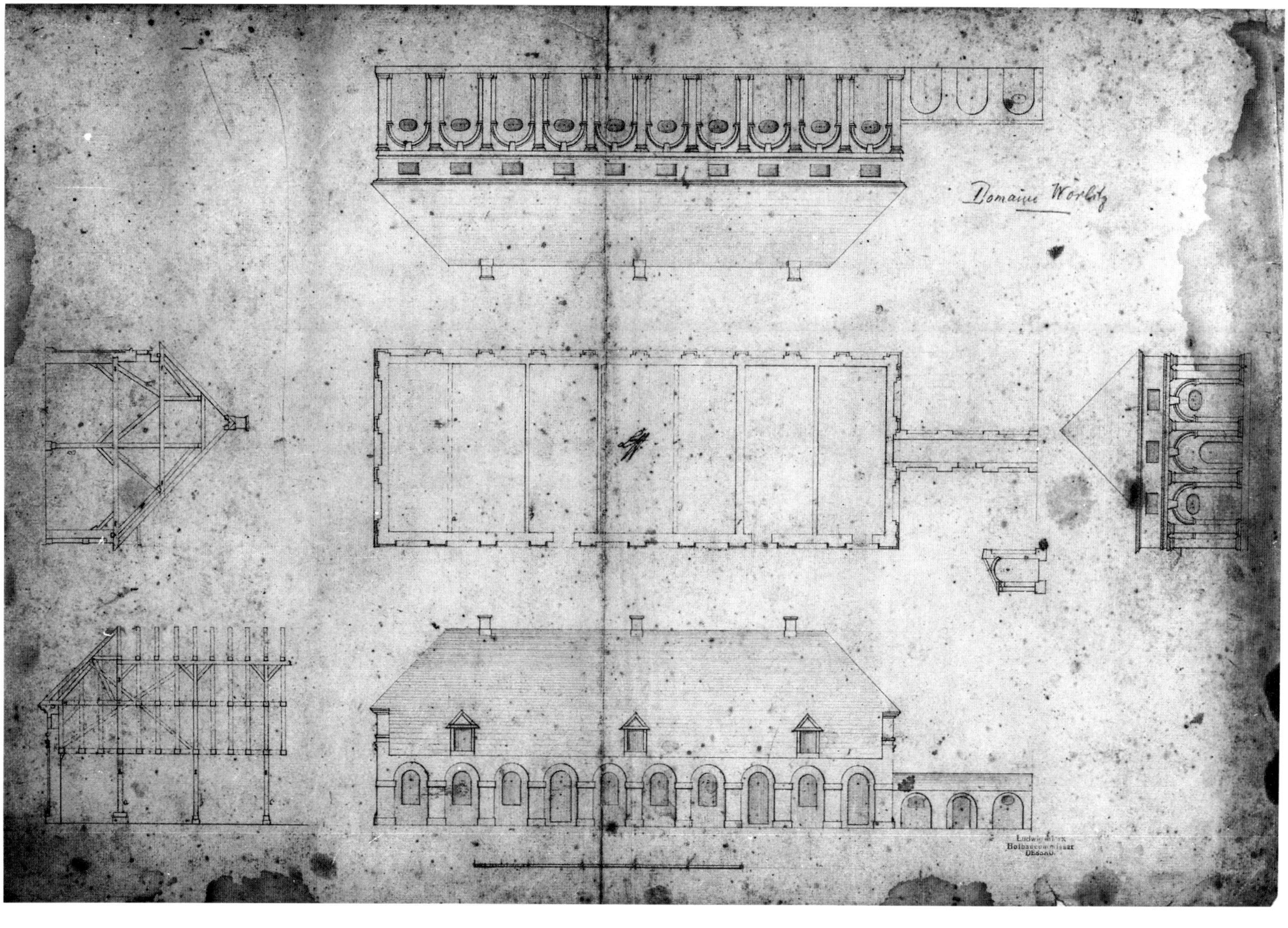

Nicht nur für den Klassizismus sondern auch für die Neugotik war Wörlitz Ausgangspunkt auf dem europäischen Festland. Am Gotischen Haus wurde rund vier Jahrzehnte lang gebaut. Hier wohnte Fürst Franz und brachte seine Lieblingssammlungen unter.

Auf der Wiese davor weidete Vieh; die heutigen Nadelgehölze entsprechen nicht dem originalen Zustand. Wie an vielen Stellen des Gartens waren auch hier Obstbäume gepflanzt, um die Identität von Schönem und Nützlichem den Besuchern vor Augen zu führen

Der größte Teil der berühmten Glasgemälde des Gotischen Hauses stammt aus der Schweiz; so auch die Darstellung des biblischen Gleichnisses vom verlorenen Sohn. Zürich um 1590

Gartenseite des Gotischen Hauses (nach 1785)

Der ästhetischen Erziehung sollte auch die Verbreitung geschmackvoller älterer und zeitgenössischer Werke der bildenden Kunst dienen. Die seit 1796 wirkende Chalkographische Gesellschaft ließ unter Erdmannsdorffs künstlerischer und Bertuchs kaufmännischer Leitung preiswerte Kupferstiche von hervorragenden Künstlern herstellen. Ein weiteres Ziel war die Beseitigung des englischen Monopols auf diesem Gebiet. Es gelang, viele Erzeugnisse bis nach Nordamerika zu verkaufen

67

No. XVII.

Auf Seiner Hochfürstl. Durchl. gnädigsten Befehl.

Fürstl. Anhalt-Dessauische wöchentliche öffentliche Nachrichten.

Den 10ten September 1763.

Nachdem man seit geraumer Zeit, in Ansehung des Gesinde-Lohns, eine große Unordnung wahrgenommen, welche auch noch bis jetzo fortdauert, dergestalt, daß die Dienst-Bothen ohngeachtet der bessern Zeiten, und des jetzo coursirenden alten und guten Geldes, dennoch ein übermäßiges Lohn fordern, auf der andern Seite aber, die Brod-Herrn sich untereinander die Dienst-Bothen, durch dergleichen starkes Lohn geben, abspenstig machen, und sie dadurch in ihrer unbilligen Forderung verstärken; als hat man Hochfürstlicher Rent-Kammer wegen unumgänglich nöthig erachtet, desfalls eine andere Einrichtung zu machen, und nachstehendes Lohn, von Michael a. c. fest zu setzen, nach welcher

1) Der Hofmeister mit seiner Frau	22 Rthlr.
2) Der erste Pferde-Knecht	20
3) Die folgenden Pferde-Knechte, ein jeder	19
4) Ein Encke	12
5) Ein Ochsen-Junge	8

6) Ein

Die seit 1763 wöchentlich erscheinenden »Öffentlichen Nachrichten« sorgten für eine verstärkte Kommunikation und machten einen gewichtigen Anteil an der verbesserten Information der Bevölkerung aus

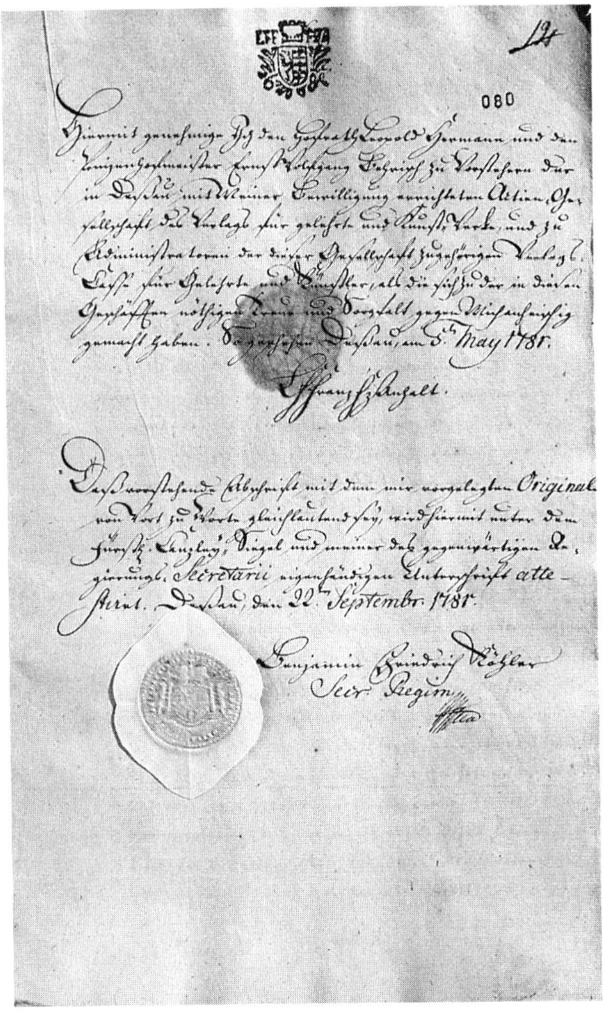

12

080

... Dessau, am 5. May 1781.

... Secretarii eigenhändigen Unterschrift atte-
stiret. Dessau, den 22. Septembr. 1781.

008

Nachricht

und

Fundations-Gesetze

von der

Buchhandlung der Gelehrten,

die

in der

Fürstl. Anhalt. Residenzstadt Dessau

errichtet ist.

Dessau,

in der Buchhandlung der Gelehrten.

1781.

Genehmigung des Fürsten Franz zur Gründung der »Buchhandlung der Gelehrten« als Aktiengesellschaft und die gedruckte Nachricht von ihrer Gründung, 1781. In diesem Verlag erschien ein großer Teil der deutschen Aufklärungsliteratur. Er sollte junge Autoren durch Herausgabe ihrer Werke fördern und den Schriftstellern einen fairen Anteil am finanziellen Gewinn sichern

39 Solitüde Sieglitzer Berg am Elbufer 1800, J. Chr. Haldenwang nach H. Th. Wehle

Raststätte Haideburg südlich Dessau, 1782/83, J. Chr. Haldenwang

Raststätte Schwedenhaus zwischen Dessau und Wörlitz, 1784/85, J. Chr. Haldenwang

»In Frankreich geht man unter« meinte Fürst Franz und zielte damit auf die offiziellen Verhältnisse des auf die Revolution zutreibenden Landes. Verehrung dagegen brachten die Dessau-Wörlitzer den französischen Aufklärern – besonders Jean Jacques Rousseau – entgegen, deren Ideen die Richtschnur der Reformen bildeten. Rousseaus erste Ruhestätte in Ermenonville bei Paris wurde 1782 programmatisch an exponierter Stelle der Wörlitzer Anlagen nachgebildet

Entgegen der herrschenden Meinung nannte Fürstin Luise von Anhalt-Dessau in ihrem Tagebuch Rousseau einen »sehr angenehmen und dem Verstande nützlichen Gesellschafter«. Zusammen mit dem Fürsten hatte sie den großen Philosophen am 16. Oktober 1775 in seiner Pariser Wohnung besucht und mit ihm über Erziehungsfragen, Musik und England geplaudert (s. S. 204)

Blick auf die Rousseau-Insel

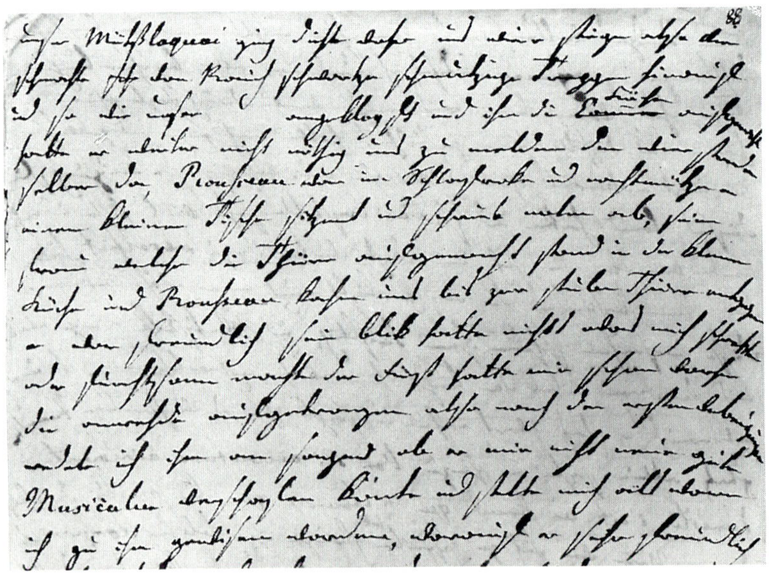

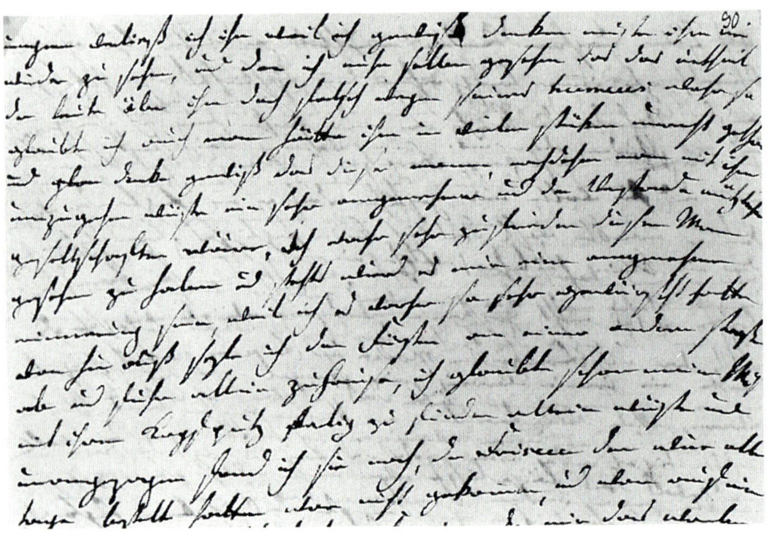

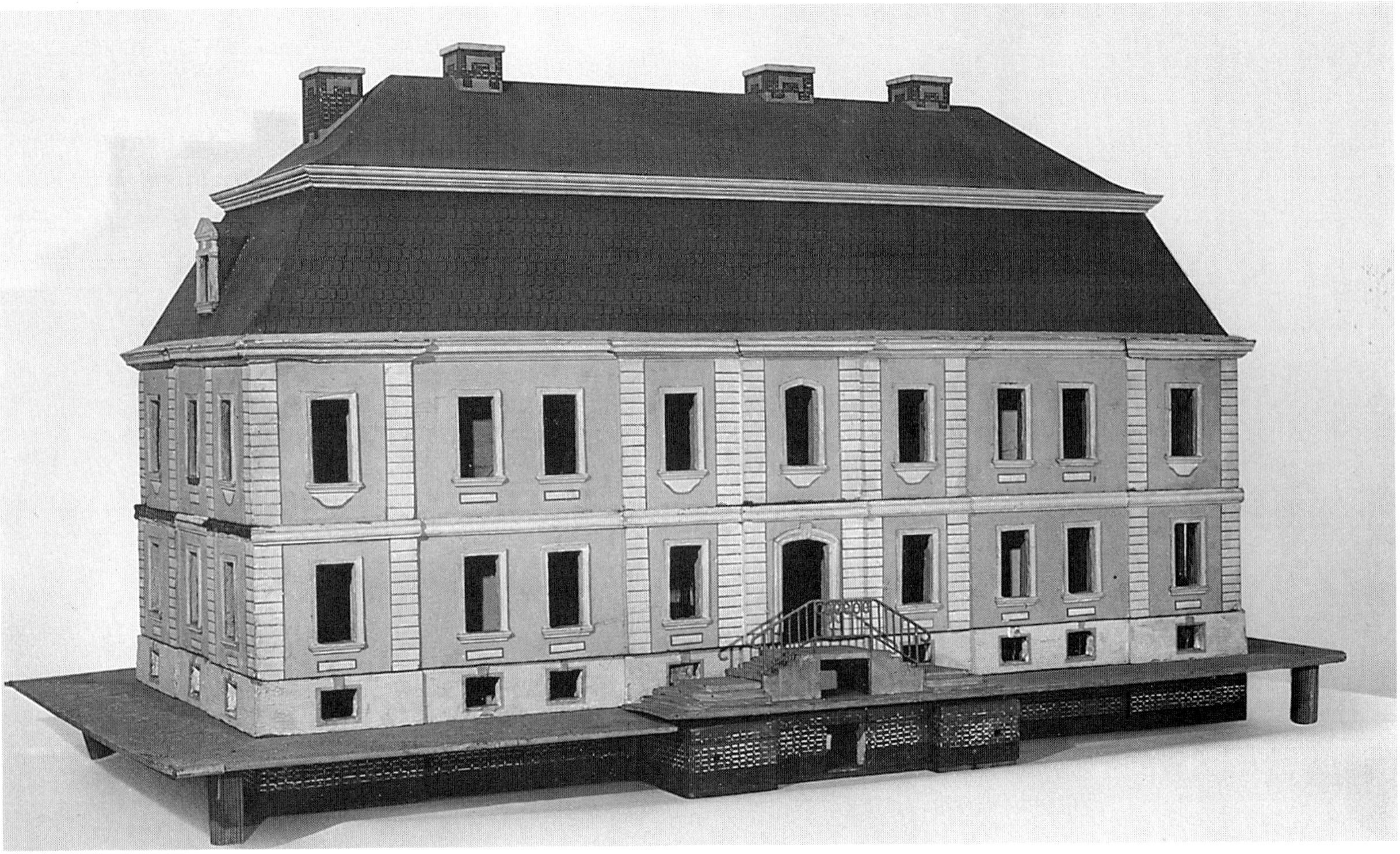

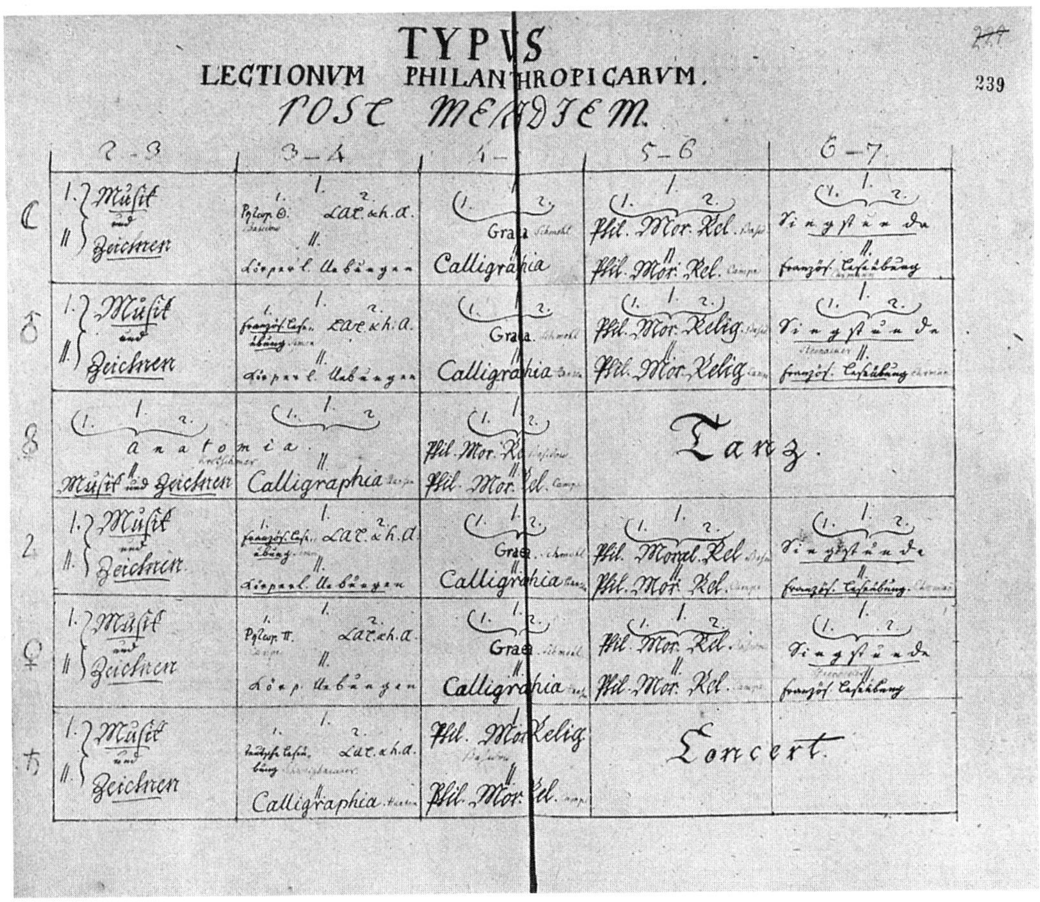

TYPUS
LECTIONUM PHILANTHROPICARUM.
POST MERIDIEM.

239

	2–3	3–4	4–5	5–6	6–7
☾	I. Musik und II. Zeichnen	1. Philosoph. 2. Lat. a. h. d. II. Körperl. Uebungen	1. 2. Graeca II. Calligraphia	1. 2. Phil. Mor. Rel. II. Phil. Mor. Rel.	1. 2. Singstunde II. französ. Leseübung
♂	I. Musik und II. Zeichnen	1. französ. Leseübung 2. Lat. a. h. d. II. Körperl. Uebungen	1. 2. Graeca II. Calligraphia	1. 2. Phil. Mor. Relig. II. Phil. Mor. Relig.	1. 2. Singstunde II. französ. Leseübung
☿	1. 2. anatomia II. Musik und Zeichnen	II. Calligraphia	1. 2. Phil. Mor. Rel. II. Phil. Mor. Rel.	Tanz.	
♃	I. Musik und II. Zeichnen	1. französ. Leseübung 2. Lat. a. h. d. II. Körperl. Uebungen	1. 2. Graeca II. Calligraphia	1. 2. Phil. Moral. Rel. II. Phil. Mor. Rel.	1. 2. Singstunde II. französ. Leseübung
♀	I. Musik und II. Zeichnen	1. Philosoph. II. 2. Lat. a. h. d. II. Körperl. Uebungen	1. 2. Graeca II. Calligraphia	1. 2. Phil. Mor. Rel. II. Phil. Mor. Rel.	1. 2. Singstunde II. französ. Leseübung
♄	I. Musik und II. Zeichnen	1. deutsche Leseübung 2. Lat. a. h. d. II. Calligraphia	Phil. Mor. Relig. II. Phil. Mor. Rel.	Concert	

Von Zöglingen des 1774 gegründeten Philanthropinums im Werkunterricht angefertigtes Modell – wahrscheinlich ihres Schulgebäudes in Dessau, des früheren Stadtpalais des Fürsten Dietrich. – Das Wirken Johann Bernhard Basedows machte Dessau zum Zentrum der damals modernsten Erziehungswissenschaft und -praxis

Wochenplan der Unterrichtsfächer im Philanthropinum

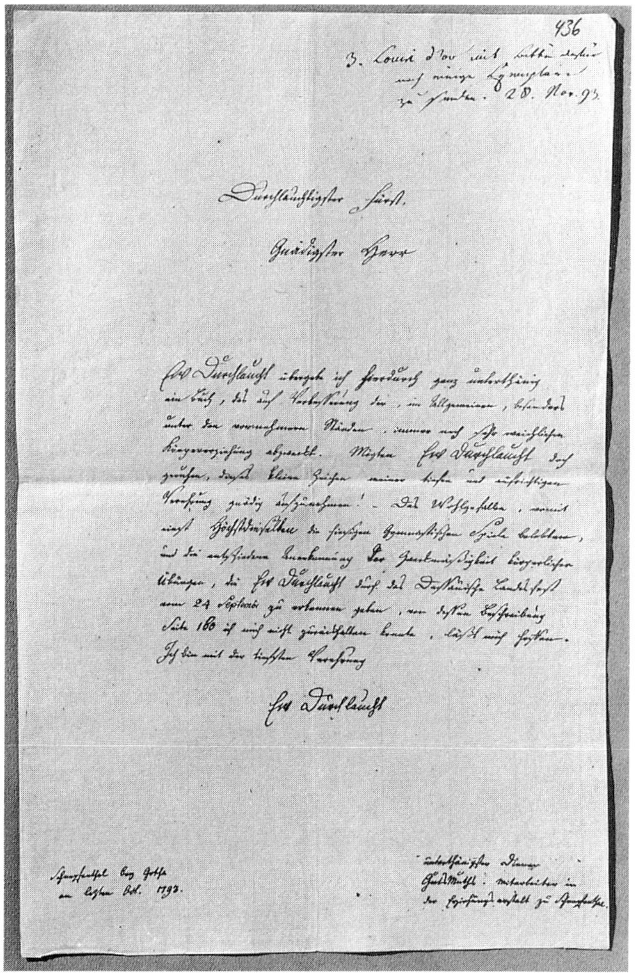

GutsMuths übersendet dem Fürsten Franz aus Schnepfenthal sein Werk über die Körpererziehung. Darin beschreibt er das jährliche Volkssportfest am Drehberg als »wieder aufgelebte Olympische Spiele«

Der Drehberg bei Wörlitz. Hier fanden von 1776 bis 1799 die Drehbergfestspiele mit Wettkämpfen in verschiedenen Sportarten statt. Daß auch Mädchen an den Wettbewerben teilnehmen durften, ging über das antike Vorbild hinaus. Zeichnung von F. le Bert de Bar

Gouache von Charles-Louis Clérisseau, dem römischen Lehrer Erdmannsdorffs und anderer frühklassizistischer Baumeister

Kaiserin Katharina II. von Rußland antwortet im Oktober 1785 auf einen Brief des Fürsten Franz, in dem dieser sich für Charles-Louis Clèrisseau eingesetzt hatte. Später hat Clèrisseau selber am Entwurf klassizistischer Bauten in Rußland mitgewirkt

1782 wurde im Weimarer Ilmpark ein großer Gedenkstein errichtet und 1787 mit der lateinischen Inschrift »Dem Fürsten Franz von Dessau« versehen. – Er ist nur eines der Zeichen dafür, daß das klassische Weimar die Vorbildrolle der Bestrebungen in Dessau-Wörlitz gern und dankbar anerkannte. Goethe besuchte Anhalt-Dessau häufig und erlebte Wörlitz als »leises Traumbild«, das sich in seinem Roman »Die Wahlverwandtschaften« vielfach widerspiegelt

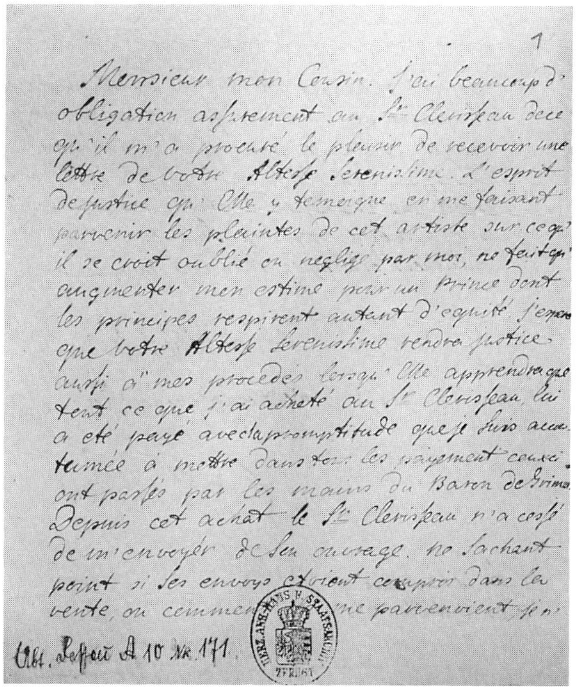

1

Monsieur mon Cousin. J'ai beaucoup d'obligation assurement au Sr Clerisseau de ce qu'il m'a procuré le plaisir de recevoir une lettre de votre Altesse Serenissime. L'esprit de justice qu'Elle y temoigne en me faisant parvenir les plaintes de cet artiste sur ce qu'il se croit oublié ou negligé par moi, ne fait qu'augmenter mon estime pour un Prince dont les principes respirent autant d'equité. J'espere que votre Altesse Serenissime rendra justice aussi à mes procedes lorsqu'Elle apprendra que tout ce que j'ai acheté du Sr Clerisseau lui a eté payé avec la promptitude que je suis accoutumée à mettre dans tous les payements convenus ont passés par les mains du Baron de Grimm. Depuis cet achat le Sr Clerisseau n'a cessé de m'envoyer de son ouvrage, ne sachant point si ses envoys etoient compris dans la vente, ou comment [illegible] ne parvenoient [illegible]

Abt. Repert A 10 Nr 171

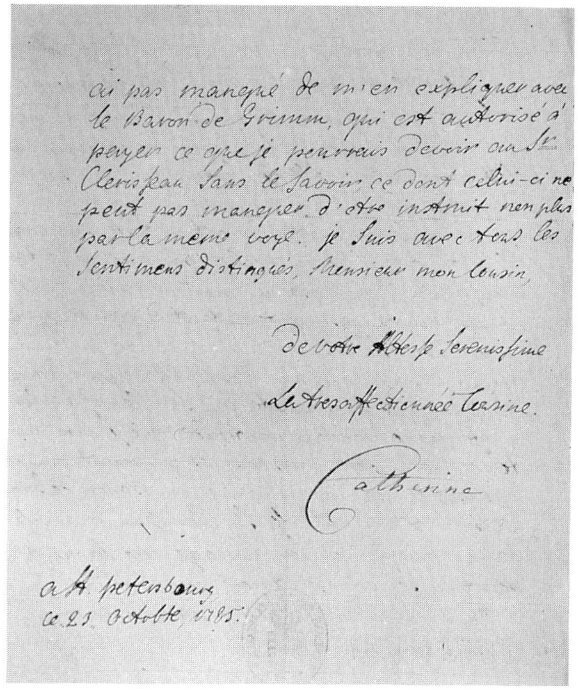

ai pas manqué de m'en expliquer avec le Baron de Grimm, qui est autorisé à payer ce que je pourrais devoir au Sr Clerisseau sans le savoir ce dont celui-ci ne peut pas manquer d'etre instruit non plus par la meme voye. Je suis avec tous les Sentiments distingués, Monsieur mon Cousin,

de votre Altesse Serenissime

La tres affectionnée Cousine.

Catherine

à St petersbourg ce 21 octobre 1785.

Die als besonders empfindsam geltende Fürstin Luise (geb. von Brandenburg-Schwedt) öffnete das Areal des Luisiums nur an zwei Nachmittagen in der Woche für das Publikum. 1780

Fürstin Luise von Anhalt-Dessau, Kopie eines Gemäldes von Heinrich Olivier. 1812

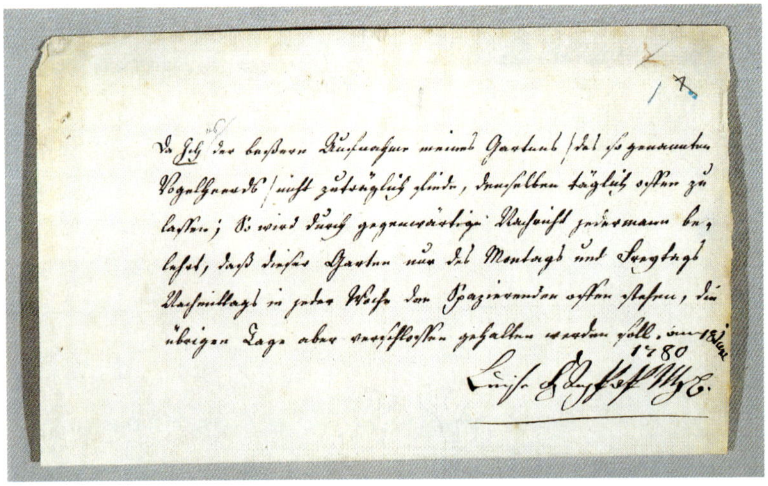

Da sich der bessern Aufsicht meines Gartens (das sogenannte Vogelherdt) nicht zulänglich finde, denselben täglich offen zu lassen; so wird durch gegenwärtige Nachricht jedermann bekannt, daß dieser Garten nur des Montags und Freytags Nachmittags in jeder Weise den Spaziergängern offen stehen, die übrigen Tage aber verschlossen gehalten werden soll. den 12ten Juni 1780

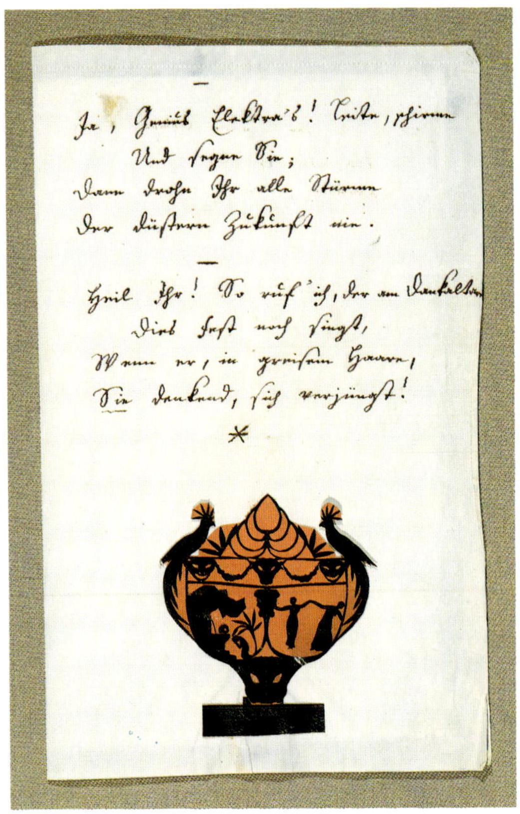

Ja, Gemüt Elektra's! Tritt, schirmen
Und segnen Sie;
Denn drohn Ihr alle Stürme
Der düstern Zukunft ein.

Heil Ihr! So ruf ich, der am Denkaltar
Dies Lied noch singt,
Wenn er, in greisem Haare,
Sie dankend, sich verjüngt!

Geburtstagsbillett für die Fürstin Luise von Friedrich von Matthisson, dem als Vorleser in ihren Diensten stehenden Dichter. Er gilt als meistgelesener Lyriker der Goethe-Zeit und ist in Wörlitz begraben. Sein Gedicht »Adelaide« ist in der Vertonung Beethovens heute noch bekannt

Luisenhaus und Luisengarten zeichnen sich durch besonders feine Proportionen aus. Im Anschluß an die Fertigstellung des Wörlitzer Schlosses 1773 wird das Schlößchen nach Erdmannsdorffs Plänen errichtet

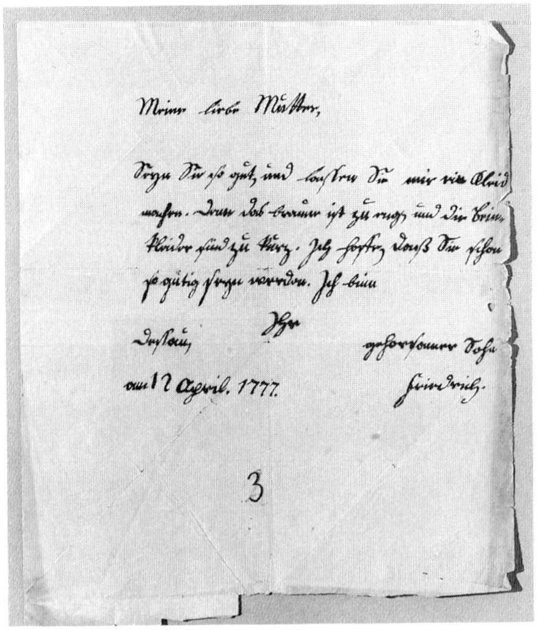

Meine liebe Mutter,

Seyen Sie so gut, und lassen Sie mir ein Kleid machen. Denn das braune ist zu enge und die Beinkleider sind zu kurz. Ich hoffe, daß Sie schon so gütig seyn werden. Ich bin

Dessau, Ihr gehorsamer Sohn

am 12 April. 1777. Friedrich.

3

Der siebenjährige Erbprinz Friedrich bittet um Ersatz für seinen nicht mehr passenden Anzug

Das Spiegelkabinett im Luisenhaus zeigt Erdmannsdorffs Könnerschaft in der Aufnahme rokokesker Elemente und ihrer harmonischen Einbindung in den frühen Klassizismus

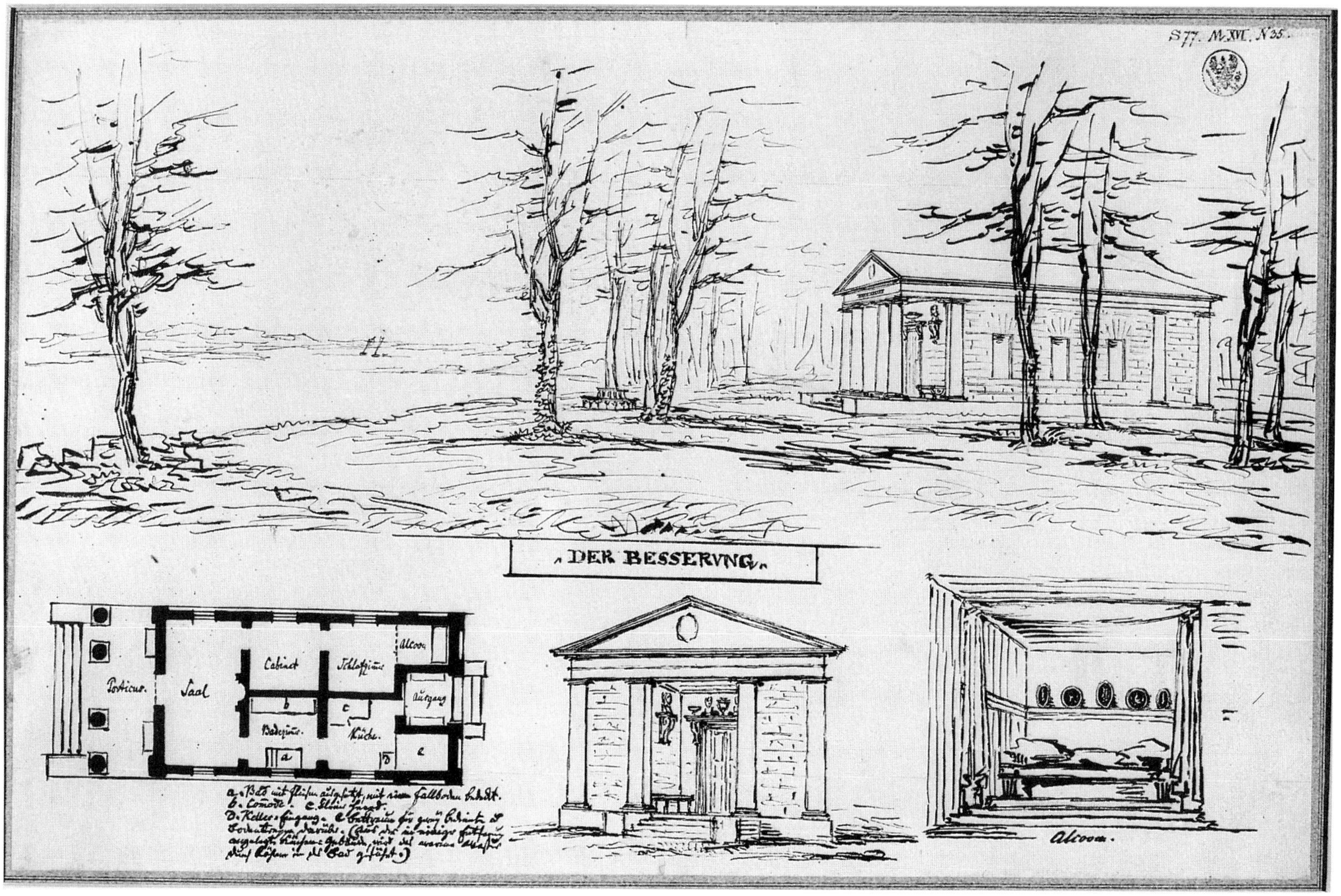

Die Solitüde im Garten Sieglitzer Berg an der Elbe zwischen Dessau und Wörlitz 1777 bis 1783 errichtet. Hier gezeichnet von Erdmannsdorffs Berliner Schüler Friedrich Gilly, der auch von der französischen Revolutionsarchitektur stark beeinflußt wurde

Ehemalige Muldbrückenhäuser in Dessau, nach Erdmannsdorffs Entwurf 1796/97. Erdmannsdorff wollte keineswegs nur Schlösser bauen. Das ganze Gartenreich überzog sich mit Bauwerken nach seinen Entwürfen, z.B. Schulen, Wach- und Torhäusern, Wirtschaftsgebäuden

Phantasiegemälde des Historienmalers Wilhelm Pape von 1910: Anlage des Rondells in Dessau 1781. Fürst Franz und seine beiden Brüder mit Erdmannsdorff, Berenhorst und dem Gärtner Eyserbeck. Rechts im Bild Fürstin Luise im Gespräch mit Goethe; in ihrem Gefolge Basedow und Matthisson

Der Ausgang des eigentlichen Schloßbaues in Anhalt bringt noch einmal einen Höhepunkt: Landhaus und Garten Georgium. Dieses um 1780 begonnene Ensemble ist keineswegs ein Klein-Wörlitz: In den Partien um das Schloß strenger, in den nördlichen bis zur Elbe reichenden Teilen großzügiger, besitzt es Eigenständigkeit und wurde von manchem Zeitgenossen den noch suchenden Gestaltungen in Wörlitz vorgezogen.

Nach diesem letzten Schloßbau Erdmannsdorffs werden in Anhalt nur noch wenige Stadtpalais und kleinere Gebäude errichtet, Schloßanbauten ausgeführt

Plan der Anlage des Georgengartens von J. F. Eyserbeck, nach 1780

Das Georgenhaus. F. W. v. Erdmannsdorff, nach 1780

Porträt des Fürsten Franz aus seinen mittleren Lebensjahren. Bis zu seinem Tode am 9. August 1817 versuchte er, die Errungenschaften der Dessau-Wörlitzer Kultur durch die Wirren der Zeit zu retten. Aquatinta von Ludwig Buchhorn um 1810

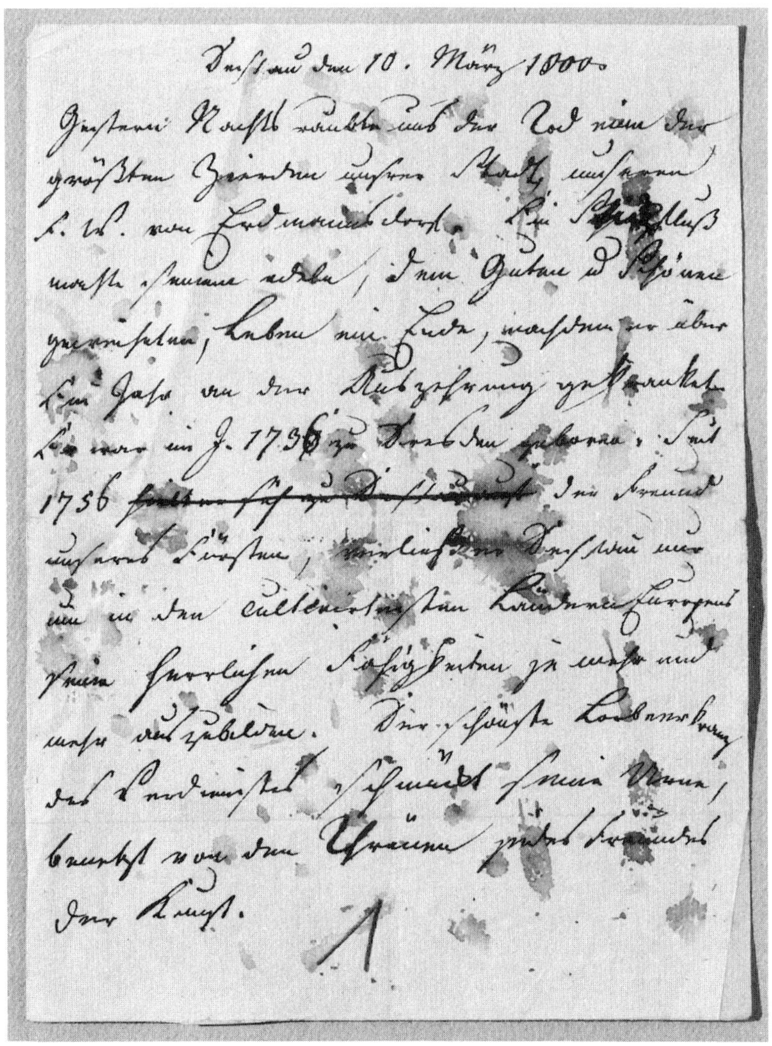

Dessau den 10. März 1800

Notiz über den Tod Erdmannsdorffs am 9. März 1800 in Dessau mit Tränenspuren. Mit ihm endete die Blütezeit des Dessau-Wörlitzer Reformwerks (s. S. 204)

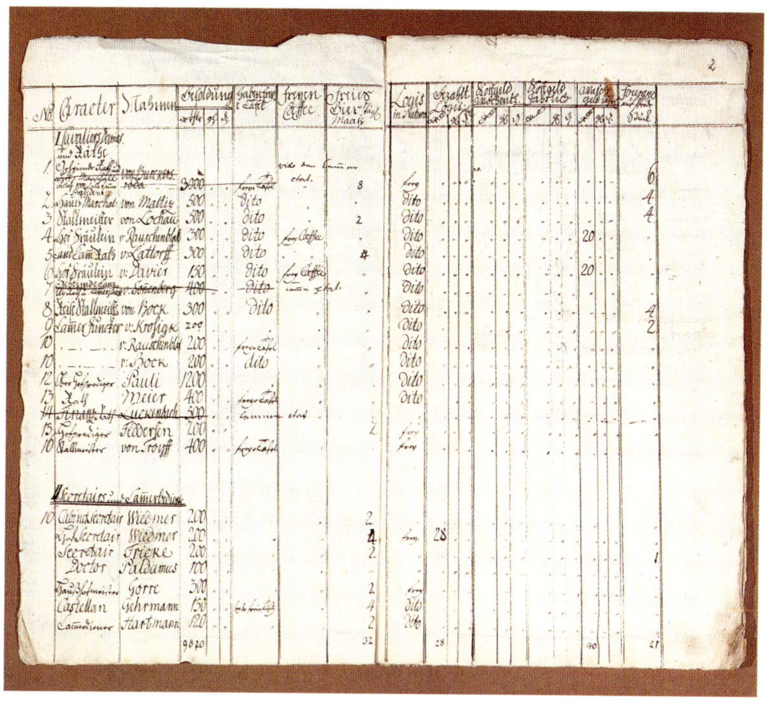

No.	Caracter	Nahmen	Besoldung rthlr	freye Tafel	freyen Caffee	Freye Bier Maass	Logis in Natura
	I Cavaliers, Dames und Räthe						
1	Geheimde Rath [illegible]	von Bueners roda	3000	freye Tafel	[illegible]	8	freye
2	Hauss Marschal	von Maltiz	500	dito			dito
3	Stallmeister	von Lochau	500	dito		2	dito
4	Hof Fräulein	v. Rauschenblat	300	dito	freyen Caffee		dito
5	Land Cam. Rath	v. Lattorff	300	dito		4	dito
6	Hof Fräulein	v. Davier	150	dito	freyen Caffee		dito
7	Geheimde Canz. [illegible]	v. Sonenberg	400	dito	[illegible]		dito
8	Reise Stallmeister	von Bock	300	dito			dito
9	Camer Juncker	v. Krosigk	200				dito
10	– –	v. Rauschenblat	200	freye Tafel			dito
10	– –	v. Bock	200	dito			dito
12	Ober Hofprediger	Pauli	1200				dito
13	Rath	Meier	400	freye Tafel			dito
14	Finanz Rath	Luckenbach	500	[illegible]			
15	Hofprediger	Feddersen	200			2	freye
16	Stallmeister	von Troyff	400	freye Tafel			freye
	II Secretaire und Camerbediente						
10	Cabinets Secretair	Wiedmer	200			2	
	Hof Secretair	Wiedmer	200			4	freye
	Secretair	Fricke	200			2	
	Doctor	Paldamus	100				
	Hauss Hofmeister	Gorre	300			2	freye
	Castellan	Gehrmann	150	[illegible]		4	dito
	Cammerdiener	Hartmann	120			2	dito
			9870			32	

Das aus einer Klosteranlage hervorgegangene Schloß Ballenstedt erhält seine endgültige Gestalt, nachdem es 1765 zur Residenz der Fürsten von Anhalt-Bernburg geworden war. – Das Baugeschehen in den anderen drei anhaltischen Fürstentümern wird von dem in Anhalt-Dessau in den Schatten gestellt

Besoldungsliste des Ballenstedter Hofstaates von 1766

Friedrich August, Fürst von Anhalt-Zerbst. Dieser Bruder der Zarin Katharina II. vermietet seine Soldaten an England für den Krieg gegen das revolutionäre Amerika und macht damit sein Ländchen zum negativen Gegenbild zu humanen Reformen in Dessau-Wörlitz

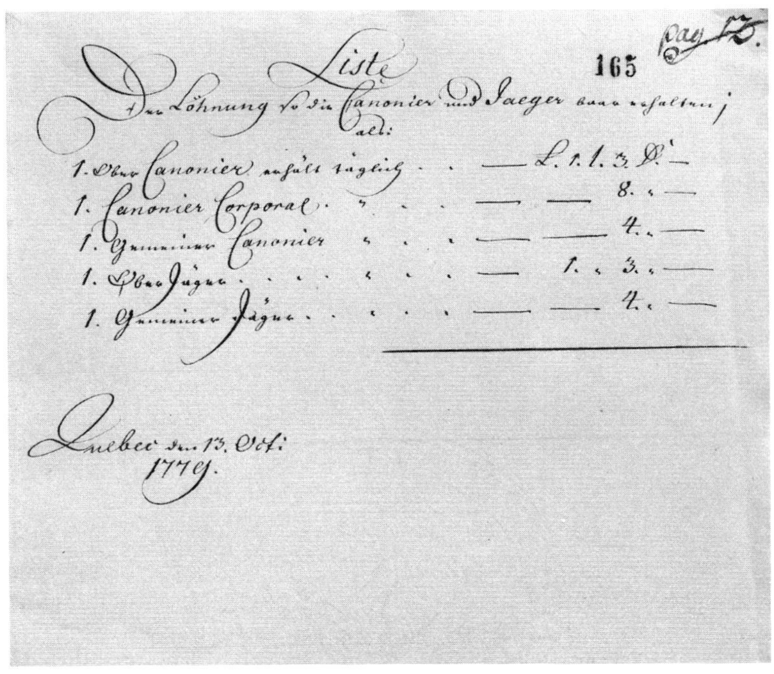

pag. 13.

165

Liste

Der Löhnung so die Canonier und Jaeger [illegible] erhalten; als:

1. Ober Canonier erhält täglich . . — £. 1. 1. 3. D. —
1. Canonier Corporal . . . . . — — 8. „ —
1. Gemeiner Canonier . . . . — — 4. „ —
1. Ober Jäger . . . . — 1. „ 3. „ —
1. Gemeiner Jäger . . . . . . — — 4. „ —

Quebec den 13. Oct:
1779.

Löhnungsliste des anhalt-zerbstischen Regiments aus Quebec. – Die Verschiffung war vom damals anhaltischen Jever an der Nordsee aus erfolgt

55

Napoleon in Dessau am 21. 10. 1806,
Zeichnung des Hofmalers H. Beck

1817 stirbt Fürst (seit 1807 Herzog) Franz im Luisium. Die von der Aufklärung geprägte Epoche der anhaltischen Schloßgeschichte war schon eher zu Ende gegangen. Grabstätte des Fürsten Franz und seiner Gemahlin Luise in der Kirche Dessau-Waldersee

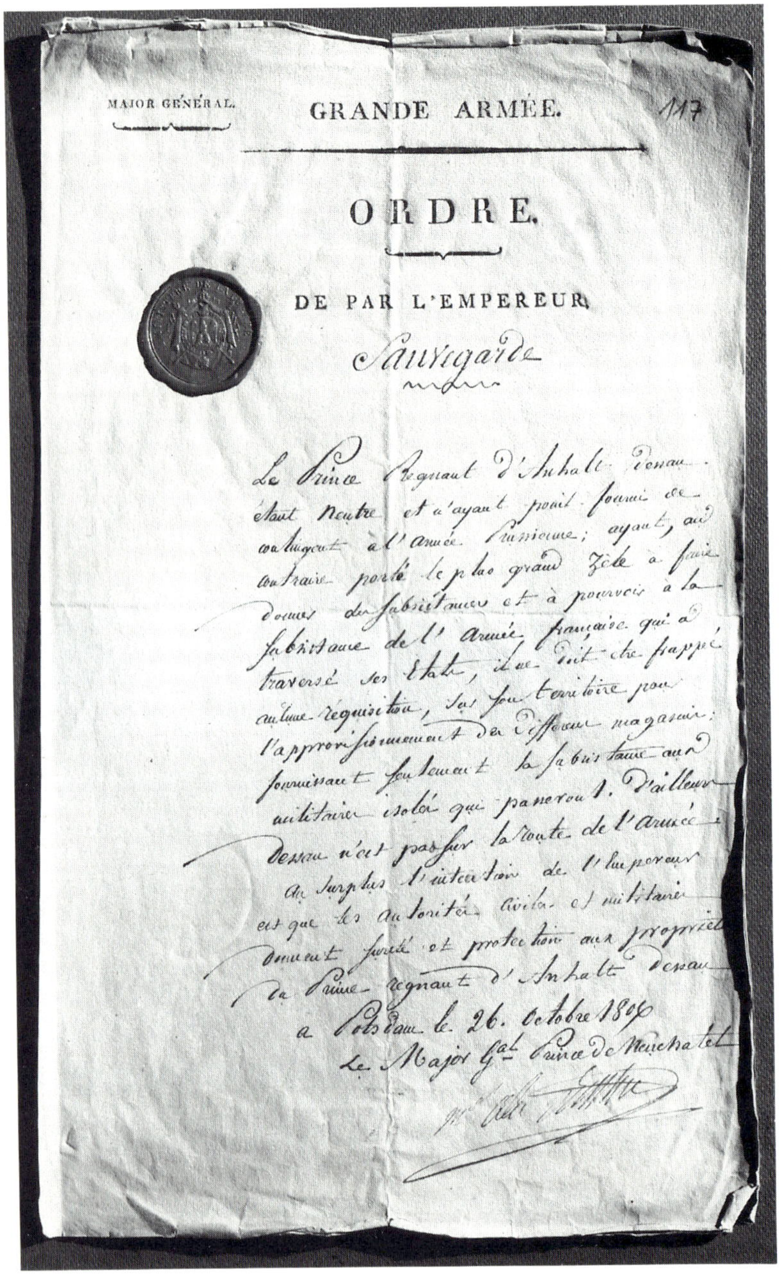

MAJOR GÉNÉRAL.

GRANDE ARMÉE.

117

ORDRE.

DE PAR L'EMPEREUR.

Sauvegarde

Le Prince Regnant d'Anhalt Dessau étant neutre et n'ayant point fourni de contingent à l'armée prussienne; ayant, au contraire porté le plus grand zèle à faire donner des subsistances et à pourvoir à la subsistance de l'armée française qui a traversé ses Etats, il ne doit être frappé aucune réquisition, sur son territoire pour l'approvisionnement des différens magasins: fournissant seulement la subsistance aux militaires isolés qui passeront. D'ailleurs Dessau n'est pas sur la route de l'armée. Au surplus l'intention de l'Empereur est que les autorités civiles et militaires donnent sûreté et protection aux propriétés du Prince regnant d'Anhalt Dessau

à Potsdam le 26. octobre 1806

Le Major Gal. Prince de Neuchatel

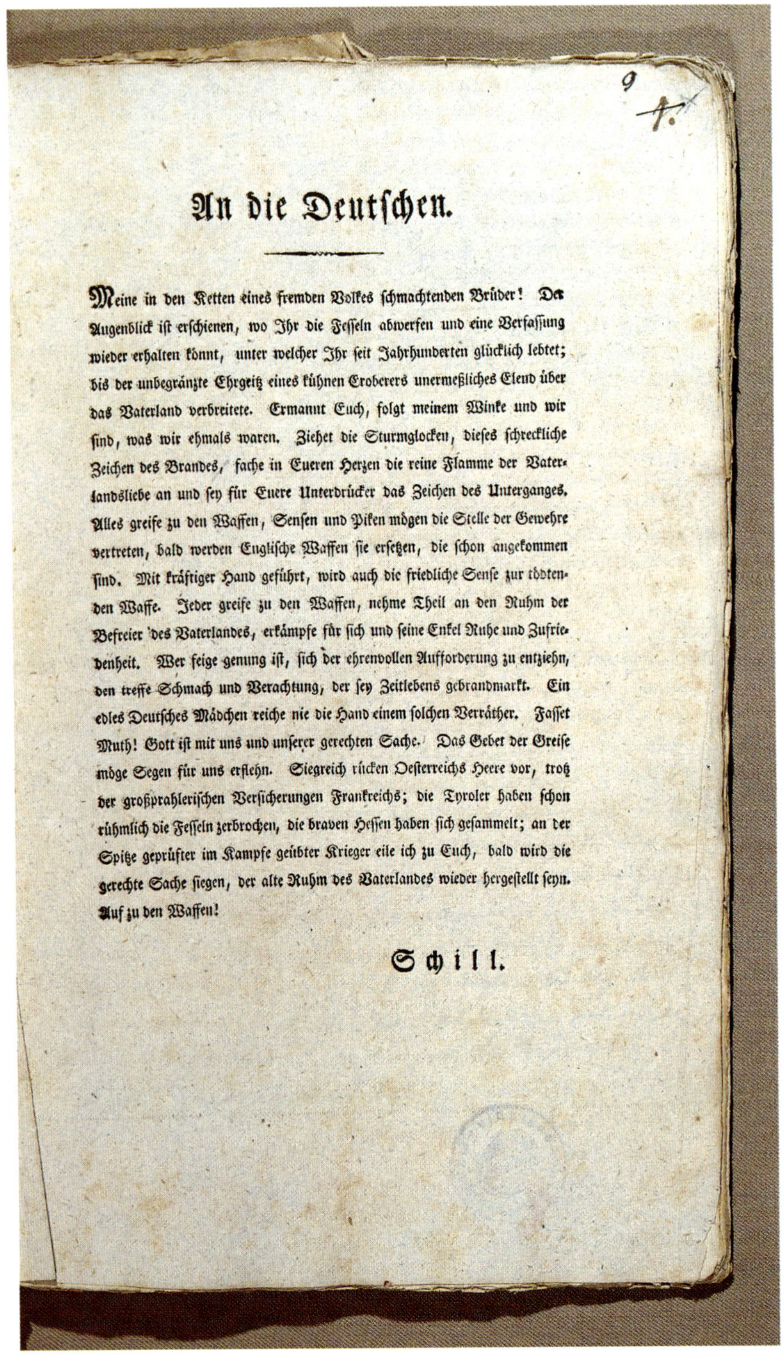

An die Deutschen.

Meine in den Ketten eines fremden Volkes schmachtenden Brüder! Der Augenblick ist erschienen, wo Ihr die Fesseln abwerfen und eine Verfassung wieder erhalten könnt, unter welcher Ihr seit Jahrhunderten glücklich lebtet; bis der unbegränzte Ehrgeitz eines kühnen Eroberers unermeßliches Elend über das Vaterland verbreitete. Ermannt Euch, folgt meinem Winke und wir sind, was wir ehmals waren. Ziehet die Sturmglocken, dieses schreckliche Zeichen des Brandes, fache in Eueren Herzen die reine Flamme der Vaterlandsliebe an und sey für Euere Unterdrücker das Zeichen des Unterganges. Alles greife zu den Waffen, Sensen und Piken mögen die Stelle der Gewehre vertreten, bald werden Englische Waffen sie ersetzen, die schon angekommen sind. Mit kräftiger Hand geführt, wird auch die friedliche Sense zur tödtenden Waffe. Jeder greife zu den Waffen, nehme Theil an den Ruhm der Befreier des Vaterlandes, erkämpfe für sich und seine Enkel Ruhe und Zufriedenheit. Wer feige genung ist, sich der ehrenvollen Aufforderung zu entziehn, den treffe Schmach und Verachtung, der sey Zeitlebens gebrandmarkt. Ein edles Deutsches Mädchen reiche nie die Hand einem solchen Verräther. Fasset Muth! Gott ist mit uns und unserer gerechten Sache. Das Gebet der Greise möge Segen für uns erflehn. Siegreich rücken Oesterreichs Heere vor, trotz der großprahlerischen Versicherungen Frankreichs; die Tyroler haben schon rühmlich die Fesseln zerbrochen, die braven Hessen haben sich gesammelt; an der Spitze geprüfter im Kampfe geübter Krieger eile ich zu Euch, bald wird die gerechte Sache siegen, der alte Ruhm des Vaterlandes wieder hergestellt seyn. Auf zu den Waffen!

Schill.

Auch Napoleon wurde von dem kulturellen Niveau in Anhalt-Dessau beeindruckt; er stellte 1806 das Ländchen unter besonderen Schutz

Schills in Dessau gedruckter Aufruf »An die Deutschen«. Der preußische Major Ferdinand von Schill hatte 1809 seinen Rebellenzug durch Anhalt-Dessau genommen, war auf dem Dessauer Schloß empfangen worden und mit Fürst Franz und dem Erbprinzen Friedrich zusammengetroffen. Sein weiterer Weg führte ihn durch Anhalt-Köthen und Anhalt-Bernburg

MEINEN GROSSELTERN.
LEOPOLD.

19. Jahrhundert bis 1945

RESTAURATION, REVOLUTIONEN, DIKTATUR

Von der Höhe europaweiter Ausstrahlung sinkt Anhalt nach den Befreiungskriegen in den Provinzialismus. An die Stelle erhoffter Freiheitsrechte tritt Restaurierung der spätabsolutistischen Macht; dennoch entwickeln sich die bürgerlichen Elemente in Gewerbe und Landwirtschaft weiter. Die klassizistische Baukunst hat durch das Wirken Pozzis und Bandhauers noch sehr beachtliche Leistungen aufzuweisen: Hoftheater, Georgspalais und Weinbergschlößchen in Dessau, Hofkirche und Schloßbau in Köthen; aber immer mehr entstehen auch Bürgerhäuser und Industriebauten. Für die romantisch-historisierende Strömung werden der neugotische Ausbau der Burg Roßlau, die Restaurierung der Burg Lindau, die Einrichtung eines Fürst-Georg-Zimmers in Schloß Warmsdorf und der Anbau eines Neorenaissance-Treppenhauses an das Dessauer Schloß charakteristisch. Bekannte, aber nicht überragende Namen zieren das anhaltische Kulturleben:

Um 1820 finden wir Wilhelm Müller (»Das Wandern ist des Müllers Lust«, Griechenlieder) als Hofbibliothekar, Friedrich Schneider als Kapellmeister, Heinrich Beck als Hofmaler und Franz Woltreck als Bildhauer in Dessau, Samuel Hahnemann, den Begründer der Homöopathie, als Leibarzt in Köthen.

Anhalt ist von der preußischen Provinz Sachsen umgeben, was zunächst die Ausbildung kapitalistischer Wirtschaftsformen zwar hemmt, aber nicht verhindert. Der Beitritt zum Zollverein dagegen fördert Produktion und Absatz. In Anhalt folgen Zukkerherstellung auf dem Lande, Braunkohlengewinnung und Maschinenbau aufeinander. 1839 befährt das erste Dampfschiff die Elbe, 1840 die erste Eisenbahn eine anhaltische Strecke; in der Mitte des Jahrhunderts verfügt Anhalt dank seiner Mittellage über das dichteste Eisenbahnnetz Deutschlands. Dem wirtschaftlichen Fortschritt aber standen die veralteten gesellschaftlichen Verhältnisse entgegen. Freiheitliche Bestrebungen wurden unterdrückt – Anhalt war Mitglied des Deutschen Bundes und der Heiligen Allianz. Nach Burschenschaftlern und nach Sympathisanten der französischen Juli-Revolution 1830 wurde gefahndet, und Lehrer und Schüler an den Gymnasien wurden gemaßregelt. In den vierziger Jahren meldeten sich Handwerksgesellen und Arbeiter mit Lohnforderungen und den ersten Ansprüchen auf eigene Organisationen. Konsequente Demokraten sammelten sich besonders in der Köthener »Kellergesellschaft«.

Wie wenig Verbindung zu den politischen Realitäten die die Schlösser noch immer bewohnende Hofgesellschaft hatte, zeigten die Berichte Wilhelms von Kügelgen, des Malers und Kammerherrn in Bernburg und Ballenstedt, in seinen »Jugenderinnerungen eines alten Mannes«.

Als der überkommene Herrschaftsapparat sich zu Reformen außerstande zeigte, als Mißernten und Teuerungen hinzukamen, wuchs die Zahl der Versammlungen unzufriedener Bürger an. Anfang März 1848 wurden in Dessau dem Herzog 19 Forderungen vorgelegt. Der revolutionäre, von der ganzen Bevölkerung getragene Schwung erzwang in Anhalt bedeutende Zugeständnisse in Verfassungsfragen, die Einführung der Pressefreiheit und die Berufung von demokratischen Ministern.

Als im Oktober die Verfassung für Anhalt-Dessau-Köthen vom Landtag angenommen war, schien Anhalt noch einmal – wie zu Zeiten des Dessau-Wörlitzer Reformwerkes – eine Vorbildrolle spielen zu können. Auch als anderswo Demokraten schon wieder verfolgt wurden, konnten sie besonders in Köthen noch Zuflucht finden, so Hoffmann von Fallersleben, der russische Anarchist Bakunin und Teilnehmer der Dresdener Maikämpfe von 1849.

Doch in den Schlössern wurden inzwischen die Fäden für die Staatsstreiche gezogen. Ab Mitte des Jahres 1849 wurden die Errungenschaften der Revolution beseitigt, und 1850/51 waren die alten Verhältnisse wieder hergestellt. Doch blieben auch Neuerungen, wie die Trennung von Verwaltung und Justiz.

Wirtschaftliche Zwänge veranlaßten das Herzoghaus, mehrere Schloßgebäude aufzugeben. Die Schlösser Gröbzig und Friederikenberg waren schon vor der Revolution abgetragen worden, und in Schloß Köthen hatte 1835 die berühmte Vogelsammlung Johann Friedrich Naumanns Aufnahme gefunden. Schloß Hoym wurde in den siebziger Jahren Landessiechenanstalt und Schloß Coswig Gefängnis; in den Zerbster Bau zog 1872 das Anhaltische Staatsarchiv ein, während Dornburg verkauft werden mußte. In Köthen und Bernburg nahmen die Schlösser 1847 und 1863 Behörden auf. Kunsthistorisch bemerkenswert ist nur die Neugestaltung des Ballenstedter Schloßgartens durch Peter Joseph Lenné ab 1858 mit Stilelementen des Renaissancismus.

Das von 1884–1888 in eklektizistischer Manier errichtete Erbprinzenpalais in Dessau wurde bereits 1927 abgerissen. Die 1893 dem Georgium angefügten Flügelbauten sollten dem Gebäude einen stärker repräsentativen Charakter geben. Symptomatisch aber ist, daß die Reihe fürstlicher Großbauten in Anhalt abschloß mit dem Bau des Mausoleums in Dessau. Noch vor der Revolution von 1918 brachte sich die mit der Entstehung der Schlösser verbundene soziale Schicht selbst den Abgesang dar.

Die Herausbildung der anhaltischen Großindustrie (Salz- und Kaliabbau, 1885 in der »Deutschen Solvay-Werke-Aktiengesellschaft« zusammengefaßt, Deutsche Continental Gasgesellschaft seit 1855 in Dessau und 1895 Beginn des späteren Junkers-Imperiums) findet auch architektonisch ihren Ausdruck: 1902 errichtet Alfred Messel das großbürgerliche Cohn-Oppenheimsche Palais in Dessau.

Mit der modernen Industrie war die Grundlage für die Entstehung der Arbeiterbewegung mit eigener Presse und Vereinshäusern geschaffen. In Anhalt verzichtete die sozialdemokratische Partei sehr früh auf radikale Forderungen und konzentrierte sich auf soziale Verbesserungen, Arbeiterbildung und Wahlbewegung.

Am Ende des ersten Weltkrieges verliert die Herzogfamilie durch die Novemberrevolution die Herrschaft in Anhalt – nicht aber automatisch alle Schlösser. Nach zwei schwierigen Auseinandersetzungen 1919 und 1926 besitzt sie immer noch große Ländereien und Schloßbauten, die als repräsentative Wohnsitze dienen.

Der Freistaat Anhalt gründet die Joachim-Ernst-Stiftung, die Schlösser übernimmt und zu Kulturinstitutionen ausbaut: 1921 zieht ein großes Museum in Schloß Zerbst ein, Schloß Wörlitz wird dem Publikum geöffnet. In Dessau nimmt das Palais Reina (Georgspalais) 1927 die Anhaltische Gemäldegalerie auf. Als bereits 1932 eine von der NSDAP geführte Regierung in Anhalt an die Macht kam, zog der erste staatliche Arbeitsdienst Deutschlands in Schloß Kühnau ein. Die Schlösser Dornburg und Coswig wurden als Gefängnisse für Vertreter des Widerstands mißbraucht und Schloß Mosigkau als Büro eines der auch in Anhalt zahlreichen Rüstungsbetriebe genutzt. Es kam die Zeit der Zerstörung, die zu unersetzlichen Verlusten führte: Der älteste Teil des Köthener Schlosses wurde durch Luftangriff 1944 vernichtet. Zusammen mit großen Teilen der Städte wurden Schloß Dessau am 7. März 1945 und Schloß Zerbst am 16. April 1945 zu Ruinen. Jahrhundertelange askanische Schloßherrschaft war vorbei.

Nach dem Ende der von Erdmannsdorff geprägten Epoche bleibt die klassizistische Baukunst dank dem Wirken der Architekten Pozzi und Bandhauer auf beachtlicher Höhe. Die politische Bedeutung Anhalts verringert sich spürbar, die anhaltischen Schlösser verlieren als Zentren von Kultur und Politik immer mehr an Gewicht

Carlo Ignazio Pozzi, Stahlstich von J. Pozzi. Der aus einer italienischen Künstlerfamilie Stammende wurde in Mannheim ausgebildet und 1798 nach Dessau als Theatermaler und Architekt berufen. Er hat die Oranienbaumer Orangerie errichtet und wurde auch in diplomatischen Aufträgen tätig

Weinbergschlößchen in Dessau-Großkühnau 1818; vermutlich von C. I. Pozzi. Er setzt die Traditionen der sich in die Landschaft einordnenden kleineren Bauten Erdmannsdorffs geschickt fort

Das Dessauer Hoftheater (Schauspielhaus). Der Hauptbau war 1798 von Erdmannsdorff fertiggestellt. Die Fassade mit Eingangsgebäude und Konzertsaal wurde von C. I. Pozzi entworfen und 1820/22 ausgeführt

Georgspalais in Dessau, 1822 errichtet von C. I. Pozzi. Dieser einzige Schloßbau der Epoche bis 1848 erfolgte charakteristischerweise in den Formen eines klassizistischen Bürgerhauses

16

In den 20er Jahren dichtete der Dessauer Hofbibliothekar Wilhelm Müller die berühmten Lieder zum Freiheitskampf des griechischen Volkes gegen die türkische Unterdrückung. Durch Franz Schuberts Liederzyklen »Die schöne Müllerin« und »Die Winterreise« sind viele seiner Texte heute noch bekannt. »Das Wandern ist des Müllers Lust«, »Im Krug zum grünen Kranze« und »Am Brunnen vor dem Tore« sind zu bekannten Volksliedern geworden.

Das Dessauer Musikleben wurde ab 1821 durch Hofkapellmeister Friedrich Schneider geprägt und wieder auf ein beachtliches Niveau gehoben. Dem Sohn Wilhelm Müllers, dem bekannten Indologen Friedrich Max-Müller, erschien das Dessau seiner Kindheit »ganz in Musik getaucht«

Zuschauerraum des Dessauer Hoftheaters wie ihn der Baurat Friedrich Kretzschmar nach dem Brand von 1855 neu aufgebaut hat. Die von Erdmannsdorff bevorzugte amphitheatralische Form ist zugunsten des Logentheaters aufgegeben

Den 1848 fertiggestellten Turm des Leopold-Dankstiftes in Dessau hat Baurat Friedrich Kretzschmar einem römischen Campanile aus der Frührenaissance nachgestaltet. Das Stift diente seit der Mitte des 18. Jahrhunderts als eine Art Altersheim und war unter Fürst Leopold II. Maximilian errichtet worden

Ansicht Köthens aus der Zeit vor 1850. Die Bilder geben einen guten Eindruck davon, wie das Schloß und andere der staatlichen Repräsentation dienende Bauwerke mit Bürgerbauten zu einer urbanen Einheit verschmelzen

Die St. Agnus - Kirche u. Töchterschule.

Das Magdeburger Thor

Herzoglicher Pavillon im Schlossgarten

Das Baer-Thor.

Das Herzogliche Schloss.

Das Herzogliche Schloss v. d. Aussenseite

Die St. Jacobs Kirche.

ANSICHT von COETHEN.

Oster. Coethen.

Das Herzogl. Schloss zu Geutz

Das Gymnasium

Die Kathol. Kirche.

Das Hall'sche Thor.

Johann Gottfried Heinrich Bandhauer stammte im Gegensatz zu dem in Dessau wirkenden Pozzi aus Anhalt: Er wurde 1790 in Roßlau geboren, das bald darauf durch die Aufteilung des Zerbster Landes zu Anhalt-Köthen geschlagen wurde. Bandhauer wirkte dann vor allem in Köthen und in Roßlau. Nach Beendigung seiner Ausbildung in Darmstadt war er 1820 in Köthen angestellt worden

1822 wird Bandhauer vom Herzog von Anhalt-Köthen zum Bauinspektor mit 600 Reichstalern jährlichen Gehaltes ernannt

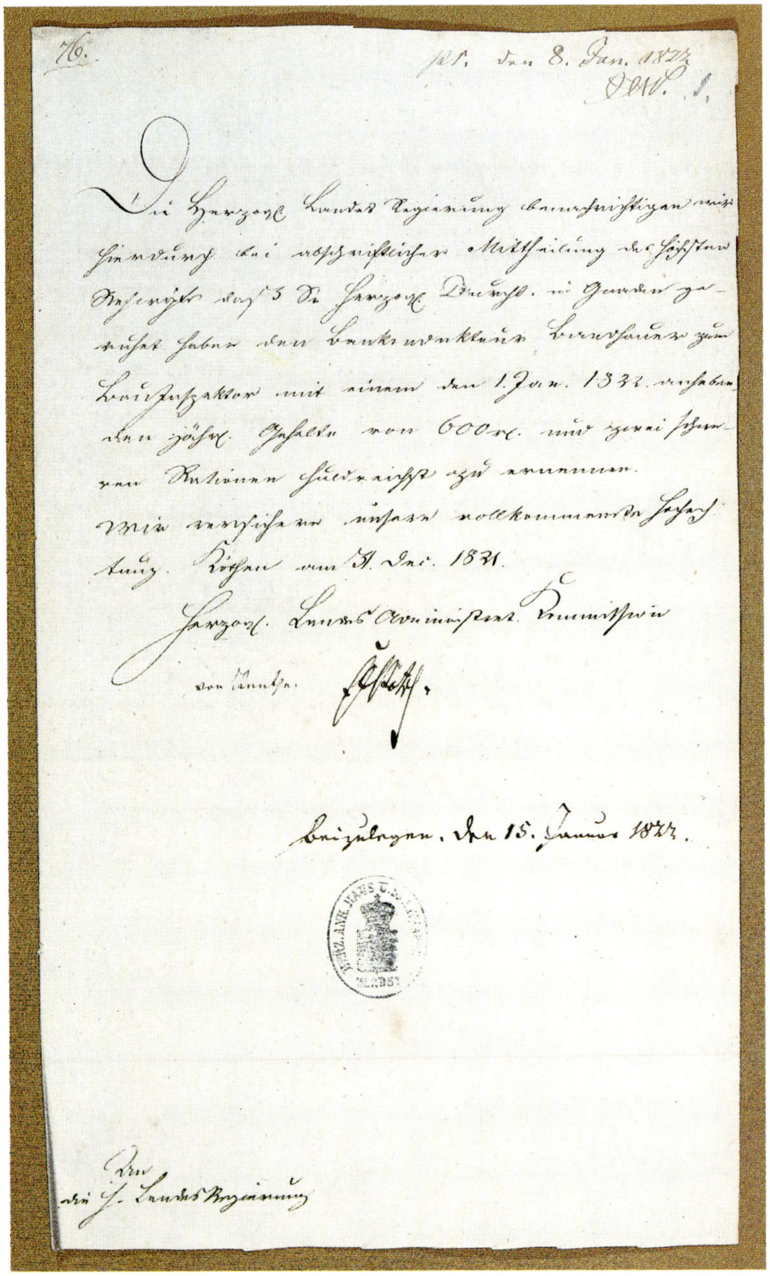

Bandhauers Entwurf zur Reitbahn am Köthener Schloß, für das er außerdem den prunkvollen Spiegelsaal gestaltete und den neuen Flügel des »Ferdinandsbaus« schuf (1821 bis 1823)

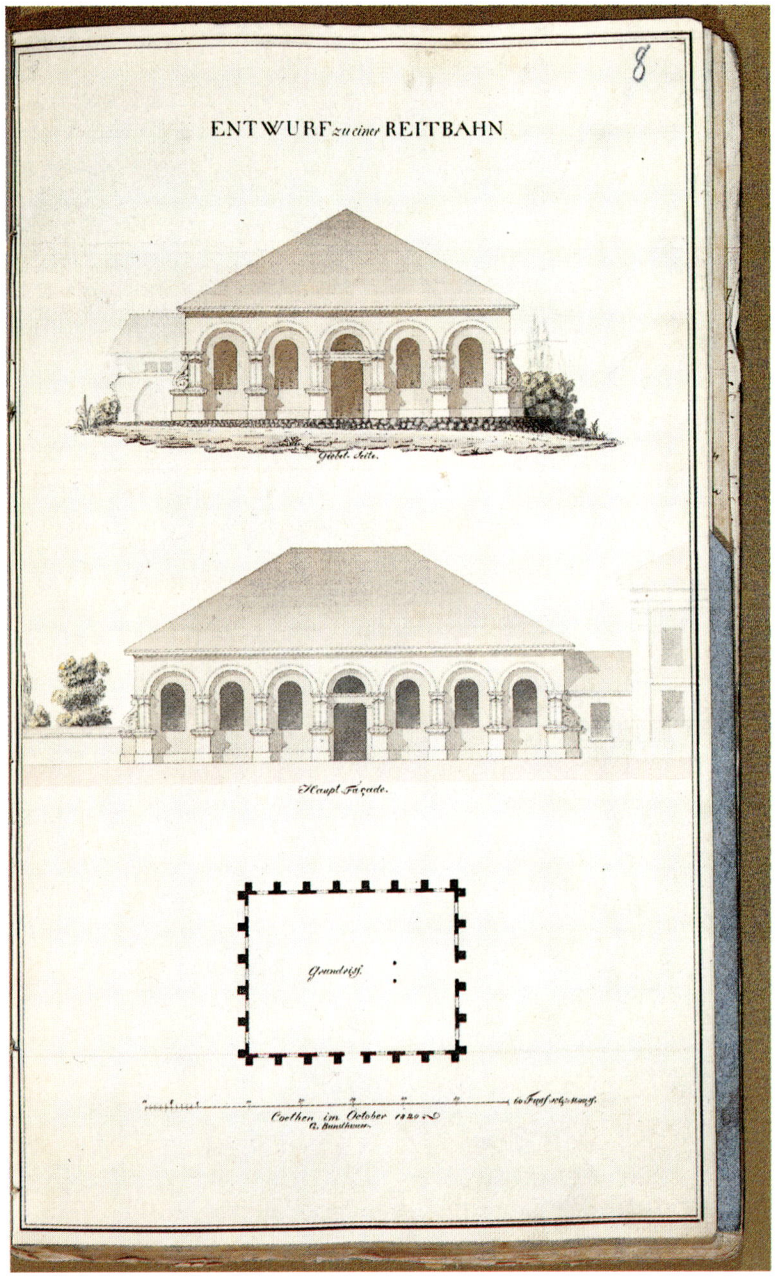

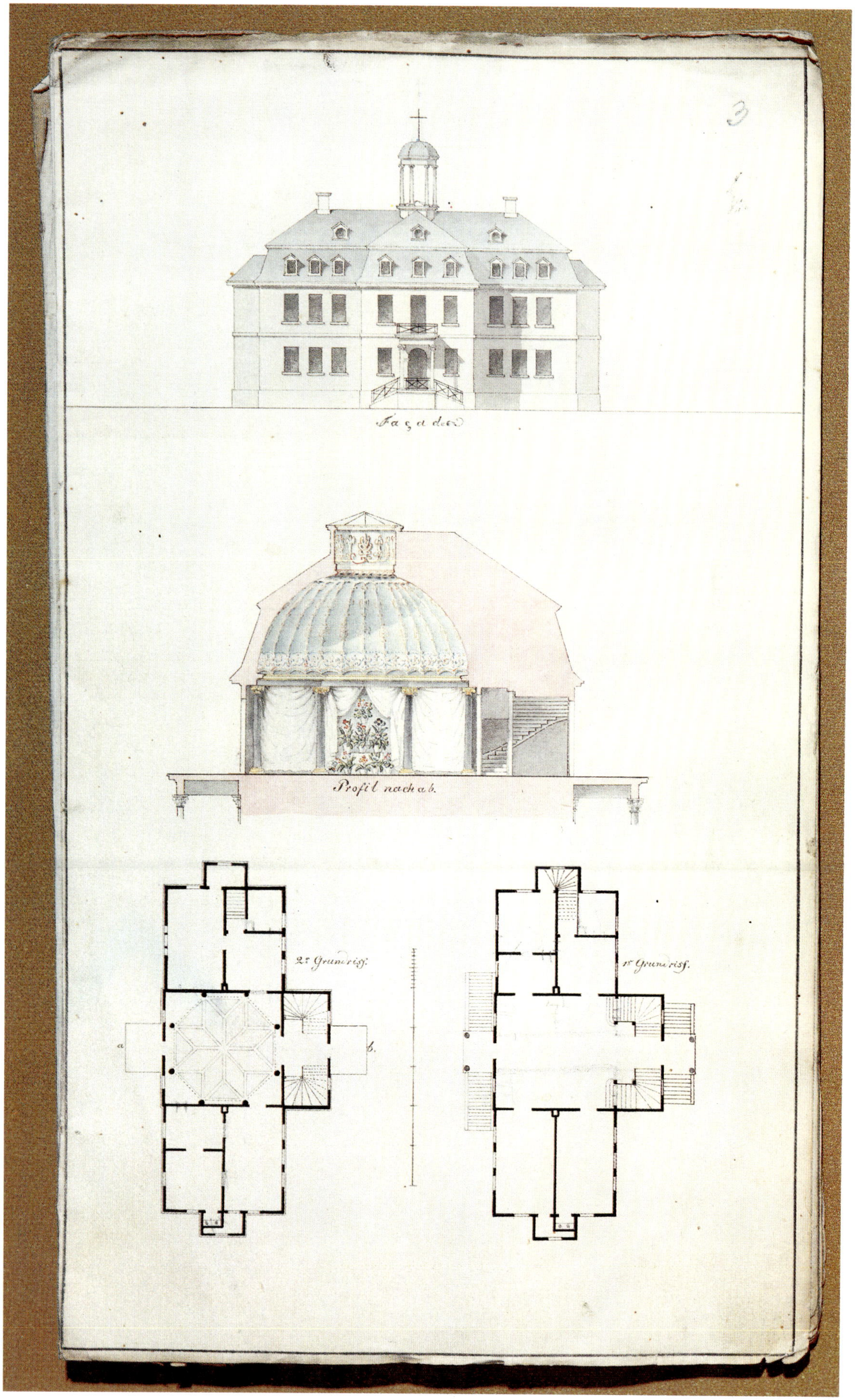

Pflegte Bandhauer im Gegensatz zu Erdmannsdorff fast immer einen schweren klassizistischen Stil, so stellte ihn der Umbau des »Herzoglichen Lustschlosses zu Geuz« bei Köthen vor ganz andere Aufgaben. In heiterer, fast verspielter Weise paßte er sich dem Barockbau an und schuf Dekorationen in »türkischer Manier« (1821)

Der Übertritt des Herzogpaares zum katholischen Glauben löste starke Beunruhigung in der protestantischen Bevölkerung Anhalt-Köthens aus, gab aber auch künstlerische Anstöße. So ist die 1826 begonnene katholische Hof- und Stadtkirche in Köthen trotz des unvollendeten Turmes die Meisterleistung Bandhauers

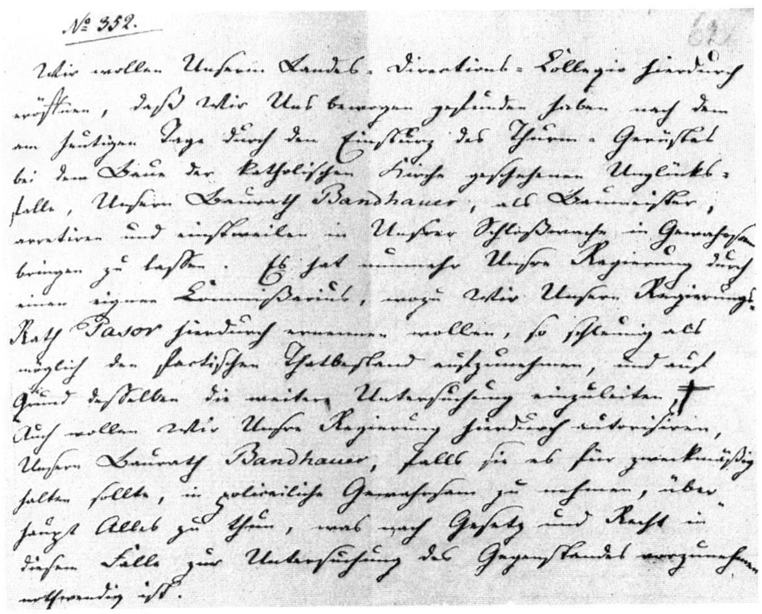

№ 352.

Wir wollen Unserm Landes-Directions-Collegio hierdurch eröffnen, daß Wir Uns bewogen gefunden haben nach dem am heutigen Tage durch den Einsturz des Thurm-Gerüstes bei dem Bau der katholischen Kirche geschehenen Unglücksfalle, Unsern Baurath Bandhauer, als Baumeister, arretiren und einstweilen in Unsere Schloßwache in Gewahrsam bringen zu lassen. Es hat nunmehr Unsere Regierung durch einen eignen Commissarius, wozu Wir Unsern Regierungs-Rath Pasor hierdurch ernennen wollen, so schleunig als möglich den factischen Thatbestand aufzunehmen, und auf Grund desselben die weitere Untersuchung einzuleiten. Auch wollen Wir Unsere Regierung hierdurch autorisiren, Unsern Baurath Bandhauer, falls sie es für zweckmäßig halten sollte, in polizeiliche Gewahrsam zu nehmen, überhaupt Alles zu thun, was nach Gesetz und Recht in diesem Falle zur Untersuchung des Gegenstandes erforderlich ist.

Nach Einsturz des Gerüstes für den Turmbau der Kirche wird Bandhauer von der Schloßwache am 2. Juli 1830 verhaftet. Obwohl ihm in der folgenden Untersuchung keine Schuld nachgewiesen werden konnte, war seine Laufbahn damit fast beendet

Cöthen

Hatten Erdmannsdorff und Bandhauer Nutzbauten vor allem für die Landwirtschaft geschaffen, so stellte die kapitalistische Entwicklung neue Bauaufgaben in Industrie und Verkehr, so z. B. in Köthen, das schon 1840 Bahnknotenpunkt war. Von den Bahnhofsgebäuden war die »Restauration« am repräsentativsten. Sie wurde nach dem Entwurf des Baurates Hengst errichtet und diente später als Spielkasino

Eisengießerei in Bernburg, 1843. Noch hatte sich der klassizistische Schönheitssinn nicht völlig verloren und mischte sich mit der von der Industrie geforderten Zweckmäßigkeit

No. 161 ~~055~~ 58 54.

Der Uebersendung des Protocolls der 31. vorjährigen Bundestagssitzung ertheile ich der Landesregierung hierdurch den Befehl, auf gewöhnliche Weise den Druck, Verlag und Debit aller Schriften aus der unter der Bezeichnung „das junge Deutschland“ oder „die junge Litteratur“ bekannten literarischen Schule, zu welcher namentlich Heinrich Heine, Carl Gutzkow, Heinrich Laube, Ludolf Wienbarg und Theodor Mundt gehören, mit Bezugnahme auf den Beschluß der Bundesversammlung im §. 515. des anliegenden Protocolls für Mein Herzogthum zu verbieten, auch überhaupt die Verbreitung dieser Schriften nicht allein durch den Buchhandel, sondern auch durch Leihbibliotheken oder auf sonstige Weise, zu untersagen.

Zugleich hat die Regierung von dem Handelsmann Cohn hierselbst, welcher eine Leihbibliothek hält, den Catalog der jetzt darin befindlichen Bücher erfordern zu lassen, und denselben Mir vorzulegen.

Das Landes-Directorium-Collegium hat demnach das Erforderliche zu verordnen. Cöthen den 27. Januar 1836.

Heinrich

Wird der H. Regierung zu [illegible] um in Gemäßheit des Höchsten Rescripts zu verfahren; am 27. Jan: 1836.

[illegible]

Nr. 334

1) die befohlene Bekanntmachung in die Zeitung zu rücken, und
2) die Buchhandlung [illegible] auch die dem Handelsmann Cohn ertheilte Erlaubniß zum Halten einer Leihbibliothek beizulegen.

am 2ten Febr. 1836.

An

Mein Landes-Directorium-Collegium.

Im Vormärz zeigte sich immer deutlicher, daß eine von der modernen Industrieentwicklung bestimmte Gesellschaft nicht mit spätabsolutistischen Methoden regiert werden konnte. Selbst die Trennung von Rechtssprechung und Verwaltung war in Anhalt erst in Anfängen durchgeführt. Grundforderungen des ökonomisch starken und zu politischer Macht drängenden Bürgertums waren nicht erfüllt. Als die sozialen Gegensätze sich verschärften, der Staat mit zwecklosen Verboten reagierte und Wirtschafts- und Versorgungskrisen hinzutraten, kam es zur Revolution

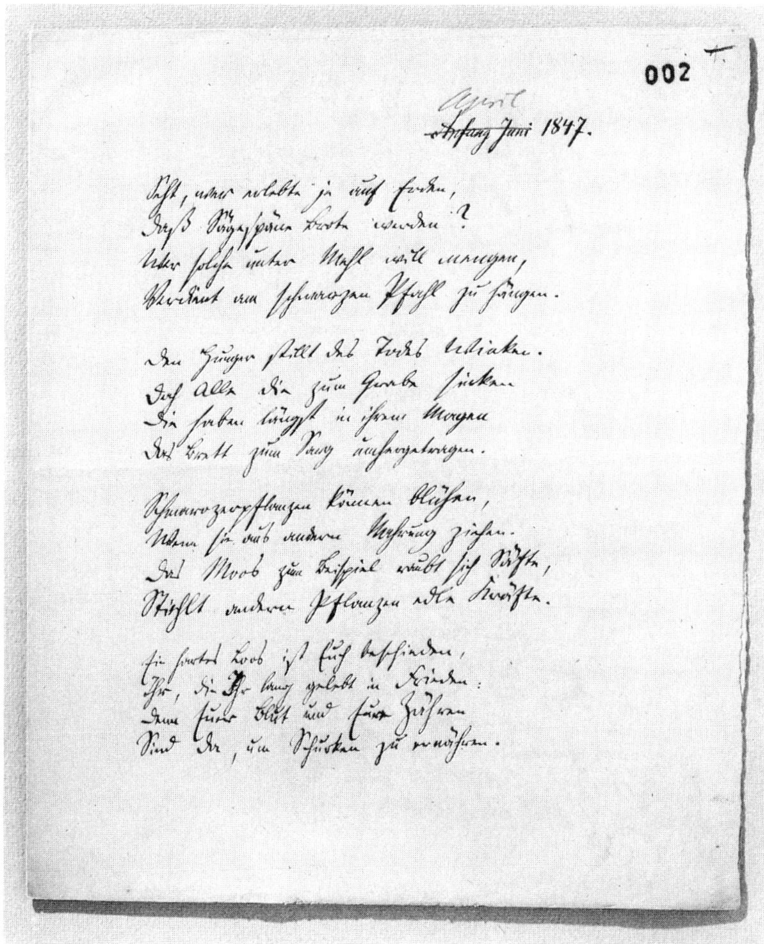

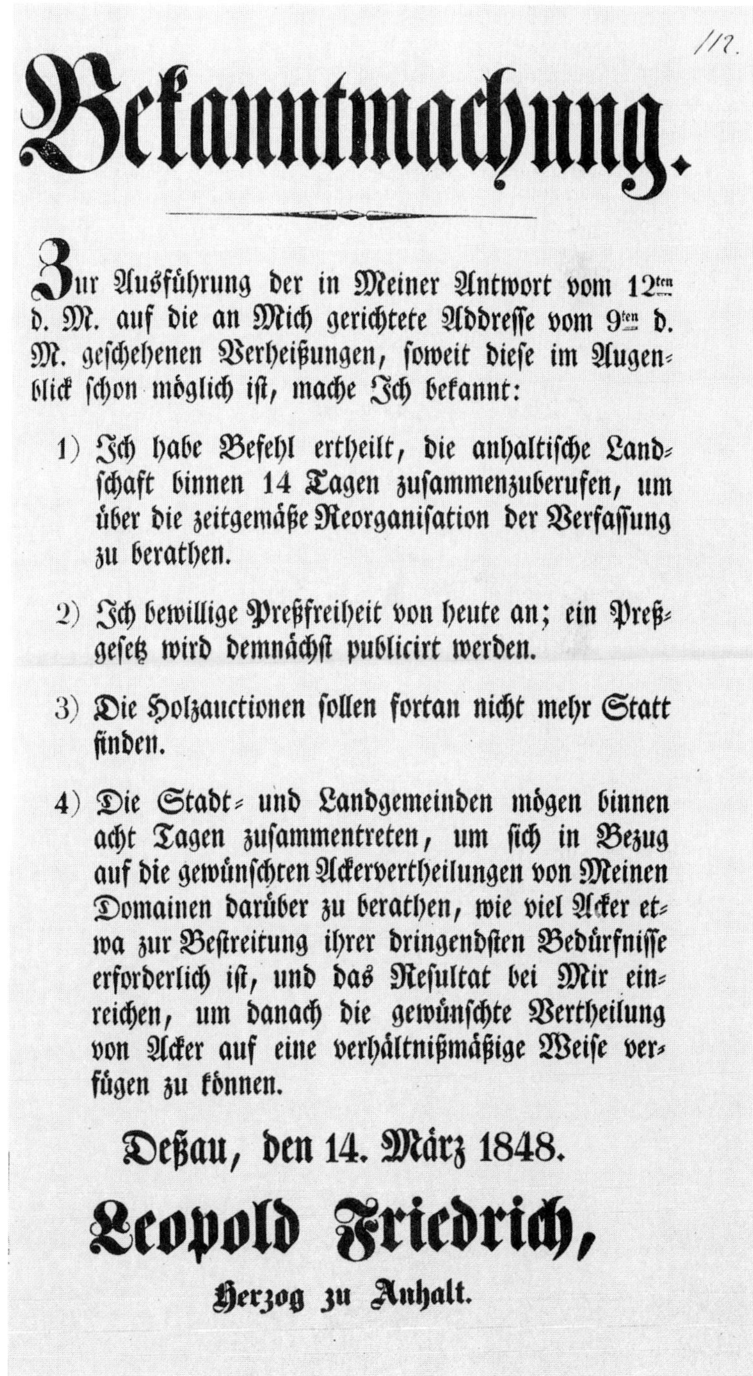

112.

Bekanntmachung.

Zur Ausführung der in Meiner Antwort vom 12ten d. M. auf die an Mich gerichtete Addresse vom 9ten d. M. geschehenen Verheißungen, soweit diese im Augenblick schon möglich ist, mache Ich bekannt:

1) Ich habe Befehl ertheilt, die anhaltische Landschaft binnen 14 Tagen zusammenzuberufen, um über die zeitgemäße Reorganisation der Verfassung zu berathen.

2) Ich bewillige Preßfreiheit von heute an; ein Preßgesetz wird demnächst publicirt werden.

3) Die Holzauctionen sollen fortan nicht mehr Statt finden.

4) Die Stadt- und Landgemeinden mögen binnen acht Tagen zusammentreten, um sich in Bezug auf die gewünschten Ackervertheilungen von Meinen Domainen darüber zu berathen, wie viel Acker etwa zur Bestreitung ihrer dringendsten Bedürfnisse erforderlich ist, und das Resultat bei Mir einreichen, um danach die gewünschte Vertheilung von Acker auf eine verhältnißmäßige Weise verfügen zu können.

Deßau, den 14. März 1848.

Leopold Friedrich,

Herzog zu Anhalt.

Herzog Heinrich von Anhalt-Köthen verbietet alle Schriften des »Jungen Deutschland«, u. a. die Heinrich Heines und Heinrich Laubes. 1836

Das Gedicht eines unbekannten Verfassers von 1847, dem Jahr einer besonders starken Wirtschaftsdepression und Hungersnot, zeigt die explosive Situation. Mit »Moos« ist der Direktor der Herzoglichen Kammer in Dessau gemeint

Im März 1848 zwingt die drohende Haltung der Bevölkerung den Dessauer Herzog zu Zugeständnissen, die jedoch ungenügend sind. Als daraufhin in Zerbst und Dessau Unruhen ausbrechen, kommt es zur Einführung weitgehend demokratischer Verfassungen

Eröffnung des ersten Landtages für Anhalt-Dessau-Köthen im August 1849 in dem von Bandhauer 1822 geschaffenen Spiegelsaal des Schlosses Köthen. Für den Zeichner Jacobo Pozzi haben Herzog, Hofstaat und Regierung viel mehr Bedeutung als die kaum erkennbaren Abgeordneten

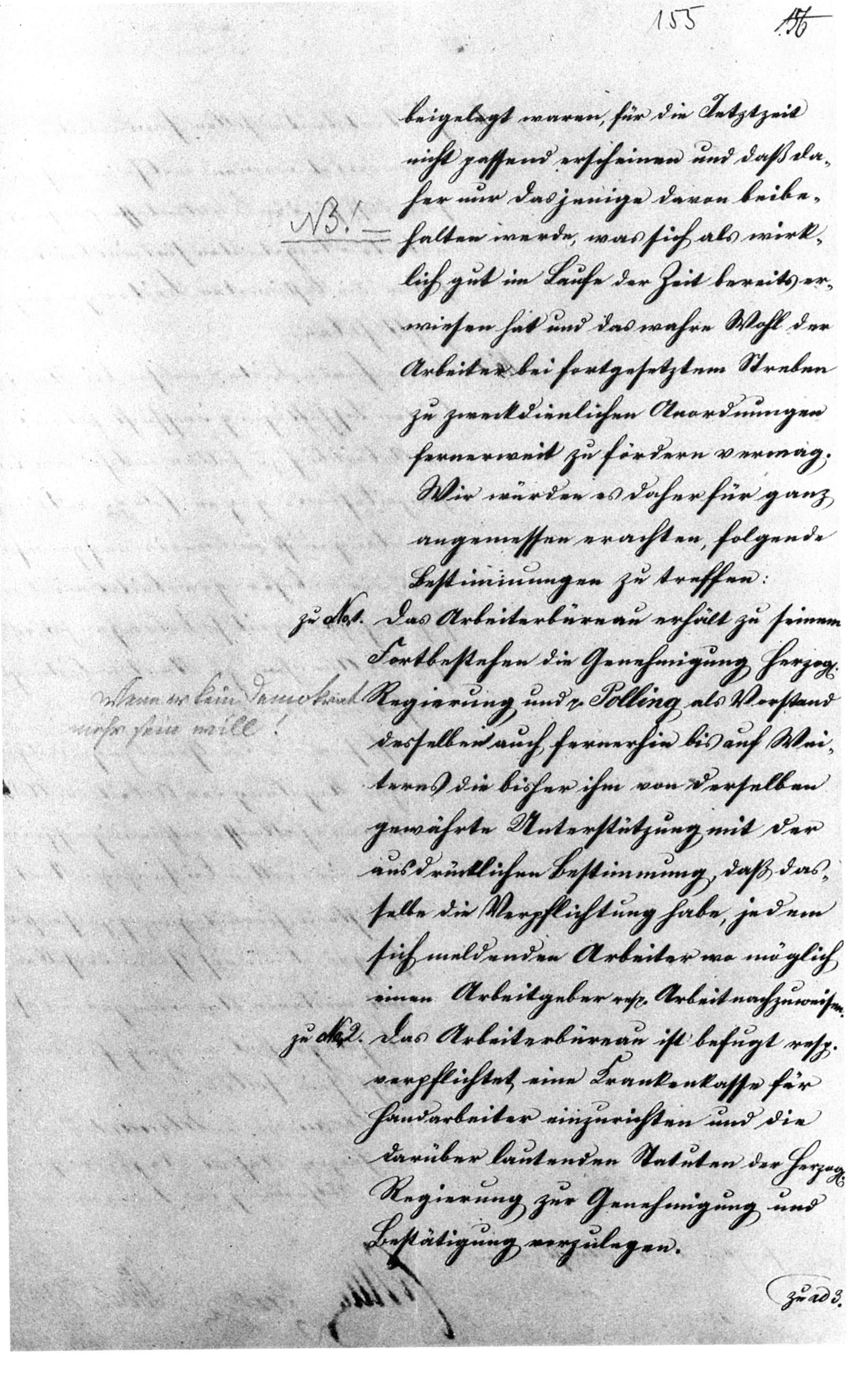

155 156

beigelegt waren, für die Jetztzeit nicht passend erscheinen und daß daher nur dasjenige davon beibehalten werde, was sich als wirklich gut im Laufe der Zeit bereits erwiesen hat und das wahre Wohl der Arbeiter bei fortgesetztem Streben zu zweckdienlichen Anordnungen fernerweit zu fördern vermag.

No 3! —

Wir würden es daher für ganz angemessen erachten, folgende Bestimmungen zu treffen:

zu No 1. Das Arbeiterbüreau erhält zu seinem Fortbestehen die Genehmigung Herzogl. Regierung und v. Polling als Vorstand desselben auch fernerhin bis auf Weiteres die bisher ihm von derselben gewährte Unterstützung mit der ausdrücklichen Bestimmung, daß derselbe die Verpflichtung habe, jedem sich meldenden Arbeiter wo möglich einen Arbeitgeber resp. Arbeit nachzuweisen.

Wenn er kein Demokrat mehr sein will!

zu No 2. Das Arbeiterbüreau ist befugt resp. verpflichtet, eine Krankenkasse für Handarbeiter einzurichten und die darüber lautenden Statuten der Herzogl. Regierung zur Genehmigung und Bestätigung vorzulegen.

zu ad 3.

Ab 1850 nehmen die Herzöge die in der Revolutionszeit gemachten Zugeständnisse zurück. Friedrich Polling z. B. – später Begründer der anhaltischen Arbeiterbewegung – darf nur dann Vorsteher des Arbeiterbüros bleiben, »wenn er kein Demokrat mehr sein will« (Eigenhändige Entscheidung des Herzogs Leopold Friedrich 1852)

In Anhalt-Bernburg erreichen die revolutionären Ereignisse erst im März 1849 ihren Höhepunkt. Über die Stadt Bernburg wird der Belagerungszustand verhängt, die »Ruhe« mit Hilfe preußischen Militärs wiederhergestellt

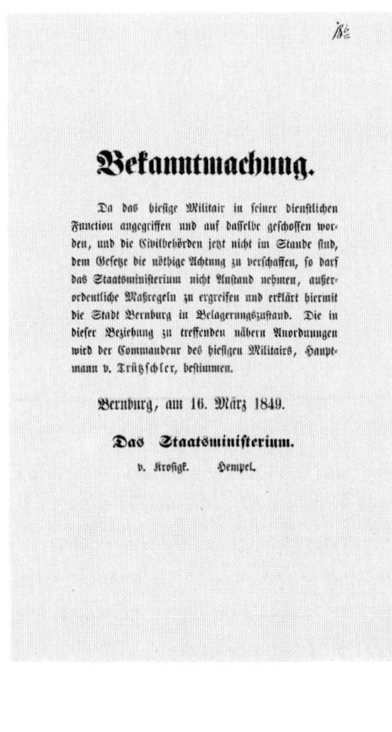

Bekanntmachung.

Da das hiesige Militair in seiner dienstlichen Function angegriffen und auf dasselbe geschossen worden, und die Civilbehörden jetzt nicht im Stande sind, dem Gesetze die nöthige Achtung zu verschaffen, so darf das Staatsministerium nicht Anstand nehmen, außerordentliche Maßregeln zu ergreifen und erklärt hiermit die Stadt Bernburg in Belagerungszustand. Die in dieser Beziehung zu treffenden nähern Anordnungen wird der Commandeur des hiesigen Militairs, Hauptmann v. Trützschler, bestimmen.

Bernburg, am 16. März 1849.

Das Staatsministerium.

v. Krosigk. Hempel.

Schloßpark Ballenstedt, von Peter Joseph Lenné unter Verwendung von Formen der Renaissancegärten neu gestaltet. Lennés Schöpfung war eine der wenigen künstlerischen Hochleistungen, die seit der Mitte des 19. Jahrhunderts im Zusammenhang mit anhaltischen Schlössern vollbracht wurde

Porträt des letzten Herzogs von Anhalt-Bernburg, Alexander Karl, von Wilhelm von Kügelgen; im Hintergrund Schloß Ballenstedt

Wilhelm von Kügelgen hatte die letzten Lebensjahre des geisteskranken Herzogs von Anhalt-Bernburg aus nächster Nähe im Hofstaat erlebt. Über dessen Tod 1863 urteilte er in seinen »Erinnerungen eines alten Mannes«: »Unser Spiel ist aus, der Herzog ist tot ... Es war ein ergreifender Augenblick: Anhalt-Bernburg verfiel der Geschichte, es gab einen solchen Staat nicht mehr.«

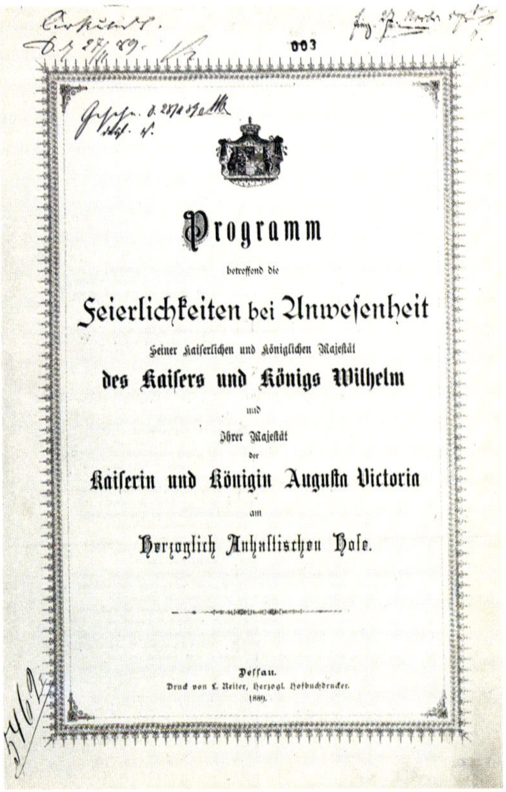

Erbprinzen-Palais in der Dessauer Kavalierstraße; 1880 fertiggestellt, 1927 abgerissen. Seine eklektizistischen Formen zeigen, daß der monarchische Prunk immer anachronistischer wurde

Speisekarte – in historisierenden Renaissanceformen

Programm für den prunkvollen Empfang Kaiser Wilhelms II. in der anhaltischen Hauptstadt 1889

Mausoleum nahe dem Dessauer Georgium, begonnen 1894 nach dem Entwurf von Franz Schwechten, nie ganz fertiggestellt. Mit ihm endet die nennenswerte Bautätigkeit der Herzöge von Anhalt

Bezugspreis: In Dessau bei Abholung 3,60 Mark vierteljährlich, 1,20 Mark monatlich, Bringerlohn 15 Pf. monatlich. Bei den **Zweigstellen** bei Abholung 3,60 Mark vierteljährlich, 1,20 Mark monatlich, Bringerlohn 15 Pf. Bei der **Post** 4,00 Mark vierteljährlich, 1,34 Mark monatlich, Bestellgeld 14 Pf. monatlich. Einzelpreis der Nummer 10 Pf. — Der Anhaltische Staats-Anzeiger **erscheint** an allen Wochentagen abends 6 Uhr. — **Nachdruck** aller Original-Artikel aus „Anhalt" und Umgebung" nur mit Quellenangabe gestattet. Rückgabe **unverlangter Schriftstücke** nur gewährleistet, wenn Porto beiliegt. **Redaktion:** Dessau, Lange Gasse 1, Sprechstunde: mittags von 12—1 Uhr.

Anzeigenpreis: Die einspaltige Grundzeile aus Anhalt 30 Pf., andere 50 Pf., besonders schwieriger Satz mit Aufschlag, die dreigespaltene Reklamezeile 1,50 Mark. **Beilagen** bis 25 gr 6 Mark für das Tausend ausschließlich Postgebühr. Adressennachweis und Offertengebühr je 40 Pf. Platz- und Datenvorschriften unverbindlich. Bei undeutlich geschriebenen oder telephonisch übermittelten Anzeigen keine Gewähr für richtigen Wortlaut. Bei gerichtlicher Klage oder Konkurs fällt bewilligter **Rabatt** fort. Schluß der Anzeigenannahme vorm. 10 Uhr, für größere Inserate am Vorabend. **Geschäftsstelle:** Lange Gasse 4. **Telegr.-Adr.:** Staatsanzeiger Dessau. **Fernruf:** Nr. 64 u. 234.

Anhaltischer Staats-Anzeiger

Dessauer Neueste Nachrichten.

Dessau, Dienstag, den 12. November 1918.

An das anhaltische Volk!

Um dem anhaltischen Volke den inneren Frieden zu erhalten und das öffentliche Leben im Herzogtum vor schwereren Erschütterungen zu bewahren, habe Ich Mich entschlossen, für Seine Hoheit den Herzog Joachim Ernst auf den Thron sowie für das Herzogliche Haus auf das Thronfolgerecht zu verzichten und Meinerseits die Regentschaft des Herzogtums niederzulegen.

Geleitet von dem seit Antritt Meiner Regentschaft betätigten aufrichtigen Bestreben, die volkstümliche Entwicklung der Staatsform im Herzogtum in ruhigen Bahnen zu fördern, richte Ich an das anhaltische Volk die Bitte, daß jeder an seinem Platze und mit allen seinen Kräften bei der Aufrechterhaltung der Ordnung auch weiterhin mitwirke, und entbinde die öffentlichen Beamten von dem Meinem Hause geleisteten Treugelöbnisse, indem Ich sie ersuche, die übrigen in ihrem Eide übernommenen Pflichten auch in Zukunft gewissenhaft zu erfüllen.

Möge die Neugestaltung der Verhältnisse für das anhaltische Volk, dessen Geschicke mit denen Meines Hauses seit ältesten Zeiten verbunden waren, immerdar von Segen begleitet sein!

Dessau, den 12. November 1918.

Aribert.

Dr. Gutknecht.

Die erzwungene Abdankung des Herzoghauses vom 12. November 1918 machte die Umwandlung Anhalts in einen Freistaat möglich

Erste Kundgebung des Soldatenrates in Dessau vom 9. 11. 1918

Am Ende des ersten Weltkrieges verstärkte sich auch in Anhalt die Friedenssehnsucht. Am 11. November 1917 schrieb das sozialdemokratische »Volksblatt für Anhalt« vom bleibenden Ruhm der russischen Arbeiter, den Krieg beendet zu haben. Bemühungen, in Anhalt eine parlamentarische Regierungsform einzuführen, hatten keine Wirkung. Am 11. November 1918 mußte sich Prinzregent Aribert nach Verhandlungen im Schloß dem allgemeinen Druck beugen und für die Herzogfamilie auf Thron- und Erbfolgerechte verzichten. Aus dem Herzogtum wurde der Freistaat Anhalt, der bis 1932 mit einer kurzen Unterbrechung von 1924 Landesregierungen unter sozialdemokratischer Führung hatte. Die Erschütterungen der Weimarer Republik waren auch in Anhalt zu spüren. Früher als in den meisten Teilen des Reiches, nämlich im Mai 1932, kam die Hitler-Partei in Anhalt an die Regierung. Sehr bald zeigten sich die Folgen des Totalitarismus; doch formierte sich auch in Anhalt der demokratische Widerstand auch nach Niederlagen stets erneut

179 Übergabe herzoglicher Schlösser und Gärten an den Staat gegen Entschädigung, 1926

698

§ 1.

Seine Hoheit der Herzog Joachim Ernst von Anhalt (im nachstehenden kurz „Herzog" genannt) und der Familienverein des Anhaltisch-Askanischen Hauses e. V. in Dessau (im nachstehenden kurz „Familienverein" genannt) übereignen dem Staat ihren nachstehend aufgeführten Grundbesitz:

1.	Von dem Forstrevier Haideburg den Teil in einer Größe von rund	2750,0000 ha,
	der auf der Karte Anlage I*) rot umrandet ist;	
2.	Schloß und Park Oranienbaum mit allen Gebäuden in einer Größe von	13,9355 ha,
3.	das im Grundbuch von Dessau Band 58 Blatt 61 in Abteilung I Nr. 23 eingetragene Erbprinzliche Palais nebst Hofräumen und kleinem Garten Kavalierstraße P. 10 K.-Nr. $\frac{1615}{1138}$ von	1,2524 ha,
	und zwar ohne die Gebäude (vergleiche § 4),	
4.	den im Grundbuch von Dessau Band 58 Blatt 61 in Abteilung I Nr. 24 eingetragenen großen Palaisgarten Bismarckstraße K.-Nr. $\frac{1616}{1138}$ von	3,6279 ha,
5.	das im Grundbuch von Dessau Band 58 Blatt 61 in Abteilung I Nr. 21 eingetragene Palais (Reina) Kavalierstraße P. 5/6 B. 11 K.-Nr. 1134 von	0,5617 ha,
6.	vom Garten hinter dem Grundstück Kavalierstraße Nr. 7	0,0765 ha,
7.	das Schloß Luisium mit Park in einer Größe von rund	8,7135 ha,
	zu 1 bis 7 in Summa	2778,1675 ha.

Sollten sich Vermessungen notwendig machen, so bewirkt diese der Erwerber auf seine Kosten.

§ 2.

Der Familienverein verpflichtet sich, Schloß und Park Wörlitz der Joachim-Ernst-Stiftung in Dessau ohne Entgelt zu übereignen, und zwar mit der Maßgabe, daß dem Herzog und dem Prinzen Aribert von Anhalt auf Lebenszeit und für die gleiche Dauer auch ihren Familienmitgliedern unentgeltlich ein Wohnrecht im Küchengebäude mit den dazu nötigen Wirtschaftsräumen und auf Benutzung des Schlosses und des Parkes zusteht; durch das Wohnrecht wird die Pflicht des Eigentümers zur Tragung der mit dem Grundbesitz verbundenen Lasten nicht berührt.

§ 3.

Der Herzog und der Familienverein leisten Gewähr für das Eigentum, nicht aber für die Größe und für die im Grundbuch angegebene Nutzungs-

*) Die Karte ist nicht mit vervielfältigt.

Daß durch das Bauhaus nicht nur modernste Architektur gestaltet wurde wie bei den Dessauer Meisterhäusern, dem Arbeitsamt und der Siedlung Törten, sondern daß auch eine ständige theoretische und praktische Auseinandersetzung mit der Kunst früherer Epochen stattfand, beweist die farbliche Gestaltung der Innenräume des Schlosses Oranienbaum durch den Bauhaus-Meister Hinnerk Scheper

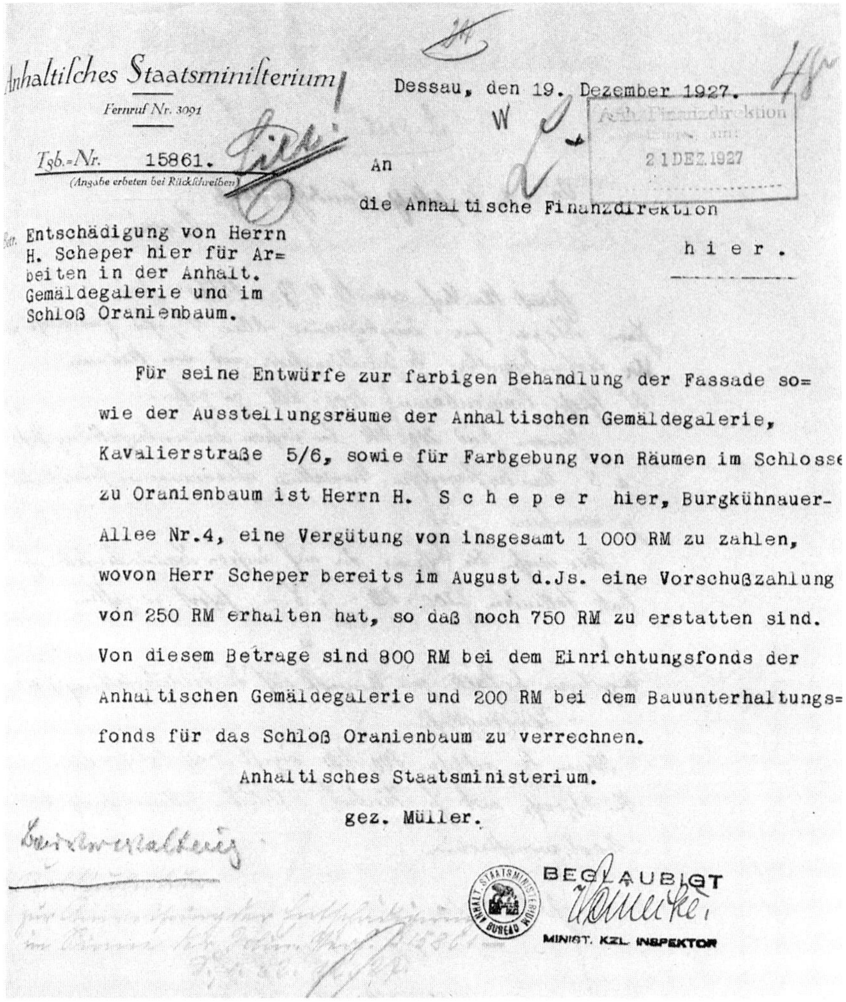

Anhaltisches Staatsministerium
Fernruf Nr. 3091

Tgb.-Nr. 15861.
(Angabe erbeten bei Rückschreiben)

Dessau, den 19. Dezember 1927.

An
die Anhaltische Finanzdirektion
hier.

Betr. Entschädigung von Herrn H. Scheper hier für Arbeiten in der Anhalt. Gemäldegalerie und im Schloß Oranienbaum.

Für seine Entwürfe zur farbigen Behandlung der Fassade sowie der Ausstellungsräume der Anhaltischen Gemäldegalerie, Kavalierstraße 5/6, sowie für Farbgebung von Räumen im Schlosse zu Oranienbaum ist Herrn H. Scheper hier, Burgkühnauer-Allee Nr.4, eine Vergütung von insgesamt 1 000 RM zu zahlen, wovon Herr Scheper bereits im August d.Js. eine Vorschußzahlung von 250 RM erhalten hat, so daß noch 750 RM zu erstatten sind. Von diesem Betrage sind 800 RM bei dem Einrichtungsfonds der Anhaltischen Gemäldegalerie und 200 RM bei dem Bauunterhaltungsfonds für das Schloß Oranienbaum zu verrechnen.

Anhaltisches Staatsministerium.
gez. Müller.

BEGLAUBIGT
MINIST. KZL. INSPEKTOR

Das Kuratorium der Mendelssohnstiftung 1931 auf der Freitreppe des Wörlitzer Schlosses mit Hugo Junkers, dem Dessauer Oberbürgermeister Fritz Hesse, Eduard Spranger, Gropius, dem anhaltischen Ministerpräsidenten Deist, Arnold Zweig. Einige Mitglieder, z.B. Max Liebermann und Albert Einstein, sind nicht anwesend. – Die Stiftung war in Zusammenhang mit den Dessauer Moses-Mendelssohn-Ehrungen 1929 entstanden

Mit aktiver Unterstützung des Oberbürgermeisters Hesse erhielt das zunächst in Weimar beheimatete Bauhaus in Dessau eine neue Wirkungsstätte und 1926 ein eigenes Gebäude. Nach dem Wirken Erdmannsdorffs vor 1800 wurde Dessau erneut ein europäisches Zentrum der Architektur und Formgestaltung. Walter Gropius, Hannes Meyer und Ludwig Mies van der Rohe als Direktoren, berühmte Lehrer und zahlreiche Schüler trugen den Namen des Dessauer Bauhauses in alle Welt

BAUHAUS

Schloß Coswig wurde schon 1873 zum Zuchthaus umgebaut. Nach 1933 wurde es besonders für die Einkerkerung von Gegnern der Diktatur benutzt

Festlegungen zum Einbau von Luftschutzräumen in das als Behördenhaus genutzte Schloß Bernburg im zweiten Jahr des Zweiten Weltkrieges

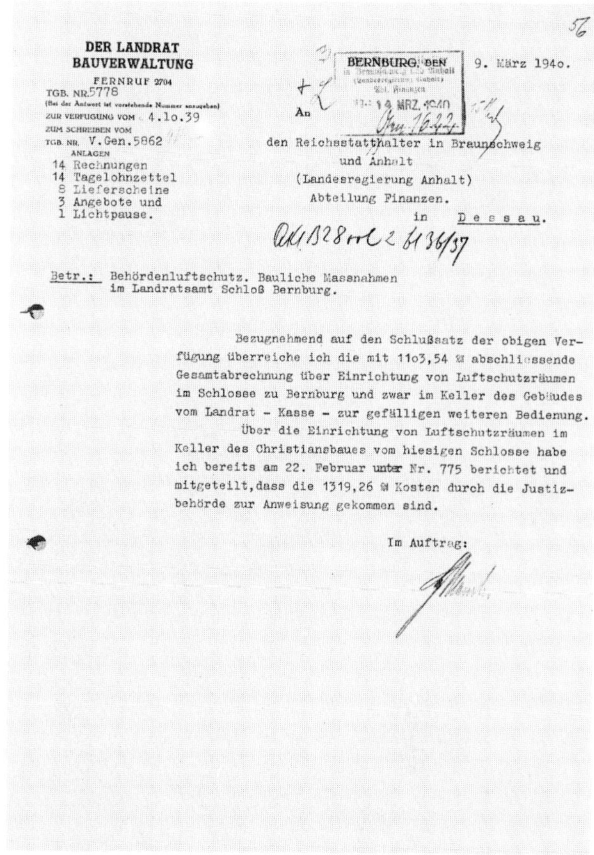

DER LANDRAT
BAUVERWALTUNG
FERNRUF 2704
TGB. NR. 5778
(Bei der Antwort ist vorstehende Nummer anzugeben)
ZUR VERFÜGUNG VOM 4.1o.39
ZUM SCHREIBEN VOM
TGB. NR. V.Gen.5862
ANLAGEN
14 Rechnungen
14 Tagelohnzettel
8 Lieferscheine
3 Angebote und
1 Lichtpause.

BERNBURG, DEN 9. März 194o.

An
den Reichsstatthalter in Braunschweig
und Anhalt
(Landesregierung Anhalt)
Abteilung Finanzen.
in Dessau.

Betr.: Behördenluftschutz. Bauliche Massnahmen im Landratsamt Schloß Bernburg.

Bezugnehmend auf den Schlußsatz der obigen Verfügung überreiche ich die mit 11o3,54 RM abschliessende Gesamtabrechnung über Einrichtung von Luftschutzräumen im Schlosse zu Bernburg und zwar im Keller des Gebäudes vom Landrat – Kasse – zur gefälligen weiteren Bedienung.

Über die Einrichtung von Luftschutzräumen im Keller des Christiansbaues vom hiesigen Schlosse habe ich bereits am 22. Februar unter Nr. 775 berichtet und mitgeteilt, dass die 1319,26 RM Kosten durch die Justizbehörde zur Anweisung gekommen sind.

Im Auftrag:

83 Das durch Bomben in den letzten Kriegstagen 1945 zerstörte Schloß Zerbst

1945 bis zur Gegenwart

ERBE UND TRADITION

Das Ende des zweiten Weltkrieges warf sowohl für das Land Anhalt wie auch für seine aus der Fürstenzeit stammenden Schlösser nicht weniger als die Existenzfrage auf. Nach dem Sieg der in der Antihitlerkoalition vereinigten Staaten bestand die Notwendigkeit, neue territoriale Strukturen zu schaffen. Die Maitage des Jahres 1945 brachten – wie für das ganze Deutschland – auch für Anhalt einen politischen, sozialen und wirtschaftlichen Neubeginn.

Nach fast 750jähriger Geschichte ging Anhalt mit ehemals preußischen Territorien in die neu gebildete Provinz Sachsen ein. Bis 1947 blieb innerhalb dieser Provinz noch ein Bezirk Dessau-Anhalt bestehen, der jedoch umfangreicher war als das ehemalige Land Anhalt. 1946 wurde deutlich, daß die Bezeichnung »Provinz« nicht mehr angängig war. Da ein Land Sachsen bereits existierte, wurde die Benennung »Land Sachsen-Anhalt« gewählt, die durchaus den Doppelnamen von Ländern im Westen Deutschlands entsprach. Als dann 1952 die Länder der Deutschen Demokratischen Republik mit ihren relativ demokratisch gewählten Landtagen aufgelöst wurden und einem zentralistischen Staatsaufbau wichen, wurden aus Sachsen-Anhalt als einzigem der fünf Länder nur zwei Bezirke gebildet: Magdeburg und Halle. Dabei wurde das anhaltische Gebiet zerrissen, wobei der größte Teil auf den Bezirk Halle entfiel; zu Magdeburg gehörte das Gebiet um Zerbst.

Der Wandel der Besitz- und Machtverhältnisse machte auch vor den Schlössern nicht halt. Zwar spielte die Bodenreform für die Schlössergeschichte in Anhalt keine so bedeutende Rolle wie in den Gebieten mit vielen Herrensitzen und Adelsschlössern, aber sie brachte auch hier für die Fürstenschlösser und die relativ wenigen Adelssitze neue Besitzverhältnisse: Schlösser waren von nun ab Staatseigentum. Zu entscheiden war über Rechtsträgerschaft und Nutzungszwecke; es ging um den künftigen Platz von Schlössern unter den sich ausbildenden Verhältnissen. Die von Fürst Franz vor 1800 versuchte und nach 1918 für einige Bauwerke erreichte Öffnung der Schlösser für ein breites Publikum konnte jetzt fortgeführt werden. Der neue Staat konnte gerade an Schlössern seine Haltung gegenüber Erbe und Tradition zeigen.

Zerstörungen von erhaltenen Schlössern fanden im anhaltischen Gebiet nicht statt. Auch wurden gerade in den Jahren nach 1945 von den Kräften der Denkmalpflege wesentliche Anstrengungen zur Rettung historischer Gebäude gemacht und von der Gesellschaft Opfer gebracht. In den späteren Jahren dann reichten die Kräfte und Mittel meist nur für Objekte von besonderem Repräsentationswert aus, wertvolle Bauwerke waren dem Verfall preisgegeben, z. B. die Ruinen der Schlösser Dessau und Zerbst, die Solitude Sieglitzer und das Schwedenhaus.

Vielfach jedoch rettete die neue Nutzung die Bauten. In ihrer soliden Bauart konnten gerade Schloßgebäude für dringende Erfordernisse des Tages verwandt werden. Als Notunterkünfte boten Schlösser z. B. in Mosigkau, Oranienbaum und Wörlitz Umsiedlern und Bombengeschädigten nach Wochen des Umherirrens wieder ein Dach über dem Kopf, als Behelfslazarett wie in Ballenstedt halfen sie Leiden lindern und Wunden schließen. Auch anhaltische Schlösser wurden so für viele Menschen zu Stätten des Überlebens, des Neubeginns und der aufkeimenden Hoffnung.

Teilweise waren Schlösser die Sitze neuer Staatsorgane – z. B. in Bernburg –, und dann fielen in ihren Mauern Entscheidungen, die die neuen Verhältnisse stabilisieren sollten. Aber die aus der Nachkriegssituation geborenen provisorischen Nutzungen mußten dauerhaften Lösungen weichen. Manche Entscheidung lag gewissermaßen auf der Hand: Die erhalten gebliebenen Ausstattungsmuseen Schloß und Gotisches Haus Wörlitz wurden wiedereröffnet, auch das Naumann-Museum im Schloß Köthen konnte seine Arbeit fortsetzen. Aber wohin sollten z. B. die Bestände des ehemaligen Anhaltischen Staatsarchivs gebracht werden, die nicht in das zerstörte Zerbster Schloß zurückkehren konnten? Technisch-statische Gründe gaben bei der Wahl zwischen Mosigkau und Oranienbaum den Ausschlag für letzteres Schloß. Überhaupt wurde das ehemalige Anhalt wichtig für den dringenden Bedarf an Archivräumen: Auch Schloß Coswig an der Elbe und das Corps de Logis der Schloßanlage Dornburg/Elbe wurden so verwendet. Am Ende der fünfziger Jahre füllten Rückgaben des von der Besatzungsarmee zunächst in die Sowjetunion verbrachten Kulturgutes die Räume der Museen und Archive wieder auf.

Ab 1952 wurde in einem Flügel des Bernburger Schlosses ein Heimatmuseum mit bemerkenswerter Ausstrahlung aufgebaut. Die Stallungen von Schloß Oranienbaum nahmen ein kleines Museum und eine öffentliche Bibliothek auf. Von besonderem Gewicht war, daß die ehemalige Anhaltische Landesgalerie eine bleibende Heimstatt im Schloß Georgium in Dessau erhielt. Aus dem früheren Damenstift Mosigkau entstand das Staatliche Museum, dem Restaurierungswerkstätten angeschlossen wurden. Schloß Plötzkau wird zum Zentraldepot des Museums für Vorgeschichte Halle ausgebaut, aber zugleich mit einem kleinen Museum und mit Übernachtungsmöglichkeiten für Wandergruppen versehen. Schulen, wie die Forstingenieurschule im Schloß Ballenstedt, Altersheime und andere Sozialeinrichtungen vervollständigen das vielfältige Bild der Nutzung anhaltischer Schlösser. Dabei dürfen die Schloßgärten und Parks nicht vergessen werden. In Ballenstedt konnte der Lenné-Park rekonstruiert werden. Um Dessau sind die Gärten wie ein Lehrbuch der Parkgeschichte aufgebaut: Vom niederländischen Barock in Oranienbaum über die rokokeske Gestaltung des Mosigkauer Schloßparks bis zu den epochemachenden Landschaftsgärten von Wörlitz, Luisium und Georgium kann der Besucher noch heute durch fast anderthalb Jahrhunderte deutscher Geschichte wandern. Einige dieser Parkanlagen haben zu ihrem historischen Ruf neues Ansehen durch wissenschaftlich fundierte Rekonstruktion gewonnen.

Auch die Schloßgebäude bedurften ständiger Werterhaltung und Restaurierungen, für die trotz Unterstützung aus der Bevölkerung selten Material und Finanzen völlig ausreichten. An die Stelle von Reparaturen muß nun vielfach grundlegende Erneuerung treten. Steigende Aufwendungen erfordert ebenfalls die Bewahrung der beweglichen Kunstwerke.

Keineswegs sind die Museen auf die Pflege des Kulturerbes allein festgelegt. Ausstellungen zeitgenössischer Künstler finden wir in Bernburg, Mosigkau, Wörlitz und im Georgium. Auch die Musikpflege muß hier genannt werden, die besonders in den Schlössern Köthen, Mosigkau und Georgium beheimatet ist.

Das Herzogtum Anhalt existiert nicht mehr; die Schlösser auf seinem Territorium aber müssen noch im vollen Sinne anhaltisch genannt werden. Ihre Geschichte ist nicht abgeschlossen, kommende Generationen werden sie weiter schreiben. Doch zunächst gilt es, das Überkommene zu erhalten oder in seiner alten Schönheit wiederherzustellen.

Verordnung des Präsidiums der Provinz Sachsen

1. Auf Grund des Befehls des Marschalls Shukow, des Chefs der Sowjetischen Kriegsadministration in Deutschland, werden die bisherigen Provinzen Halle-Merseburg und Magdeburg sowie das bisherige Land Anhalt zu einer Provinz Sachsen vereinigt.

Damit wurde ein alter Wunsch der Wirtschaft und der Bevölkerung der Provinz erfüllt, den die Nazis sabotierten.

2. Auf Angebot der antifaschistisch-demokratischen Parteien und mit Einverständnis der Sowjetischen Kriegsadministration übernehmen wir die schwere Sache der Verwaltung der Provinz.

An der Spitze der Provinz stehen der Präsident und vier Vizepräsidenten. Der erste Vizepräsident ist der ständige Vertreter des Präsidenten.

Alle Verordnungen und Bestimmungen werden vom Präsidenten nach einer vorherigen Besprechung mit den Vizepräsidenten unterzeichnet.

3. Der Amtssitz der Verwaltung der Provinz Sachsen ist Halle (Saale).

4. Die bisherigen Reichsbehörden, die preußischen und anhaltischen Landesbehörden und die Behörden des bisherigen Provinzialverbandes werden dem Präsidium der Provinz unterstellt. Es übt ferner die Aufsicht über alle Korporationen des öffentlichen Rechts aus.

5. Das Präsidium der Provinz Sachsen erläßt mit Einverständnis der Sowjetischen Kriegsadministration die zur Ausübung der Verwaltung und Rechtspflege erforderlichen Rechts- und Verwaltungsverordnungen.

Halle (Saale), den 23. Juli 1945

Dr. Hübener, Präsident der Provinz Sachsen — Siewert, Erster Vizepräsident

Prof. Hülse, Thape, Lohmann, Vizepräsidenten

In der neu gebildeten Provinz Sachsen geht neben ehemals preußischen Gebietsteilen auch das Land Anhalt auf. Verordnung des Präsidiums der Provinz vom Juli 1945

Im Befehl der Sowjetischen Militäradministration Nr. 85 von Anfang Oktober 1945 wird die Wiederaufnahme der Bildungsarbeit in den Heimatmuseen, den naturwissenschaftlichen und Kunstmuseen und in den Erinnerungsstätten für die großen Humanisten des deutschen Volkes angeordnet

Fast unmittelbar nach Kriegsende beginnt – oft unter schwierigsten Bedingungen – der Prozeß der Bergung, Sicherung und ersten Restaurierung beweglichen und ortsfesten Kulturgutes. Der Präsident der Provinz Sachsen muß daran erinnern, daß Burgen, Schlösser, Herrenhäuser und Parkanlagen seiner Verfügung allein unterstehen und eventuelle willkürliche Behandlung aller Kulturobjekte verboten ist

ПРИКАЗ

ГЛАВНОНАЧАЛЬСТВУЮЩЕГО СОВЕТСКОЙ ВОЕННОЙ АДМИНИСТРАЦИИ—ГЛАВНОКОМАНДУЮЩЕГО ГРУППЫ СОВЕТСКИХ ОККУПАЦИОННЫХ ВОЙСК в ГЕРМАНИИ.

№ 85

2 октября 1945 года — Гор. Берлин.

Содержание: Об учете и охране музейных ценностей и возобновлении деятельности музеев в Советской зоне оккупации в Германии.

В целях восстановления музеев и использования памятников культуры в работе по просвещению, имея в виду полное устранение при этом фашистских и милитаристских доктрин в музейной работе,—

ПРИКАЗЫВАЮ:

1. Разрешить немецкому управлению по народному образованию Советской зоны оккупации Германии востановление научно-просветительной деятельности:

а) местных краеведческих провинциональных музеев, показывающих природу, занятия и быт местного населения;

б) естественно-научных и искусствоведческих музеев;

в) мемориальных музеев, посвященных великим гуманистам немецкого народа.

2. Директору немецкого управления по народному образованию Советской зоны оккупации Германии:

а) обеспечить использование музейной практики для разоблачения фашизма и фашистских извращений в вопросах культуры и просвещения;

б) провести к 1-му ноября учет всех сохранившхся музейных ценностей и музейного оборудования центральных, местных и бесхозных частных музеев;

в) организовать охрану музеев; создать центральное (в г. Берлине) и местные (в административных центрах провинций и федеральных земель) хранилища;

г) выявить эвакуированные из центральных музеев ценности и к 15 октября сосредоточить их в Центральном музейном хранилище, а в местных хранилищах—безнадзорные и эвакуированные ценности местных музеев.

В хранилищах организовать работу по первичной реставрации, консервации и распределению музейных предметов среди открываемых музеев;

56

Der Präsident der Provinz Sachsen — Halle(S), den 24. 7. 46
Akt.Z.: BWS - II - 3 - — Willy-Lohmann-Str. 7
Fernruf 7451 / App. 249

An die
Herren Bezirkspräsidenten in Magdeburg
Merseburg
Dessau
sämtliche Landräte des Verwaltungsbezirkes } je ein besonderer
sowie die Herren Oberbürgermeister } Umdruck!

Betr.: Verwaltung bezw. Verwertung der im Zuge der Bodenreform enteigneten Burgen, Schlösser und Herrenhäuser nebst Parkanlagen.

Es ist zu wiederholten Malen darauf hingewiesen worden, daß die auf Grund der Verordnung über die Bodenreform vom 3. 9. 45 angefallenen Burgen, Schlösser und Herrenhäuser nebst Parkanlagen des enteigneten Grundbesitzes unter das alleinige Verfügungsrecht des Präsidenten der Provinz Sachsen gestellt sind (s. Rd. Erl. v. 13.9. 1945 betr. Schutz u. Sicherstellung von Kunst- u. Kulturgut; Verordnungsblatt Nr. 1 S. 34). Es ist daher auch nicht angängig, daß über Objekte dieser Art von den nachgeordneten Dienststellen eigenmächtig verfügt wird, ohne mein vorheriges Einverständnis eingeholt zu haben. Es geht nicht an, daß von behördlichen und auch privaten Stellen im Wettlauf ziel- und planlos bezw. ohne Prüfung der finanziellen Grundlage danach gestrebt wird, diese Vermögens-Objekte, die vorläufig noch im Eigentum der Provinzialverwaltung stehen, unter Vorgabe sozialer und anderer Zweckbestimmung an sich zu bringen. Nur durch eine sinn- und planvolle Zuweisung dieser Liegenschaften kann hier Wandel und Ordnung geschaffen werden. Sofern Objekte vorgenannter Art ohne meine Zustimmung in Anspruch genommen worden sind, wird eine Nachprüfung eingeleitet werden.

Ich mache die Herren Oberbürgermeister und Landräte persönlich dafür verantwortlich, unbedingt dafür Sorge zu tragen, daß diese Gebäude und Naturanlagen vor Beschädigungen und Beraubungen unter allen Umständen geschützt werden. Auch das Abholzen von Parkanlagen, die zu den Schlössern usw. gehören, muß verhindert werden. Sofern Umsiedler in diese Gebäude eingewiesen worden sind, muß eine geeignete Umsiedlerfamilie beauftragt werden, für die Ordnung und Sauberkeit in dem Gebäude usw. verantwortlich Sorge zu tragen.

- 2 -

Blumen- und Fruchtstück. Gemälde des Niederländers Balthasar van der Ast, das zu den im Mai 1959 aus der Sowjetunion zurückgeführten Kunstwerken gehört und in den Bestand der Staatlichen Galerie Schloß Georgium in Dessau wiedereingegliedert werden konnte

Eröffnung der Ausstellung »Gerettete Kunstwerke aus der Sowjetunion« in Dessau, Mai 1959

Schloß Georgium – gegenwärtiger Zustand mit den Anbauten aus dem Ende des 19. Jahrhunderts. Die hier beheimatete Staatliche Galerie Dessau mit ihren reichen Beständen bietet neben der Dauerausstellung und den häufig wechselnden Sonderausstellungen auch Vorträge, Kolloquien und Konzerte im Tischbein-Saal

Auch Schloß Kühnau im Westen Dessaus wurde einer neuen Nutzung als Gewerkschaftsschule zugeführt

Im Hauptsaal des Schlosses Oranienbaum finden Beratungen des staatlichen Archivwesens statt. Angemeldete Besuchergruppen können den Raum besichtigen und einen Blick vom Balkon in den holländisch-barokken Park werfen

Nach getaner Lebensarbeit verbringen ältere Menschen Jahre der Ruhe und des Ausspannens im Schloß Groß-Paschleben, das auf eine Wasserburg zurückgeht und in seiner jetzigen Grundform vermutlich aus dem 18. Jahrhundert stammt

Blick in den Hof des Bernburger Schlosses mit den Renaissance-Giebeln und dem Eulenspiegel-Turm. Das Schloß wird von staatlichen Institutionen und vom Museum genutzt

91 Neben den die historischen Schloßausstattungen bewahrenden Museen in Mosigkau und Wörlitz sind viele Regional- und Spezialmuseen in die anhaltischen Schlösser eingezogen. Auch Nebengebäude werden in mannigfacher Form für Ausstellungen genutzt, wobei oft die historische Raumsituation einen zusätzlichen Reiz ausübt. – Jedoch konnten nicht alle Schlösser, für die ein neuer Verwendungszweck gefunden werden mußte, Museen aufnehmen. Außer in Ballenstedt zogen in Groß-Kühnau und Biendorf Spezialschulen ein. Archive bargen ihre Bestände hinter Schloßmauern; Behörden und soziale Einrichtungen erforderten oft einen entsprechenden Ausbau

Galerie am Grauen Haus in den Wörlitzer Anlagen. Die jährlich wechselnden Ausstellungen bieten meist modernes Kunsthandwerk. Die Aufnahme zeigt die Ausstellung »Kostbarkeiten aus Schloß Pszczyna«, dem polnischen Partnermuseum der Staatlichen Schlösser und Gärten Wörlitz · Oranienbaum · Luisium

Teile des Schlosses in Köthen beherbergen seit 1835 die Sammlung des berühmten Ornithologen Johann Friedrich Naumann. Für die einzige noch erhaltene Naturaliensammlung im Stil des Biedermeier wurden die Museumsräume 1979/80 technisch und gestalterisch rekonstruiert

193 Das Staatliche Museum Schloß Mosigkau nutzt seit 1964 seine im Sommer leerstehenden Orangeriegebäude für Ausstellungen zeitgenössischer Kunst. Arbeiten junger, noch suchender Künstler werden im Wechsel mit den Werken anerkannter Meister dargeboten

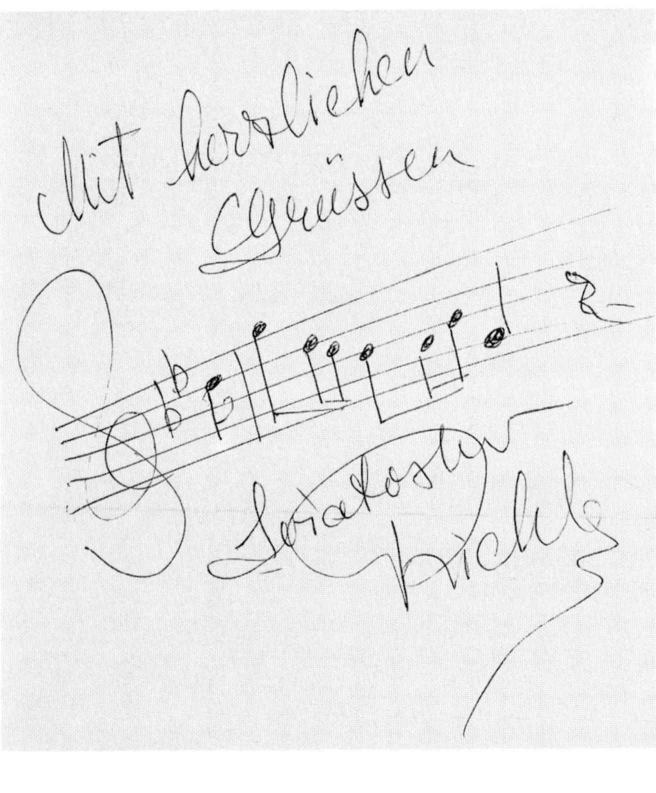

Die traditionelle Bindung zwischen Schloß und Musik setzt sich auch in unserer Zeit, jedoch in ungleich breiterem Rahmen fort. Zwar können die Konzerte der seit einigen Jahren durchgeführten Zerbster Fasch-Tage nur noch in der Nähe der einstigen Wirkungsstätte des Hofkapellmeisters stattfinden, und Musik des aus Wörlitz stammenden Friedrich Wilhelm Rust wird aus denkmalpflegerischen Gründen nur selten im Saal des dortigen Schlosses angeboten. Aber das Georgium und Schloß Mosigkau in Dessau veranstalten Konzertreihen, bei denen die Wirkung der Räume und ihre Ausstattungen den Genuß der Musik vervielfachen. – Daß auch für das leibliche Wohl in historischer Umgebung gesorgt werden kann, beweisen die liebevoll ausgestatteten kleinen Cafés in den Schlössern Bernburg, Georgium und Mosigkau

Konzert im Spiegelsaal des Köthener Schlosses, Köthen ist eine Stätte ständiger intensiver Bach-Pflege. Einen Höhepunkt bildeten die musikalischen und wissenschaftlichen Veranstaltungen im Bach-Händel-Schütz-Jahr 1985

Nicht mehr aus dem kulturellen Leben der Großstadt Dessau wegzudenkende Ereignisse sind die Sommerkonzerte im Festsaal des Schlosses Mosigkau. Eintragung des weltberühmten Pianisten Swjatoslaw Richter in das Gästebuch anläßlich seines Konzertes 1980

Museums-Café der Staatlichen Galerie Dessau in Schloß Georgium

Im Rahmen der Bildungsbestrebungen des Fürsten Franz und Erdmannsdorffs entstand das Amphitheater nach antikem Vorbild im Wörlitzer Landschaftsgarten. Hier erfreut das Ensemble des Elbe-Elster-Theaters Wittenberg seine Besucher

Folgende Seiten:
Blick auf die Gartenfront des Schlosses Oranienbaum, in dem Archiv, Museum und Bibliothek untergebracht sind

Das Blumengartenhaus im Dessauer Georgengarten nahe dem Schloß nach der Restaurierung 1986

Restauriertes Bürgerhaus am Oranienbaumer Marktplatz. Die bauliche Ausführung der noch aus der Entstehungszeit der Stadt erhaltenen Häuser ist vom landwirtschaftlichen Gewerbe geprägt

Rekonstruktion und Restaurierung beanspruchen immer mehr Aufmerksamkeit, wissenschaftlichen Aufwand und finanzielle wie materielle Mittel. Nur wenigen Schäden ist mit einfachen Reparaturen beizukommen. Viele Probleme bedürfen zunächst zu ihrer theoretischen Lösung grundlegender Forschungen und restauratorischer Analysen, oft auch der Kooperation mit Großindustrie und Forschungsinstituten. Die praktischen Arbeiten werden dann zumeist von Wissenschaftlern, Restauratoren und spezialisierten Handwerkern gemeinsam durchgeführt. In diesem Zusammenhang entstehen ganz neue Wissenschaftszweige, zum Beispiel die Parkarchäologie, die eine der vielen Methoden ist, um den einstigen Originalzustand von Gärten zu erkennen. Restauratoren haben immer größere Aufgaben zu bewältigen. Sie reichen von der kaum überblickbaren Fülle beweglicher Kunstgegenstände über Schlösser bis zu ganzen Stadtbildern, wie zum Beispiel Oranienbaum. Die Pflege von Kunstgut kann grundlegende Restaurierungen erfolgreich hinauszögern, aber keinesfalls ersetzen

Im Stiftsgut am Schloß Mosigkau wurden seit 1979 Restaurierungswerkstätten für Gemälde, Grafik, Holz, Stein und Möbel ausgebaut. – Steinrestaurator bei der Arbeit

Um 1760 in Holland gefertigter Nußbaumschrank mit floralen Intarsien nach der Restaurierung in der Werkstätte

Blick in den seit 1981 rekonstruierten Lenné-Park am Schloß Ballenstedt

Georg-Forster-Stätte auf dem Eisenhart in den Wörlitzer Anlagen; 1984 eröffnet. Das einzige Forster-Memorial der Welt vereint in den 1784 geschaffenen Gebäuden die von Georg Forster und seinem Vater nach Wörlitz geschenkten Gegenstände aus der Südsee mit einer Darstellung von Leben und Wirken des Weltreisenden, Schriftstellers und deutschen Jakobiners

Anhang

TRANSKRIPTIONEN, QUELLEN- UND BILDNACHWEIS, PERSONENREGISTER

TRANSKRIPTIONEN

S. 17 o.:
Genad, barmhertzigkeyt und frid von got dem vatter und dem hern Jhesu crysto bit ich euch und unß allen zu vor in mutterlicher lib und treu hertzlibster son euer gesunt und heyl der sellen und des leybeß erfur ich alzeyt von euch gern. Ich wil euch nicht bergen, daß ich von den genaden gotteß nach gelegenheyt der zeyt zimlich gesunt bin, aber mit vil sorgen und engesten umbgeben und wil euch zu geheym nicht verhalden, daz etlich unser undertan, sunderlich der gemein losz haufen zu Desau, auch etlich van den Weger-sten alz Senckler und sein anhang gwal leyden kenden, daß villeycht wir alle thot oder ire knecht wern und mir zweyfelt nicht zo die pauern kommen wern, weren sy nicht die lezten gewesen, uns zu verfolgen. Es ist mir durch den prior zu machc Ncuenburck angezeyget, daz er zu Koten auf den Schloß gehort hat, ich sey nicht recht crysten und hab vil abtgot man muß mit eins die vorstern und mich taufen, daß ich recht crysten wart. Die und ander wort seint zu der selben stat geret. Got verley mir sein genad, daß ich seynen gotlichen willen moge ertragen. Ich siz mit euern brudern nicht in kleyner far daz behalt zu geheim bey euch und bit got vor unß und laß den brif nymand sehen oder verbrent inen. Grust den magister und befilt mich in sein gebet. Die gnad unserz liben hern Jhesu Cristi sey mit unß allen. Amen. Geschriben eylent freytag nach dem tag der Himmelfort Cristi ym XXV jar. Margarete muter

S. 21 l.:
[…] Und da wir dan der protestirenden confession und apologia sampt andern buchern, darinnen sie sich ferner declariren, vorlesen, auch aus muntlicher unterrede ihr gemuthe vormarckt und ihr gebrauch gesehen, haben wir nicht anders befinden mögen, dan das sie dermassen zu unbillickeit verunglimpft. Dan ie clar am tage gekommen, das die lehren bemelter protestirenden stende bei der heiligen gotlichen schrift bleiben, welche die römische kirche und die ganze christenheit angenommen. […]

S. 22 o. r.:
Ich, Philippus Melanthon zu Witeberg, bekenn, das ich von den durchleuchten und hochgebornen fürsten und herrn herrn Johann, und herrn Georgen und herrn Joachim, fürsten zu Anhalt graven und herrn zu Ascanien und Bernburg meinen gnedigen herrn empfangen hab uf catharine in disem jar darin man zeled tausent funfhundert funf und vierzig, laut einer verschreibung funf und vierzig floren, setze der halben hochgedachte meine gnedige für gemelte summe dises jar fellig gewesen quit und ledig. Datum Witeberg am sontag nach catharine anno 1545. Philippus Melanthon manu propria

S. 22 o. l.:
Gnad und friede yn Christo. Durchleuchtige wolgebornen fursten, gnedigen herrn. Es kompt hier der frome man magister Nicolaus Hausman, bey euer furstlichen gnaden das predigampt zu versuchen. Denselben befehl ich euer furstlichen Gnaden untertheniglich. Es ist ein trau hertz und sittiger man, der gottes wort fein still und zuchtig leret und lieb hat. Christus unser herr, gebe seinen reichen segen dazu, das er viel frucht schaffe. Amen. Und bin on zweivel, euer furstlichen gnaden werden sich gegen yhm wol wissen gnediglich zu erzeugen. Hier mit Gott befolhen und was mein arm gebet vermag, das sey euer furstlichen gnaden allezeit untertheniglich zuvor. Datum Wittenberge Exaltationis Crucis 1532 euer furstlichen gnaden williger Martinus Luther doctor.

S. 28 u.:
Ich Roch, graf von Linar, thun kundt und zu wissen, das den durchlauchtigen hoc geborn fürst und hern hern Joachim Ernst fürst zu Analt, graf zu Asckanien etc. meine gnedigen fürst und hern auff seiner fürstlichen gnaden gnedigen begern ich undertentiger zugesaget habe mit hertz und mhundt, das ich seiner furstlichen gnaden von haus haus zur diselbigen voraben gebewde und sunst dinne und seiner furstlichen gnaden here nutz und frum schaffe wil und derselbige von schade und schimpfe warn und wenden als einer redlicke und trailick diener gegen seine hern schuldige ist und uff seine furstliche gnaden ider zeit erforderung mich bei den selbigen einstellen und furfuge so vil, als den durclaugstigen hoc geboren fürst und hern hern Agusto, ertzog zu Sachsen, des heligen Romischen Reich ertzmarschal und curfursten meinen gnedigsten hern dinst und sacken laide werden meckt. Zu hurkundt abe ich dise mit meine handt geschriben und mit meine engeborne sekret gedrukt. Actum Dessau. sonnabent, den 15 octobris 1575

S. 30 o. l. (Auszug):
Fundation des Fürstlichen Gymnasii zu Zerbst. Von Gottes Gnaden, wir Joachim Ernst, fürst zu Anhalt, graf zu Ascanien, herr zu Zerbst und Bernburg etc., bekennen hiermit vor Unß, unsere erben und erbnehmen, nachkommen. Nach dem Weylandt der hochgeborne fürst fürst Wolfgang, fürst zu Anhalt, unser freundtlicher lieber vetter, mildes gedechtnis, vor gut angesehen und eine Summa geldes dazu Ce ieret, das die beyde schulen in Zerbst mögen zusammengesetzt und eine ansehnliche Schule daraus gemacht werden. Das wir nicht allein S(eine) L(iebten) verordtung und gutachten gern volgethan, sondern seind auch aus eigener Bewegung entschlossen, diesselbe schule also aufzurichten, zu bestetigen, und dermaßen zu versehen, das sie perpetuiret, und zu unserer Unterthanen Nutz kommen und wohlforth gereichen möge […]

S. 39 (Auszug):
[…] Den itzigen Monats Martii haben wir eyne erschreckliche feuerbrunst alhir auf dem schlos gehabt. Warn mir baldt meyne lieben kleynen kinder trauf gegangen. Der bub, der stubenheitzer, hat sehr viel feuer holtz vor meyner gemahl gemach vor den ofen gesetzet. Das gehet in der nacht gleich an, fangen all die schrencke vor meyner gemahl stube an zu brennen, wie auch die tecke, die furhang an der kinderstube gehen auch an und kommt in das gewelbe vorn der kleynen Küche. Das lag alles voll holtz, brandte bis vor die taffelstube, kam auch alleweit in die kammer an dem kleynen stublein in der taffellstube. […]

S. 43 u. r.:
Nach hoff gefahren, den kayser referentz gethan. Mit dem hertzog von Saxen, dem obersten Julio Henrich zue mittage gegeßen. Nachmittags beym kayser audientz gehabt. Da sich ihre kayserliche mayestät gar freundtlich erkläret, wie sie mich so gerne bey sich sähen, und vor dero treuen freund hielten, auch mir viel glück auf vorhabende rayse wüntscheten. Wegen meines gnädigen hernn vattern sollte ich ein memorial eingeben. Sonsten nach dem sie wegen herzog Christians erkundigung eingezogen, haben sie gesagt, sie wollten ihm auf des königs in Denemarck undt ander ansehlicher fürsten intercession perdon geben, wann er abdanckte, so wollten sie sich eben also gegen ihme erzeigen, wie gegen mir […]

S. 46 o. l.:
Von gottes gnaden Ludwig, fürst zu Anhalt, graff zu Askanien etc. Unsern gnedigen gruß zuvorn. Ehrenvheste räthe, liebe getreue. Was wir wegen einführung der neuen lehrartt Ratichii und deren auffsicht halber in den schulen alhier, unsern superintendenten, etzlichen aus dem rath und bürgerschafft beyder städten ahnbevohlen, habt ihr aus den copeylichen beylagen mit mehrerm zu ersehen. Wan dan auch eurer Unter andern darinnen, der oberinspection halben gemeldet als habt ihr auch eures

theils ebenmeßig darnach zu achten. Und ist demnach an euch hiermit unser gnediger bevelch, ihr euch ebener gestallt dieses wergks wie vor, als nach, im besten bevohlen sein lassen [...] geben in unsern hoflager Cöthen den 28. Juni anno 1619 Ludwig, fürst zu Anhalt

S. 49 u. l.:
Dem nehrenden endtbeut der unveränderliche seine freundtwillige dienste. Und hat erst heutte sein schreiben vom 10. dieses entpfangen. Er und seine haußfrau bedanken sich gantz dienstlich gegen beyden nehrenden vor die zuentbotenen freundlichen grüße und sendeschreiben und thun sich ihnen zu fernerer ehrengedächtnuß in aller demuth anbefehlen, daß sie stewer anlagen zur fruchtbringenden gesellschaft, so beschwerlich zu erheben sein, ist bey itzigen kriegsläufen undt sonsten sehr schweren zeitten kein groß wunder. Wird derowegen der eyfer und sorgfallt muhe und kosten des unveränderlichen hierinnen nicht zu tadeln, sondern viel mehr in acht zu nehmen seyn. Des Schlegelspiels reime wie auch die anderen verbesserten, seindt dem unveränderlichen wolzukommen, wie auch das Büchlein mitt den umbgekrümbten öhrlein. Wir wollens ubersehen. Der mahler hat sich noch nicht eingestellett. Der unveränderliche verbleibett des nehrenden getreuer gesell, guter freundt und diener. Der unveränderliche, Ballenstedt, den 17. dieses monats May 1628 in eyll

S. 51 o. l.:
Dem durchlauchtigsten herrn unsern gnädigen fürsten undt herrn herrn Christian fürsten zu Anhalt etc. ist berichtlichen vorbracht worden, ob solten sich am Harz in die 500 bauern zusammengerottet und bewehrt gemacht haben, auch mit rauben und plündern zimblich übell hausen. Wiewohl nun ihro fürstliche gnaden diesen diengen noch zur zeit nicht glauben beymessen wollen, haben sie dennoch gnädig anbefohlen, euren bericht hierüber zu begehren [...] Bernburg, am 16. Dezembris 1626

S. 54 u. (Auszug):
Waß ahn euer kayserliche mayestät ich nicht allein im monat Martio, sondern auch darsieder von Arnspöck aus vom wegen des bey und nach eroberung meines hauses Bernburgk, mir und den meinigen ohne all unser verschulden zugefügten unerschwindlichen schadens aller unterthänigst gelangen lassen, [...] Wie das, nachdem ich meine herzliebe gemahlin nebst meinen kindern und fräulein schwestern an sichere orth gebracht, ich mich wiederum in das fürstenthum Anhalt begeben in meinung, mich daselbst meinen armen unterthanen zu trost aufzuhalten und meine niedergeschlagene haußhaltung hinwieder in etwas zuerheben. Allein ich habe die sachen der orther in einem solchen hochbekümmerten unseeligen stande gefunden, das durch die bey und nach der eroberung meines hauses Bernburgk, vorgegangene plünderung, ich biß auf den grund verderbet, zu meiner notturfftigen unterhaltung nicht ein stück brots, geschweige dan ein stück rindt oder schafviehe, auch nichts an korn oder andern mitteln ubriggelaßen worden und also zu künftigen anbau und der meinigen unterhalt alle Mittel gesuncken, das ich mich wieder allen meinen willen und gedancken, weil aus meinen verwüsteten ämbtern lauter nichts zu erheben, von dannen wieder hinweg begeben müßen. [...]

S. 59 u. (Auszug):
13. und zumahlen dan bey iezigen so mächtigen Türckischen ein- und überfall Ihre Churfürst(liche) D(urc)hl(auch)t sich aigens hochrühmtlichen teils zu einer hülffleistung von zwölff tausend mann nicht ungenaigt verspühren lassen. So wollen Ihre Kays(erliche) May(estät) dieselbe nicht allein hiermit freundlich Oheimblich und inständiglich darumb ersucht haben, sondern ersehen sich deranselben auch darauff dergestalt, daß solche Zwölff tausend mann, vermuthlich in achttausend zu Fueß und viertausend zu pferdt, mit behörigen Feldt Stückeln und anderer Zubehör vorgehen, gegen den achten nechst künftigen Septembris [...] oder auch ehender sich mit Ihrer Kayserlichen mayestät hauptarmee bey Crembs conjungirt befinden werden. Damit sonderlich die so starck belägerte und beängstigte Statt Wien an deren dem toto eüsserst gelegen ist, desto zeitlicher und kräftiger könne entsetzt werden. [...] Geben under underschrift und hervorgestellten Sigill hochvermelten Churfürstlich Braunschweigischen Gevollmächtigten Herrn Johann Georgens zu Anhalt fürstliche Durchlaucht.
Passau, den zwölfften Augusti Anno sechshundert dray und achtzig Johann Georg zu Anhalt

S. 64/65 u.:
1. [...] Erstlich, das die solemmisation und consummation dieser heyrath so bald müglich und am solchem orte, welchen man mit beiderseits bewilligung darzu belieben und gutfinden wird. Und zwar nach der in reformirten kirchen gebräuchlichen ordnunge geschehen solle.
2. Zum andern, das hochgemeldte princessin fürstliche gnaden zu behuf dero kleidungen und anderer notwendigkeiten zum gewöhnlichen schmuckgelde einmahl für allemahl mit einer summe von zwölftausen reichsthalern machen dreyßig tausend carolus- oder holländische gülden ausgesteuret werden sollen.
3. Drittens ist bedungen, das hochgemelter princessin Henriette Catharinen fürstliche gnaden zu einem rechten heurahtsguth, zu hülf und beistand dieser heuraht nach vollenziehung deroselben, eine summe von zwantzigtausend reichsthalern, welche machen fünftzigtausend carolus- oder holländischer gülden mitbringen sollen [...]

S. 66 o. (Auszug):
Den 25. Mart(ii) 1661 ist von M. Hanns Ernst Ulrichen der Fürstl(iche) Saal überschlagen, und befunden worden, das wann nach dem muster vergülten Leders so heraus geschickt, iedes stück 1 Brabantische Elle lang und 3 solcher stücke in der Breitte 2 Ellen geben, der Saal von oben des Gesims bis auf die Erden mit 1440 stücken bekleidet werden könte, die eigentliche Länge und Breitte des stücke Leders somit aus Hollandt gebracht und wornach dieser Anschlag gemachet worden, befindet sich wie einliegent pappieren maas zeiget, und berichtet M. Hanns Ernst ferner, das wann in Hollandt 40 bis 50 aneinander genehete Taffeln Leder, woran allezeit ringsherumb säume einer viertel Ellen zum wenigsten breitt, zu befinden, erhandelt würden. Er auf solchen fall mit der obenbedeüteten anzahl stücken Leder außzureichen, vormeinete. Solte aber das Vergülte leder nur stückweis wie es an ihm selbsten ist, erkaufft werden, müßen lieber das zum säumen, welche nothwendig ringsumbher der Zier Halber erfordert würden, annoch 90 stück mehr und also in Summa 1530 stück Leder sein.

S. 75 o. (Auszug):
An
Herrn Victorem Amadeum
Herrn Wilhelm und
Herrn Carl Wilhelm
fürsten zu Anhalt
presentatum Bernburg d(en) 1. Septembris anno 1681
Euer L(ieb)d(en) mögen wir nicht verhalten, daß wir wegen des niedrigen und böesen weges im Niederbuch, welchen die großen wasser und eyßfurthen iemehr und mehr weg reißen und unbrauchbar machen, entschlossen sein, den alten elbtamm reparieren, über die Mülde eine Brücke legen und von da bis an unsere allee im bürgerfelde einen tamm schütten. auf der Elbe aber die reisenden mit einer gusbrücke über bringen zu laßen. Damit man solcher gestalt bey grossen und kleinen waßern fahren könne und die fuhrleute durch das fürstenthumb zu reisen bewegen möge. Weil aber solcher bau bey 4000 thaler erfordern wird, so wären wir zwar bereit neben dem Holze 1500 Th(a)l(er) zu nutz und beßerung des Feudi anzuwenden, ersuchen aber Euer liebden freund vetterlich, dieselben wolten die übrigen 2500 thal(er) aus gemeinen Landesmitteln für sich freundlich bewilligen und unsere gesambte getreue Landschaft mit Uns dahin disponieren helfen, daß sie solche billigen und dem feudo hochnützlichen beytrag sich nicht entziehe
[...]
Datum Deßau, am 29. Augusti a(nn)o 1681
[...]
Johann George, fürst zu Anhalt

S. 82:
Durchlauchtigster Fürst, freundlich lieber Vetter Euer liebden ist satsam bekannt, wie meine intention bißher sorgfältig dahin gerichtet gewesen, und noch ist, das Königreich Preußen und Litthauen wieder zu retablieren und in einen solchen florissanten Zustand zu setzen, daß nicht nur neue Einwohner und Unterthanen dadurch in aufnahme gebracht, sondern auch zu gleich das commercium mit auswärtigen von Zeit zu Zeit befördert und verstärket werde. Wann Ich nun persuadiret bin, daß Euer Liebden von denen Preußenschen und Litthauischen Landen, und dem daselbst vorfallenden commercio gute connaissence haben und wissen, wie die Sache am besten anzugreiffen seyn möchte, so habe Ich Euer Liebden hirdurch freundvetterlich ersuchen wollen, dero gedanken von Preußen und wie das Werck am füglichsten zu fassen seyn möchte, zu Papier zu bringen, und sodann mir schriftlich zukommen zu lassen. Ich versichere, daß mir solches eine besondere gefälligkeit seyn wird, und Ich dargegen jederzeit verbleiben werde Euer Liebden freundwilliger Vetter Friedrich Wilhelm. Berlin den 14ten Novembris 1722. an des Fürsten von Anhalt durchlaucht

S. 93 o. r.:
Von Gottes Gnaden Wir Leopold Fürst zu Anhalt t. t. fügen hiermit männiglich zu wissen, was gestalt wir den Ehrenvesten und wohlgelahrten Johan Sebastian Bachen seit dem 5. Augusti 1717 alß Capelmeistern und Directoren unserer Cammer Music in Diensten gehabt da Wir dan mit dessen verrichtungen jeder Zeit wohl zu frieden gewesen: Wan aber derselbe anderweit seine fortun vor itzo zu suchen willens und Unß deshalb um gnädigste dismission unterthänigst angelanget: Alß haben Wir ihm dieselbe hier durch in gnaden ertheilen, und zu anderweiten Diensten bestens recommendiren wollen. Uhrkundlich haben wir diesen Abschied unter Un-

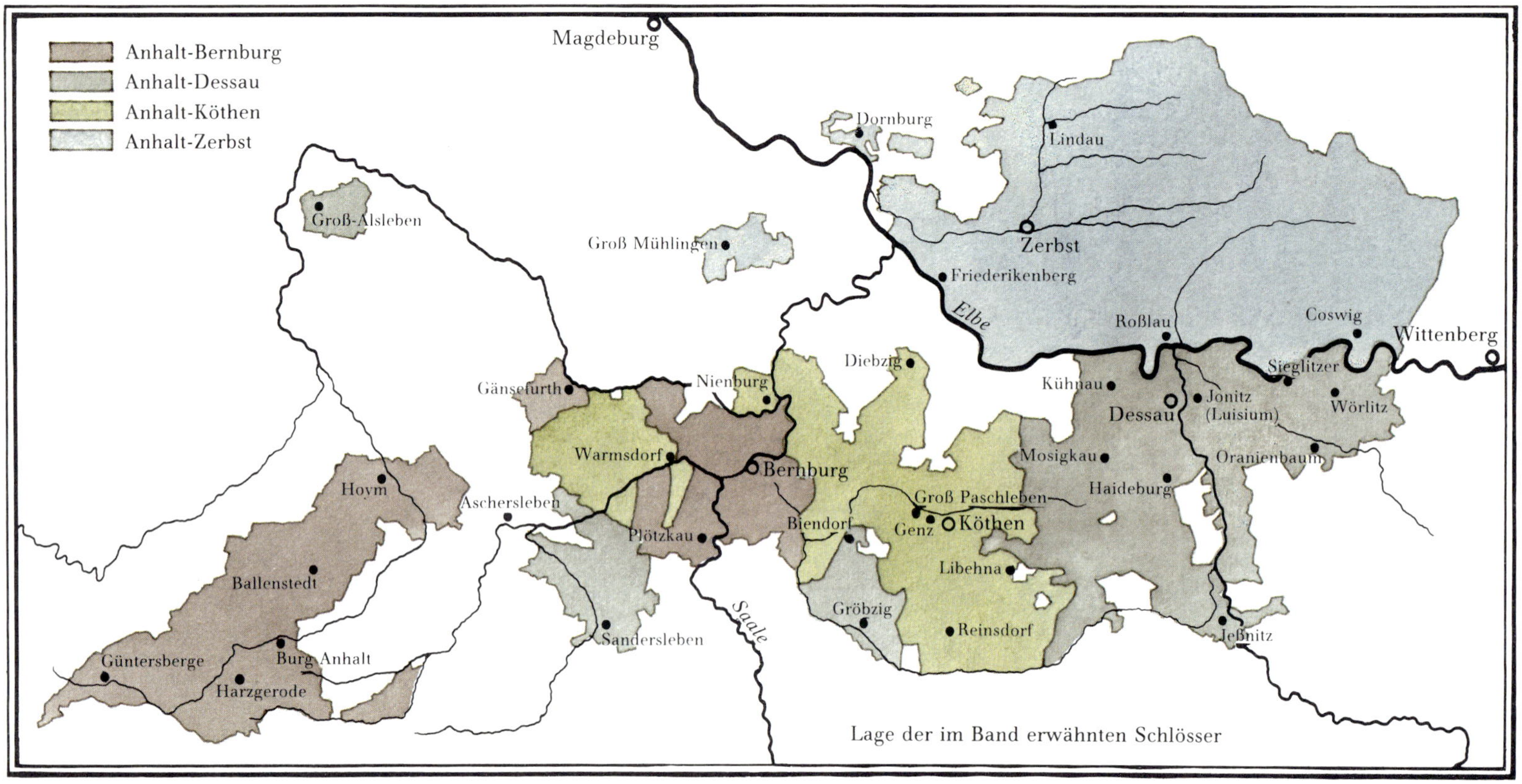

Lage der im Band erwähnten Schlösser

ser eigenhändigen Unterschrifft ausgestellt und mit Unserem fürstlichen Insiegel bedrucken lassen. So geschehen Cöthen den 13. April 1723

S. 125 (Auszug):
Rom, den 5ten Novembris 1770
[...] Ich dancke Ihnen Genädigster Herr für das Lob, selches Ihnen meiner Arbeit an den Gebäuden in Wörlitz beyzulegen gefällt. Das größte Verdienst, welches ich mir hierbey zuerkenne, ist, daß ich es so gut gemacht habe als ich es damahls konnte. Da ich die Theile davon aus schönen Alten Gebäuden genommen und selbige hier mit aller Simplicität und ohne unnöthige Unterbrechungen in einem erträglichen Verhältnisse angewendet habe, so wird freylich der Effect davon nicht gantz unglücklich seyn, zumahl neben dem noch unreinen Geschmack in der Baukunst unseres Vaterlandes [...]

S. 126 u.:
Durchlauchtigster Fürst, genädigster Oncle
Ewer Durchlaucht kan ich hiedurch nicht verhalten, wie ich mich bey gegenwärtigen verwirrten und betrübten Umbständen gezwungen zu seyn erachte, bey Seiner Königlichen Majestät umb meine Dimission allerunterthänigst anzuhalten. Ewer Durchlaucht habe demnach unterthänig bitten wollen mir solches zu thun gnädig zu erlauben. So bald ich dero Permission erhalten habe, werde ich den Brief an den König fertig machen und solchen nach denen Vorfällen sofort abschicken. Ich bin Zeit lebens mit dem größten Respect Ewer Durchlaucht unterthänigster Diener und Neveu Leopold Friedrich Franz Fürst zu Anhalt, Dessau den 6. Octobris 1757

S. 133:
Besitzer und Pfleger dieser Anlagen ersuchet einen ieden, der diese durchwandert, die Güte zu haben, nichts zu vernichten, zu zertreten oder abzureißen, weil sonst eines ieden nach ihm kommen, Genus und Vergnügen dadurch vermindert wird, nathürlich braucht er bescheidenen auch diesen Winck nicht einmal zu geben, weil sie sich gewis eines ieden nach Ihnen kommenden Genus mit ihm freuen werden. Aber leider ist die Unbescheidenheit einiger sogahr bis zum äußersten, bis zum endwenden ihnen gantz unnützer Dinge gegangen. Es wurde sein eigen Wolbesehen beleidigen hierrüber einige zu nennen, hoffet nie in dergleichen unangenehme Nothwendigkeit gesetzt zu werden.

S. 135 o. (Auszug):
Wir haben schon längst gewünscht, daß auf den Dörfern abgeschaft werden mögte, daß einjeder Eigenthümer in seinem Gehoefte einen eigenen Backofen habe, und daß dafür allgemeine Backofen oder Backhäuser eingeführt würden, wie Wir solches schon zu verschiedenenmahlen Unserer fürstlichen Rent-Cammer zu vernehmen gegeben. Es ist gewiß ein wircksames Mittel, die unnütze Verschwendung des Holzes abzustellen. [...] Leopold Friedrich Franz, Fürst zu Anhalt Dessau den 19ten Januar 1781

S. 140 u.:
[...] Unser Mütßlaquai ging dicht vohr uns. Wir stiegen also die schmahle von Rauch schwartze schmutzige Treppe hinauf und so wie unser angeklopft und ihm die Küche aufgemacht, hatte er weiter nicht nöthig, uns zu melden, denn wir standen selber da, Rousseau war im Schlafroke und nachtmütze, an einem kleinen Tische sitzend und schrieb noten ab. Seine Frau, welche die Thüre aufgemacht, stand in der kleinen Küche und Rousseau kahm uns bis zur stuben Thüre entgegen. Er war freundlich. Sein blik hatte nichts, was mich schrekte oder furchtsam machte [...] Ungern verließ ich ihn, weil ich gewiß denken mußte, ihn nie wieder zu sehen. Und da ich nuhn selber gesehen, das das urtheil der leute über ihn doch falsch wegen seines humeur wahr, so glaubte ich auch, man hätte ihm in vielen stüken unrecht gethan und denke gewiß, daß dieser mann, nachdehm man mit ihm umzugehen wüste, ein sehr angenehmer und den Verstande nützlicher gesellschafter wäre. Ich war sehr zufrieden, diesen Mann gesehen zu haben und stets wird es mir eine angenehme erinnerung sein, weil ich es vorher so sehr gewünscht hatte [...]

S. 152 u. r.:
Dessau den 10. März 1800. Gestern Nachts raubte uns der Tod eine der größten Zierden unserer Stadt unseren F. W. von Erdmannsdorf. Ein Stickfluß machte seinem edeln, dem Guten und Schönen geweiheten Leben ein Ende, nachdem er über Ein Jahr an der Auszehrung gekrankete. Er war im Jahr 1736 zu Dresden geboren. Seit 1756 der Freund unseres Fürsten verließ er Dessau nur um in den cultivirtesten Ländern Europens seine herrlichen Fähigkeiten je mehr und mehr auszubilden. Der schönste Lorbeerkranz des Verdienstes schmückt seine Urne, benetzt von den Thränen jedes Freundes der Kunst.

QUELLENNACHWEIS

Ballenstedt
Städtisches Heimatmuseum 175 o.
Berlin
Deutsche Staatsbibliothek, Handschriftenabteilung 6
Institut für Denkmalpflege, Meßbildarchiv 18, 71, 73 o., 80, 90 l., 91, 111, 148 u., 149 u., 161
Staatliche Museen, Nationalgalerie 149
Verwaltung der Staatlichen Schlösser und Gärten 12/13
Bernburg
Museum Schloß 54
Coswig
Bundesarchiv, Außenstelle 182
Dessau
Gemäldegalerie Schloß Georgium 38 r., 50 u., 57 o., 68/69, 88 u., 96 o.,

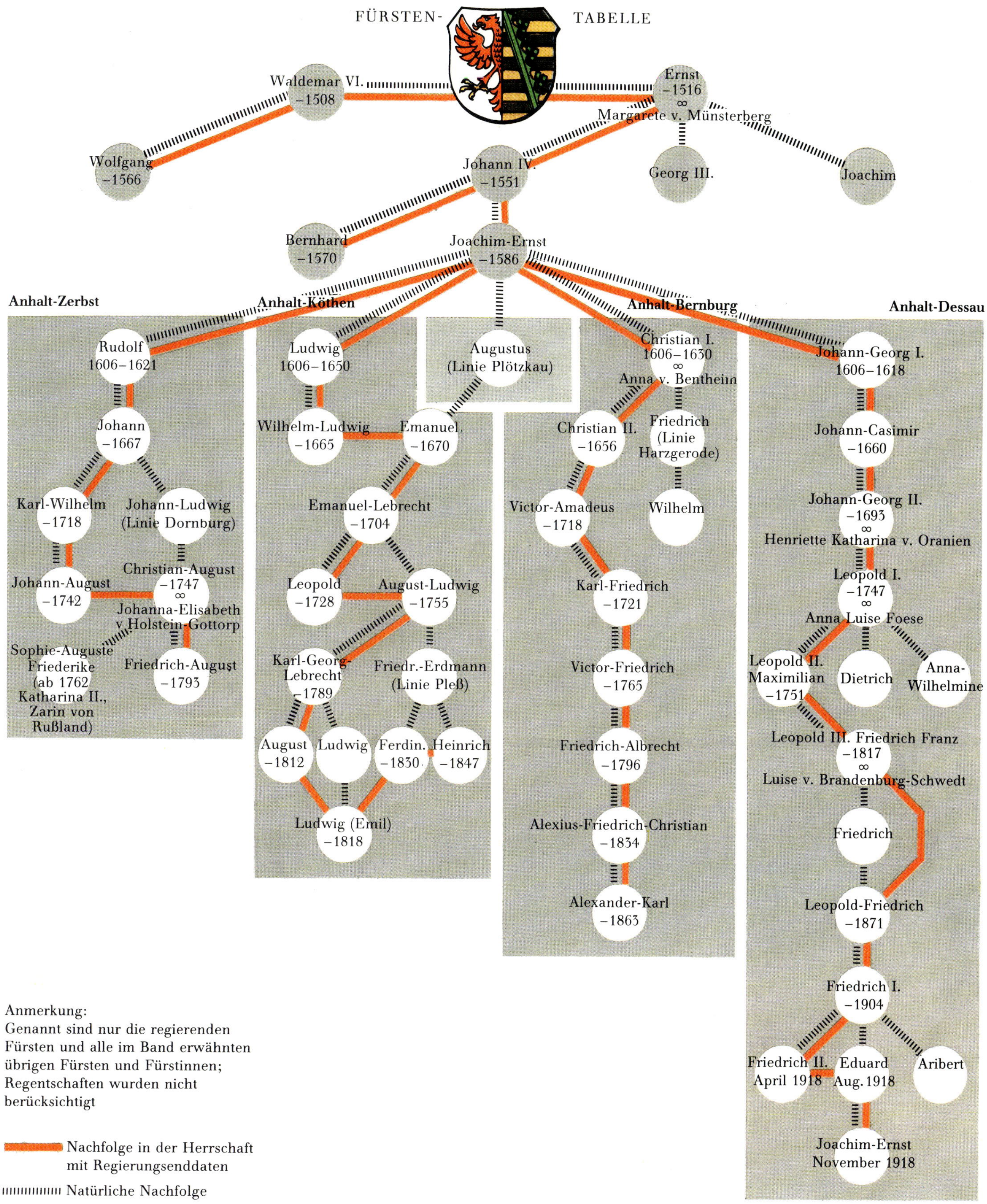

Anmerkung:
Genannt sind nur die regierenden Fürsten und alle im Band erwähnten übrigen Fürsten und Fürstinnen; Regentschaften wurden nicht berücksichtigt

Nachfolge in der Herrschaft mit Regierungsenddaten

Natürliche Nachfolge

BILDNACHWEIS

PERSONENREGISTER